2022 年 主 题 出 版 重 点 出 版 物

人 类 文 明 新 形 态 研 究 丛 书

编 委 会 主 任 / 赵 　 奇
编 委 会 副 主 任 / 王 利 民

颜晓峰　杨群 ◎ 主编

全体人民共同富裕的
物质文明

韩保江　等 ◎ 著

社会科学文献出版社
SOCIAL SCIENCES ACADEMIC PRESS (CHINA)

总　序

习近平总书记在庆祝中国共产党成立 100 周年大会上的重要讲话中指出："我们坚持和发展中国特色社会主义，推动物质文明、政治文明、精神文明、社会文明、生态文明协调发展，创造了中国式现代化新道路，创造了人类文明新形态。"党的十九届六中全会指出："党领导人民成功走出中国式现代化道路，创造了人类文明新形态。"创造人类文明新形态，不仅从人类发展道路新开拓和人类文明新创造的高度，对中国特色社会主义理论成就和实践意义做出了最新概括，拓展了研究中国共产党、中国特色社会主义与人类文明新形态的理论空间，而且为中国特色社会主义进一步发展指明了前进方向，是中国共产党的重大理论创新。

创造人类文明新形态是马克思主义中国化的重大课题。习近平总书记在庆祝中国共产党成立 100 周年大会上的重要讲话中指出："中国共产党为什么能，中国特色社会主义为什么好，归根到底是因为马克思主义行！"马克思主义之所以行，就在于党不断推进马克思主义中国化、时代化并用以指导实践。党的百年是不断推进马克思主义中国化的百年，也是成功开辟中华民族伟大复兴正确道路，实现中华文明从传统到现代、从封闭到开放、从蒙尘到复兴伟大转变的百年。党在百年奋斗中的每一个伟大成就、每一次伟大飞跃，都是实现和推进中华民族伟大复兴的重大进步，也都是创造人类文明新形态的重大进展。

创造人类文明新形态是马克思主义中国化在新时代实现新飞跃的重大成果。以习近平同志为主要代表的中国共产党人，坚持把马克思主义基本原理同中国具体实际相结合、同中华优秀传统文化相结合，发展出当代中国马克思主义、21世纪马克思主义，孕育出中华文化和中国精神的时代精华，创立了习近平新时代中国特色社会主义思想，实现了马克思主义中国化新的飞跃。创造人类文明新形态，正是继续深入探索这一思想并取得新的重大成果的时代课题，已经成为实现马克思主义中国化新的飞跃的重要内容。这表现在中国式现代化道路是人类文明新形态的基石，"人民至上"反映了人类文明新形态的根本性质，"四个自信"表征了人类文明新形态的显著优势，物质文明、政治文明、精神文明、社会文明、生态文明共同支撑起人类文明新形态的内在结构，人类命运共同体彰显了人类文明新形态的天下胸怀等方面。

创造人类文明新形态为发展21世纪马克思主义、复兴科学社会主义做出了重大贡献。中国共产党领导人民创造的人类文明新形态，不仅是中国的文明新形态，更是人类的文明新形态，具有深刻的世界历史意义。具体来看，人类文明新形态摒弃了西方的现代化老路，从时代坐标上保证了人类文明形态之新，其制度优势和制度密码从制度基础上保证了人类文明形态之新，其整体推进从全面性上保证了人类文明形态之新；中国创造人类文明新形态的成效和经验，以其参与建设和享用文明的人口最多、文明实践覆盖面最广、国际影响力最大，在当今世界社会主义国家的文明实践中站在高处、走在前列、成为示范;中国式现代化所创造的现代化文明,对人类现代化文明做出了重大贡献;创造人类文明新形态有利于增强社会主义意识形态的世界感召力,有利于扩大社会主义制度的国际影响力,有利于推动人类发展进步。

对人类文明新形态做出准确深刻的理论阐释,是马克思主义理论学科的重大课题。社会科学文献出版社策划出版的这套丛书旨在深入剖析和探讨中国共产党带领人民在不同文明领域创造的人类文明新形态,分为《创造人类文明新形态》《全体人民共同富裕的物质文明》《人民当家作主的政治文明》《守正创新的精神文明》《共建共治共享的社会文明》《人与自然和谐共生的生态文明》《构建命运共同体的人类文明》,共七本,力求全方位鲜活呈现人类文明新形态的理论和实践样态,并试图在以下几个方面寻求创新与突破。

一是从历史高度、思想深度和实践广度上把握人类文明新形态。七本著作以大历史观认识人类文明新形态的地位和作用,将人类文明新形态置于中国共产党百年奋斗和中国道路的独特历史境遇中展开分析与探讨,把马克思主义的思想精髓、人类文明的优秀成果和中华文明的精神特质融会贯通起来,将人类文明新形态同中国式现代化道路紧密联系起来,并围绕新时代中国特色社会主义现代化背景下不同领域文明建设与中国共产党治国理政的关系谋篇布局,阐明了中国共产党带领中国人民走中国道路、创造中国奇迹的文明史意蕴,彰显了中国共产党创造人类文明新形态的世界历史贡献。

二是基于文明协调发展的视角建构人类文明新形态。丛书的各本专著立足中国特色社会主义道路、理论、制度、文化,精辟阐述了社会主义现代化与社会主义文明之间内在统一、相互促进的关系,系统论述了人类文明新形态是物质文明、政治文明、精神文明、社会文明、生态文明协调发展的文明新形态，是人的全面发展与社会全面进步共同推进的文明新形态，是新时代中国文明与世界各国文明相互促进的文明新形态，进而深刻揭示了在新征程中全面建设、协调发展、统筹推进人类文明新形态的时代价值和实践要求，为新时代坚持和发展中国特色社会主义、全面建设社会主义现代化国家指明了正确方向。

三是从中国话语创新的意义上研究人类文明新形态。习近平总书记在哲学社会科学工作座谈会上的讲话中指出："这是一个需要理论而且一定能够产生理论的时代，这是一个需要思想而且一定能够产生思想的时代。"人类文明新形态是中国共产党领导中国人民顽强奋斗中产生的伟大创造和最新成果，是在中国原创性实践中创造出的原创性新话语。丛书坚持以学术的方式关注人类文明新形态，以高度的时代使命感研究人类文明新形态，力图通过贯通历史与现实、理论与实践，围绕这一原创性新话语积极展开创新阐释和系统论证，从而深刻揭示人类文明新形态背后的道理、学理、哲理，科学回答中国之问、世界之问、人民之问、时代之问，努力为构建中国特色哲学社会科学话语体系做出应有贡献。

"文章合为时而著，歌诗合为事而作。"即将召开的党的二十大，是在进入全面建设社会主义现代化国家新征程的关键时刻召开的一次十分重要的大会，将科学谋划未来五年乃至更长时期党和国家事业发展的目标任务和大政方针。这是在新征程中继续推动人类文明新形态取得新进展的"指南针"，更是当前加强人类文明新形态研究的"动员令"。作为马克思主义理论研究者，我们应当以高度的理论自觉、积极的历史主动、鲜明的创新意识，准确把握、正确阐述、全面分析、科学论证人类文明新形态。

社会科学文献出版社策划出版的这套丛书入选了中宣部"2022年主题出版重点出版物",也是中国社会科学院为党的二十大献礼的重点出版项目之一。中国社会科学院党组高度重视,相关部门也做了大量工作给予支持。期望这套丛书能为学界进入人类文明新形态研究的新征程,攀登人类文明新形态研究的新高地,增强人类文明新形态的说服力、感召力和引领力贡献微薄之力。

中国社会科学院秘书长

2022 年 9 月

主创简介

韩保江　经济学博士，现为中共中央党校（国家行政学院）经济学教研部主任、教授、博士生导师。入选中宣部"四个一批"人才和"哲学和社会科学领军人才"，享受国务院政府特殊津贴专家。主要研究方向为社会主义市场经济理论、现代资本主义经济理论、中国特色社会主义政治经济学和习近平经济思想。对习近平经济思想、社会主义市场经济理论与实践、国有企业改革、收入分配、经济全球化、跨国公司等问题有深入研究。先后出版《西方世界的拯救——现代西方收入分配制度变迁与贡献》《全球化时代》《刀尖上的舞者——关于中国职业经理人制度建设的案例研究》《中国奇迹与中国发展模式》《瞭望中国——关于中国发展前途的思考》《新常态下中国经济的难题与出路》《中国特色社会主义经济问题》等专著，合著、主编和编著《国际市场学》《劳动关系概论》《当代中国经济热点18个怎么看》《改革开放40年：中国经济体制改革发展史》《中国人怎样干成了小康社会》等30多部著作，在《经济研究》《管理世界》《人民日报》《光明日报》《经济日报》《瞭望》等权威报刊上发表论文200多篇，有多篇被《新华文摘》、《中国社会科学文摘》和中国人民大学复印报刊资料全文转载。

目　录

前　言　在高质量发展中实现全体人民共同富裕　　　001

第一章　社会主义物质文明的历史超越　　　008

　　一　社会主义物质文明呈现"非剥削性"　　　008

　　二　社会主义物质文明呈现"非侵略性"　　　013

　　三　社会主义物质文明呈现"可持续性"　　　016

　　四　社会主义物质文明呈现"开放性"　　　020

　　五　社会主义物质文明呈现"人民共富性"　　　024

　　六　社会主义物质文明呈现"人的全面发展性"　　　029

第二章　全体人民共同富裕是社会主义物质文明的根本特征　　　034

　　一　共同富裕是社会主义本质要求，是中国式现代化的
　　　　根本特征　　　034

　　二　社会主义生产目的与社会主义物质文明建设目的
　　　　内在统一　　　038

　　三　破解社会主要矛盾是社会主义物质文明建设的根本任务　　　042

　　四　解放和发展社会生产力是实现全体人民共同富裕的
　　　　根本途径　　　045

第三章　以"经济高质量发展" 夯实全体人民共同富裕的物质基础 051

　　一　以经济建设为中心是兴国之要　052

　　二　以新发展理念引领高质量发展　058

　　三　实施"四化同步"战略　065

　　四　加快构建新发展格局　071

　　五　走好中国式现代化新道路　077

第四章　以"两个毫不动摇" 筑牢全体人民共同富裕的

　　　　制度基础　085

　　一　公有制经济是推进全体人民共同富裕的主力军　085

　　二　非公有制经济发展是推进全体人民共同富裕的生力军　092

　　三　混合所有制经济是实现全体人民共同富裕的有效形式　097

　　四　农村集体经济是推进全体人民共同富裕的有力抓手　100

　　五　让全体人民分享国有资产红利是共同富裕的内在要求　104

第五章　以"多种分配方式并存" 健全全体人民共同富裕的

　　　　实现机制　111

　　一　全体人民共同富裕必须坚持按劳分配为主体　111

　　二　全体人民共同富裕必须坚持按生产要素贡献分配　121

　　三　全体人民共同富裕必须完善"再分配制度"　134

　　四　全体人民共同富裕必须鼓励和规范"第三次分配"　140

第六章　有效市场和有为政府相结合配置全体人民共同富裕的
　　　　要素资源　146

　一　准确把握"政府和市场关系"与"共同富裕"的
　　　理论逻辑　147

　二　实现全体人民共同富裕需让市场在
　　　资源配置中起决定性作用　152

　三　全体人民共同富裕需更好发挥政府作用　164

第七章　以"高水平对外开放"畅通全体人民共同富裕必由之路　169

　一　依托经济特区"试验田"积累对外开放经验　169

　二　加入世界贸易组织抓住经济全球化机遇　173

　三　"引进来"与"走出去"并重提升中国开放型
　　　经济水平　179

　四　构建高水平全面开放的新格局　183

第八章　以"多层次社会保障体系"织造全体人民共同富裕的
　　　　"保障网"　189

　一　社会保障制度体系的历史演变　190

　二　"老有所养",建立更加公平、更可持续的养老保障体系　197

　三　"病有所医",建立基本医疗保障制度　211

　四　"弱有所扶",建立消除贫困的社会救助制度　215

第九章 以"区域协调发展" 打通阻碍全体人民共同富裕的
　　　 地区梗阻　　　　　　　　　　　　　　　　　218

　　一　区域协调发展对实现共同富裕目标的重要意义　218

　　二　中国主要区域发展差距的现状分析　　　　　　225

　　三　中国实施区域重大战略的理论参考与实施现状　233

　　四　以区域协调发展推动实现共同富裕的主要原则　245

　　五　以区域协调发展推动实现共同富裕的重要举措　249

第十章 以"乡村振兴" 补齐全体人民共同富裕的最大短板　255

　　一　城乡差距大是实现全体人民共同富裕的最大短板　256

　　二　城乡融合发展是实现全体人民共同富裕的必由之路　264

　　三　建立现代农业经营体系是实现全体人民共同富裕的
　　　　重要载体　　　　　　　　　　　　　　　　　273

　　四　强化农业科技支撑是实现全体人民共同富裕的关键举措　279

第十一章 以"开发性和精准扶贫" 筑牢全体人民共同富裕的
　　　　 兜底工程　　　　　　　　　　　　　　　　285

　　一　开发性扶贫方针是中国特色减贫道路的鲜明特征　286

　　二　精准扶贫是打赢脱贫攻坚战的制胜法宝　　　　290

　　三　建立反贫困长效机制是实现全体人民共同富裕的
　　　　"兜底工程"　　　　　　　　　　　　　　　296

第十二章　以"中国精神"凝聚推进全体人民共同富裕的

　　　　　磅礴力量　　　　　　　　　　　　　　　301

　　一　"勤劳勇敢、自强不息"精神　　　　　　301

　　二　"自力更生、艰苦奋斗"精神　　　　　　303

　　三　"团结互助、对口帮扶"精神　　　　　　304

　　四　"扶危济困、乐善好施"精神　　　　　　308

第十三章　以"党的集中统一领导"确保全体人民共同富裕

　　　　　梦想成真　　　　　　　　　　　　　　310

　　一　"一张蓝图绘到底"是实现全体人民共同富裕的

　　　　政治前提　　　　　　　　　　　　　　310

　　二　党的集中统一领导是实现全体人民共同富裕的

　　　　政治保障　　　　　　　　　　　　　　317

　　三　忠诚、干净、担当的干部队伍是实现全体人民

　　　　共同富裕的决定因素　　　　　　　　　322

注　释　　　　　　　　　　　　　　　　　　329

参考文献　　　　　　　　　　　　　　　　　363

后　记　　　　　　　　　　　　　　　　　　368

出版后记　　　　　　　　　　　　　　　　　370

前言　在高质量发展中
实现全体人民共同富裕

实现全体人民共同富裕是我们党在带领全国各族人民战胜绝对贫困、全面建成小康社会后，开启全面建设社会主义现代化国家新征程要完成的最重要的战略任务。它既是社会主义本质要求和中国式现代化的重要特征，也是关乎民心向背和能否筑牢我们党长期执政基础的政治问题。习近平指出："共同富裕是社会主义的本质要求，是中国式现代化的重要特征。……坚持以人民为中心的发展思想，在高质量发展中促进共同富裕。"[1]

全体人民共同富裕，不是狭义上的物质财富的富裕，而是广义上的物质生活和精神生活都富裕，是都能公平公正享有经济、政治、文化、社会、生态文明等各方面建设成果和发展福祉的富裕。它既包括表现在收入、财产及物质生活条件上"看得见"的显性富裕，又包括表现在社会公平正义和"学有所教、劳有所得、病有所医、老有所养、住有所居"的公共服务与公共产品均等化、生态环境改善和精神文化生活条件上"容易忽视"或"看不见"的隐性富裕。因此，要实现这样的全体人民"全面富裕"，并不只是先"做蛋糕"后"分蛋糕"那样简单,而是必须全面准确贯彻创新、协调、绿色、开放、共享的新发展理念,通过高质量发展实现全体人民共同富裕,再依托全体人民共同富裕,不断增强高质量发展后劲的问题。对此,习近平还指出:"高质量发展需要高素质劳动者,只有促进共同富裕,提高城乡居民收入,提升人力资本,才能提高全要素生产率,夯实高质量发展的动力基础。"[2]

全体人民共同富裕问题,不是简单的收入分配问题,而是解放和发展生产力的问题。这是由社会主义本质决定的。早在 1957 年 2 月,毛泽东就在《关于正确处理人民内部矛盾的问题》一文中明确地指出:"所谓社会主义生产关系比较旧时代生产关系更能够适合生产力发展的性质,就是指能够容许生产力以旧社会所没有的速度迅速发展,因而生产不断扩大,因而使人民不断增长的需要能够逐步得到满足的这样一种情况。"[3]邓小平在总结新中国成立以来社会主义革命和建设的经验与教训时进而指出:"根据我们自己的经验,讲社会主义,首先就要使生产力发展,这是主要的。只有这样,才能表明社会主义的优越性。社会主义经济政策对不对,归根到底要看生产力是否发展,人民收入是否增加。这是压倒一切的标准。"[4]"社会主义的本质,是解放生产力,发展生产力,消灭剥削,消除两极分化,最终达到共同富裕。"[5]习近平针对社会上有人提出"分配应该优先于发展"的观点时,更坚定地指出:"社会上有一些人说,目前贫富差距是主要矛盾,因此'分好蛋糕比做大蛋糕更重要',主张分配优先于发展。这种说法不符合党对社会主义初级阶段和我国社会主要矛盾的判断。党的十八大提出准备进行具有许多新的历史特点的伟大斗争,是为了毫不动摇坚持和发展中国特色社会主义,不是不要发展了,也不是要搞杀富济贫式的再分配。我们提出'五位一体'总体布局和

'四个全面'战略布局,就是为了更好推动经济社会发展,为人民群众生活改善不断打下更为雄厚的基础。"[6]因此,考察全体人民共同富裕的物质文明,需要重视收入分配"维度",更应该重视社会和生产力发展"维度",以及相应的生产资料所有制变革"维度",从而更加明确地呈现全体人民共同富裕的物质文明的高质量发展过程与所有制结构、资源配置机制等制度创新路径。

同样,全体人民共同富裕也不单纯是经济问题,更是政治问题,需要从政治维度去认识和考察。"经济离不开政治,政治也离不开经济,这是客观事物发展的必然规律。"[7]一方面,经济决定政治。马克思指出:"人们在自己生活的社会生产中发生一定的、必然的、不以他们的意志为转移的关系,即同他们的物质生产力的一定发展阶段相适合的生产关系。这些生产关系的总和构成社会的经济结构,即有法律的和政治的上层建筑竖立其上并有一定的社会意识形式与之相适应的现实基础。物质生活的生产方式制约着整个社会生活、政治生活和精神生活的过程。"[8]另一方面,政治对经济具有反作用。恩格斯指出经济和政治"这是两种不相等的力量的交互作用:一方面是经济运动,另一方面是追求尽可能多的独立性并且一经产生也就有了自己的运动的新的政治权力。总的说来,经济运动会替自己开辟道路,但是它也必定要经受它自己所造成的并具有相对独立性的政治运动的反作用,即国家权力的以及和它同时产生的反对派的运动的反作用。"[9]因此,习近平指出:"实现共同富裕不仅是经济问题,而且是关系党的执政基础的重大政治问题。"[10]如果从政治维度考察共同富裕的物质文明,一方面,要求"我们决不能允许贫富差距越来越大、穷者愈穷富者愈富,决不能在富的人和穷的人之间出现一道不可逾越的鸿沟"[11]。因为如果出现这道"不可逾越的鸿沟",不仅意味着社会主义制度的失败，而且会动摇我们党长期执政的基础。另一方面，要求我们发挥好"党的集中统一领导"这一中国特色社会主义制度最本质特征和最大优势，进而为实现全体人民共同富裕提供强大的政治保障作用，以更加坚定地落实好党在社会主义初级阶段的基本路线、基本理论、基本方略，确保在高质量发展过程中让最广大人民群众共享经济发展成果，像在全面小康路上"一个都不落下"一样，在全体人民共同富裕路上也"一个都不落下"。

从本质上说，高质量发展，就是满足人民美好生活需要的发展，是体现新发展理念的发展，是创新成为第一动力、协调成为内生特点、绿色成为普遍形态、开放成为必由之路、共享成为根本目的的发展。"从供给看，高质量发展应该实现产业体系比较完整，生产组织方式网络化智能化，创新力、需求捕捉力、品牌影响力、核心竞争力强，产品和服务质量高。从需求看，高质量发展应该不断满足人民群众个性化、多样化、不断升级的需求，这种需求又引领供给体系和结构的变化，供给变革又不断催生新的需求。从投入产出看，高质量发展应该不断提高劳动效率、资本效率、土地效率、资源效率、环境效率，不断提升科技进步贡献率，不断提高全要素生产率。从分配看，高质量发展应该实现投资有回报、企业有利润、员工有收入、政府有税收，并且充分反映各自按市场评价的贡献。从宏观经济循环看，高质量发展应该实现生产、流通、分配、消费循环通畅，国民经济重大比例关系和空间布局比较合理，经济发展比较平稳，不出现大的起落。"[12]

因此，要在高质量发展中实现全体人民共同富裕需要强调以下几点。

第一，必须用好创新发展这个第一动力。共同富裕是收入分配问题，但其根本是发展生产力的问题。不断解放和发展生产力，切实保持中高速增长，继续做大经济规模和扩大中等收入人群，是全体人民共同富裕的根本基础。因此，一方面，必须彻底改变我们更多依靠资源、环境、资本、劳动力等要素投入支撑经济增长和规模扩张的发展方式，加快实现从要素驱动转化为创新驱动，进而不断提高劳动效率、资本效率、土地效率、资源效率、环境效率、科技进步贡献率、全要素生产率，以更少的投入实现最大化的产出。尤其要通过优化现代产业体系和生产组织方式网络化智能化，增强需求捕捉力、品牌影响力、核心竞争力，提高产品和服务质量，最大限度地满足人民群众个性化、多样化和不断升级的美好生活需求。另一方面，必须鼓励和支持大众创业、万众创新，让各种创造财富的源泉充分涌流，让各类社会主体的创新创造活力竞相迸发，从而让人民群众勤劳创新致富，使绝大多数人步入中等收入群体。

第二，必须依靠协调发展这个"内生特点"。协调发展针对解决的是我国存在的区域、城乡、经济和社会、物质文明和精神文明等发展不平衡问题。只有协调和平衡好这些关系，才能做到全体人民共同富裕。推进区域经济协调发展，就要找出区域发展短板，在补齐短板上多用力，通过补齐短板挖掘发展潜力、增强发展后劲。实现全域人民共同富裕，在鼓励东部发达地区先富示范作用的同时，更要强调先富的东部地区带动未富的中西部地区尤其是革命老区、民族地区、边疆地区和刚刚脱贫的落后地区并形成长效机制，尤其要实施区域重大战略和区域协调发展战略，健全转移支付制度，缩小区域人均财政支出差异，加大对欠发达地区的支持力度。推进城乡协调发展，就必须承认实现共同富裕，最艰巨最繁重的任务仍然在农村。因此，既要全面推进乡村振兴，加快农业产业化，盘活农村资产，增加农民财产性收入，使更多农村居民勤劳致富，又要加快形成"以工促农、以城带乡、城乡融合发展"的体制机制，用制度保障城乡人民共同富裕。推进经济和社会协调发展，就是要突出解决"经济这条腿长、社会这条腿短"的问题，加大民生事业投入，提高公共产品和公共服务的可及性。推进物质文明和精神文明协调发展，就是要强化社会主义核心价值观引领，加强爱国主义、集体主义、社会主义教育，发展公共文化事业，完善公共文化服务体系，不断满足人民群众多样化、多层次、多方面的精神文化需求，实现物质生活和精神生活都富裕。

第三，必须借助绿色发展这个"普遍形态"。绿色发展既是满足人民对优美生态环境需求的手段，也是经济发展新增长点和实现一些欠发达地区居民增收的有效途径。欠发达地区大多是限制开发区、生态涵养区和农村地区。这些地区由于工业化水平低，故而碳排放程度低。推动绿色发展，健全生态补偿机制、发展碳汇交易市场，促使生态受益区和高碳排放的发达地区向欠发达地区进行财政补偿和购买碳排放权，从而促进欠发达地区居民增收和实现共同富裕。

第四，必须依托开放发展这条必由之路。开放发展旨在解决内外联动和双向开放问题。欠发达地区发展落后以及居民增收缓慢除了自然条件原因外大多是对外开放程度低，不能充分分享开放红利所致。因此，要实现全体人民共同富裕"一个都不落下"，必须加大中西部地区和"老少边穷"地区的对外对内双向开放，让更多的产业、资本、技术、知识、数据等生产要素流向这些地区，不断增强它们的发展能力和发展后劲。

第五，必须用好共享发展这个"关键一招"。共享发展既是高质量发展的根本目的，也是实现全体人民共同富裕的"关键一招"。因此，"要坚持在发展中保障和改善民生，把推动高质量发展放在首位，为人民提高受教育程度、增强发展能力创造更加普惠公平的条件，提升全社会人力资本和专业技能，提高就业创业能力，增强致富本领"[13]。一方面，要明确低收入群体是促进共同富裕的重点帮扶保障人群。要加大普惠性人力资本投入，有效减轻困难家庭教育负担，提高低收入群众子女受教育水平。要完善养老和医疗保障体系，逐步缩小职工与居民、城市与农村的筹资和保障待遇差距，逐步提高城乡居民基本养老金水平。要完善兜底救助体系，加快缩小社会救助的城乡标准差异，逐步提高城乡最低生活保障水平，兜住基本生活底线。另一方面，在依法保护合法收入的同时，防止两极分化、消除分配不公。要合理调节过高收入，完善个人所得税制度，规范资本性所得管理。加强公益慈善事业规范管理，完善税收优惠政策，鼓励高收入人群和企业更多回报社会。尤其"要清理规范不合理收入，加大对垄断行业和国有企业的收入分配管理，整顿收入分配秩序，清理借改革之名变相增加高管收入等分配乱象。要坚决取缔非法收入，坚决遏制权钱交易，坚决打击内幕交易、操纵股市、财务造假、偷税漏税等获取非法收入行为"[14]。

（执笔：韩保江）

第一章　社会主义物质文明的历史超越

物质文明作为人类在长期的发展进程中创造的巨大的物质产品丰腴程度和经济财富的集中表现，不仅依赖于一定社会的生产力的发展水平，包括文明赖以存在的物质资料的生产以及科学技术发展状况，依赖于人们认识物质世界和改造物质世界的能力，而且与一定社会的生产关系、经济基础、上层建筑和意识形态高度相关。根据唯物史观对人类社会发展阶段的划分，人类物质文明形态在社会主义物质文明形成之前，大致经历了原始社会的物质文明、奴隶社会的物质文明、封建社会的物质文明和资本主义社会的物质文明。社会主义物质文明与人类社会所经过的各种物质文明形态相比，呈现"非剥削性""非侵略性""可持续性""开放性""人民共富性""人的全面发展性"，从而创造了人类物质文明的崭新形态。

一　社会主义物质文明呈现"非剥削性"

纵观人类文明发展史，除了在人类历史上第一个社会形态——原始社会中，由于生产力极其低下，任何个人都无力同自然界进行斗争，为谋取生活资源必须共同劳动，从而决定了生产资料的共同占有和产品的平均分配，从而不存在阶级斗争和劳动剥削外，社会主义制度诞生之前的奴隶社会、封建社会、资本主义社会，无一不是以生产资料私有制为主体，以阶级斗争和劳动剥削为主旋律，进而形成其各具特点的物质文明形态的。

氏族是原始社会的人们以血缘关系联结起来为特征的共同生产和生活的基本经济单位。氏族又经历了母系氏族和父系氏族两个阶段。前者表现为，妇女是氏族的主体，氏族成员的世系按母系计算，财产由母系血缘亲属继承；后者表现为，世系按父系计算，财产按父系继承，氏族领导权落在男子手中。原始社会没有剥削，没有阶级，因而也就没有国家，一切重大问题都由全体成员参加的氏族会议做出决定。这些制度安排是与生产的不发达阶段相适应的。生产的产品在供部落和氏族公社成员生存需要后几乎没有剩余，由此可知其物质文明程度也是低下的。

奴隶社会则是随着石器的发展，金属工具的出现，以及生产分工的进一步发展，劳动生产率有了较大的提高，尤其是社会产品除维持人们的生活必需以外，开始有了剩余产品，进而形成了人类历史上第一个人剥削人的形式，即奴隶占有制。一方为奴隶主，由原始社会的部落首领和富裕的氏族成员转变而成；另一方为奴隶，由原来部落之间战争的俘虏和贫困的氏族成员转变而成；此外，罪犯、海盗掠夺的人口、被拐卖的人口等也是奴隶重要的来源。奴隶被视为奴隶主的财产，可以自由买卖；奴隶主可强迫奴隶工作，劳力活动须以奴隶为主，无报酬，无人身自由。随着奴隶与奴隶主之间的矛盾和斗争日趋激烈，作为奴隶主阶级镇压奴隶和其他被剥削者工具的奴隶制国家应运而生。奴隶占有制社会是一个巨大的进步。它打破了原始社会氏族部落关系的狭隘性，从而有利于社会生产规模的扩大，有利于体力劳动和脑力劳动分工的发展，为整个人类物质文明和精神文化的进一步发展创造了条件。在此次历史变革中，奴隶主无疑得到最大利益，可以摆脱繁重的体力劳动，从事脑力劳动或者不参加劳动，同时需要说明的是，奴隶也得到了利益，某些战俘奴隶避免了战败被杀的命运，同时生活水平要比原始社会总体上有所提高。

封建社会是在奴隶社会末期，奴隶占有制的生产关系日益与社会生产力的进一步发展产生矛盾，各奴隶占有制国家通过长期的不同形式的革命性变革，逐步走上了封建化的道路，大土地所有者演变为封建主，奴隶和自由民转化为农奴，以剥削农奴为主的封建生产方式逐渐取代奴隶占有制为主导的生产方式后而产生的社会形态。在封建社会，地主阶级统治其他阶级的根本即为封建土地所有制。地主阶级通过掌握土地这一生产资料，通过榨取地租、放高利贷等手段剥削其他阶级。与奴隶社会不同，封建社会的劳动者有人身自由，劳动所得除以租金等形式上交给封建领主后仍有部分剩余，可以由劳动者自由支配。因此，劳动者的积极性有明显提高，阶级矛盾得到很大缓和，有利于促进生产力发展。但封建社会的本质依然是剥削与被剥削的阶级社会。所以在封建社会的物质文明发展过程中，始终充斥着农民阶级反抗地主阶级旨在实现"均贫富"的斗争。

资本主义社会仍然是一种以生产资料私有制为基础的社会制度。与封建社会的封建主占有土地并凭借对土地的所有权而剥削农民不同，它是以资本家拥有资本和雇佣劳动为基础，以资本家不断榨取工人创造的剩余价值和不断加强资本积累为目的，从而推动从工场手工业向机器大工业转变，继而不断推动工业革命并大大提高劳动生产率的社会制度。因此，它较封建主义社会更加有利于社会生产力的解放和发展。对此，马克思恩格斯在《共产党宣言》中鲜明地指出："资产阶级在历史上曾经起过非常革命的作用。""资产阶级在它的不到一百年的阶级统治中所创造的生产力,比过去一切世代创造的全部生产力还要多,还要大。自然力的征服,机器的采用,化学在工业和农业中的应用,轮船的行驶,铁路的通行,电报的使用,整个整个大陆的开垦,河川的通航,仿佛用法术从地下呼唤出来的大量人口——过去哪一个世纪料想到在社会劳动里蕴藏有这样的生产力呢?"[1]可见,马克思恩格斯对资本主义制度对社会生产力的解放和资本主义物质文明的高速发展还是给予高度肯定的。

然而,虽然资本主义促进了封建主剥削佃农的自然经济解体并解放生产要素,发展了生产力,但是,资本的原始积累强制地使劳动者同他们的生产资料相分离。一方面产生大批失去生产资料而不得不卖自己劳动力的无产者,另一方面巨额的货币和生产资料集中在少数人手里转化为资本,进而不仅形成了资产阶级对无产阶级的新剥削关系,而且形成了资产阶级新的经济统治和政治统治。由于其剥削性的本质与封建社会并无二致,加上其生产资料私人占有与社会化大生产的矛盾永远无法消弭,因此,它也必然摆脱不了被更高级的社会制度取代的历史宿命,从而它的物质文明也必然会被更高级的社会物质文明形态取代。马克思恩格斯鲜明地指出:"现代的资产阶级的私人所有制是那种建筑在阶级对抗上面,即建筑在一部分人对另一部分人的剥削上面的生产和产品占有方式的最后而又最完备的表现。"[2]因此,"社会的财富即执行职能的资本越大,它的增长的规模和能力越大,从而无产阶级的绝对数量和他们的劳动生产力越大,产业后备军也就越大"[3]。"在一极是财富的积累,同时在另一极,即在把自己的产品作为资本来生产的阶级方面,是贫困、劳动折磨、受奴役、无知、粗野和道德堕落的积累。"[4]资本主义从诞生到成熟的几百年发展史都表明，资本主义生产方式本身无法克服两极分化，由此产生的有效需求不足、生产相对过剩、人口就业减少等问题会周期性引发系统性经济危机，成了资本主义制度的顽疾。

社会主义制度的建立作为人类最伟大的实践，没有按照马克思主义经典作家的预想率先在生产力发达的资本主义制度的基础上演进诞生，而是在中国这样社会生产力水平不高和资本主义发展不充分的半殖民地半封建的国家直接跨越"卡夫丁峡谷"建立起来的，从而开创了经济落后国家依据一定的条件实现跨越发展的特殊历史进程。由于其废除了生产资料私有制，建立了公有制，废除了单一的按生产要素分配，实行了按劳分配，彻底结束了旧的剥削制度，从而不仅极大地解放和发展了社会生产力，而且极大地调动了最广大劳动者的发展积极性和创造性。对此，《中共中央关于党的百年奋斗重大成就和历史经验的决议》指出："从新中国成立到改革开放前夕，党领导人民完成社会主义革命，消灭一切剥削制度，实现了中华民族有史以来最为广泛而深刻的社会变革，实现了一穷二白、人口众多的东方大国大步迈进社会主义社会的伟大飞跃。"[5]改革开放以来，中国共产党人探索创立的中国特色社会主义制度，在充分吸收借鉴苏联发展社会主义的经验和教训的基础上，大力发展市场经济，创造了"公有制为主体、多种所有制经济共同发展，按劳分配为主体、多种分配方式并存，社会主义市场经济体制等社会主义基本经济制度"和经济高速发展的"中国奇迹"，从而也创造出了社会主义物质文明新形态。对此，《中共中央关于党的百年奋斗重大成就和历史经验的决议》指出："改革开放和社会主义现代化建设的伟大成就举世瞩目，我国实现了从生产力相对落后的状况到经济总量跃居世界第二的历史性突破，实现了人民生活从温饱不足到总体小康、奔向全面小康的历史性跨越，推进了中华民族从站起来到富起来的伟大飞跃。"[6]尤其是党的十八大以来，中国特色社会主义进入新时代，在历史性地解决了中国绝对贫困问题，并全面建成小康社会后，又全面开启了旨在实现全体人民共同富裕的全面建设社会主义现代化国家的新征程，迎来了从站起来、富起来到强起来的伟大飞跃，从而创造出一个从制度上消灭剥削的物质文明新形态。

二 社会主义物质文明呈现"非侵略性"

如果仅从物质产品的丰腴程度和人们的富裕程度的维度去考察，美国、英国、法国、德国、荷兰、意大利、比利时、澳大利亚、日本等发达资本主义国家的物质文明程度无疑仍是最高的。这些国家的物质文明发展固然与它们重视科学技术进步和生产力发展有关，但更与它们通过殖民掠夺甚至对外侵略所进行的早期原始积累有关。

纵观现代资本主义发展史，资本主义国家的殖民掠夺和对外侵略虽然从葡萄牙和西班牙两个中央集权的封建专制国家开始，但伴随着资本主义生成和发展的全过程。在这个过程中，资本的贪婪和逐利是驱动资本主义工业革命和生产力发展的内在动力，更是驱动资本主义国家殖民掠夺和对外侵略的根本动因。这是因为"资本害怕没有利润或利润太少，就像自然界害怕真空一样。一旦有适当的利润，资本就胆大起来。如果有10%的利润，它就保证到处被使用；有20%的利润，它就活跃起来；有50%的利润，它就铤而走险；为了100%的利润，它就敢践踏一切人间法律；有300%的利润，它就敢犯任何罪行，甚至冒绞首的危险。如果动乱和纷争能带来利润，它就会鼓励动乱和纷争，走私和贩卖奴隶就是证明"。[7]

从早期殖民征服的目的来看，西班牙、葡萄牙两国王室积极组织和支持海外探险活动，大肆进行殖民掠夺，虽然是为了获取更多财富、扩大封建统治范围，但后果是阻碍它们的资本原始积累和本国工业发展，延缓了其资本主义发展的进程，从而使其很快丧失了殖民优势。取而代之的是快速崛起的荷兰、英国、法国、德国、比利时等资本主义诸国。美国、澳大利亚、日本虽然也曾经被殖民过，但因其传承资本主义的"资本"基因，很快也加入了对外侵略和殖民掠夺的行列。

葡萄牙、西班牙的殖民统治衰弱后，先是"海上马车夫"荷兰崛起，通过建立殖民商站和东印度公司等，几乎垄断了世界贸易。紧接着，英国和法国开始发力，通过战争，成功击败前代殖民帝国，二者成为世界上殖民地最多的国家。英国一度成为"日不落帝国"。德国虽然开始殖民掠夺的时间较晚，但是也抢夺到了非洲和亚洲的部分地区。日本在明治维新之后国力增强，通过一系列扩张和征服，在亚洲方面也开始殖民活动。意大利虽然在殖民帝国中不怎么显眼，但是，也在东非和北非建立了殖民地。比利时建立殖民地的时间更晚，但是在赤道非洲也拥有两块殖民地。

第二次工业革命之后，美国开始崛起。到 19 世纪末，美国经济总量超过了英国，并想在国际上拥有一席之地。1898 年，美国和西班牙爆发了战争。这场战争以美国的胜利而结束。之后双方签订了《巴黎和约》，西班牙承认古巴独立，由美国占领；将关岛和波多黎各割让给美国，美国花了 2000 万美元从西班牙手里购买了菲律宾。古巴、关岛、波多黎各、菲律宾这些地方，算是美国第一批殖民地。除了这些，还有夏威夷。夏威夷最初也不是美国领土，和殖民地差不多。当然，美国管理殖民地的方式和欧洲人不一样，美国并不直接统治，而是在当地扶植傀儡政权。不管怎么说，这些殖民地性质是一样的。第二次世界大战时，美国趁机从英国获得了众多的地方。目前美国还有 14 块海外领地。

澳大利亚作为英国的殖民地，在第一次世界大战爆发后追随英国加入了协约国，随后就出兵占领了德属新几内亚。第一次世界大战结束之后，国际联盟承认澳大利亚在巴布亚新几内亚的地位，让澳大利亚继续管理这里。二战期间，日本短暂占领过巴布亚新几内亚。不过日本投降之后，联合国让澳大利亚继续管理巴布亚新几内亚。一直到 1975 年，巴布亚新几内亚才从澳大利亚殖民统治下获得独立。

明治维新后，日本迅速崛起。尤其是甲午战争之后，日本取代了清王朝，成了东亚霸主。日俄战争中日本的胜利更是奠定了日本在东北亚地区霸主的地位，日俄战争之后日本迅速对外扩张，进而也抢占了众多的殖民地。甲午战争之后，我国的澎湖列岛、台湾岛成了日本的殖民地。日俄战争之后不久，日本就把朝鲜半岛变成了自己的殖民地，还占领了库页岛的南半部。尤其是 1931 年 9 月 18 日，日军在中国东北发动"九一八事变"，霸占中国东北三省，正式开始了侵华战争。之后，1937 年 7 月 7 日，日军又制造"卢沟桥事变"，进而开始了全面侵华战争。直到 1945 年 8 月 15 日日本政府宣布无条件投降，9 月 2 日正式签订投降协议，才彻底结束了日本对中华民族的殖民侵略和掠夺。珍珠港事件后，日本占领东南亚、太平洋众多的地方，这些地方都成了日本的殖民地。1945 年，日本投降之后，所有的殖民地全部获得独立。至此，日本的殖民统治正式瓦解。

这些资本主义国家对殖民地的统治除了对殖民地人民的欺压奴役甚至种族灭绝外，还有对殖民地的资源、财富甚至人才进行大肆掠夺，进而为其自己的所谓物质文明发展创造条件和积累财富。仅日本侵华 14 年对中国人民所犯下的侵略罪行和掠夺大量资源的恶行就可以证明。据不完全统计，日军侵华 14 年，日本人从中国掠走黄金3.1 万吨、白银 2 万吨、银圆 2.5 亿块和各类钻石 500 吨，同时，还掠夺煤炭约 10 亿吨、铁矿约 1.8 亿吨、铜矿约 150 万吨、铝约 10 万吨、稀土约 2 亿吨、木材约 7 亿立方米。据估算，日本侵华 14 年间，对中国造成的经济损失高达 5000 亿美元，而当时日本的年收入才7.7 亿美元。[8]此外，日军造成中国军民的其他损失，更是难以估量。因此，我们要永远铭记历史，铭记日本侵略者曾经对我国人民犯下的殖民掠夺罪行，从而选择一条独立自主、自力更生、和平发展的中国特色社会主义物质文明建设道路。对于这样一条道路，习近平明确指出："我国现代化是走和平发展道路的现代化。一些老牌资本主义国家走的是暴力掠夺殖民地的道路，是以其他国家落后为代价的现代化。"[9]"我们不追求一枝独秀，不搞你输我赢，也不会关起门来封闭运行，将逐步形成以国内大循环为主体、国内国际双循环相互促进的新发展格局，为中国经济发展开辟空间，为世界经济复苏和增长增添动力。"[10]"办好中国的事，让 14 亿多中国人民过上更加美好的生活，促进人类和平与发展的崇高事业，这是中国共产党矢志不渝的奋斗目标。"[11]

三　社会主义物质文明呈现"可持续性"

纵观资本主义发展史，由于"资本"唯利是图的"天性"，由资本主宰的资本主义物质文明，不仅具有"侵略性"，还表现出对自然界的掠夺性和对环境的破坏性。英、美、日等发达资本主义国家的工业化、现代化几乎都伴随着对自然资源和生态环境的破坏与污染，进而付出沉重的发展代价。进入 20 世纪以来，震惊世界的八大污染事件就是例证。一是发生在 1930 年比利时的马斯河谷工业区的"烟雾事件"。这是由于该工业区的二氧化硫和粉尘污染对人体造成综合影响，一周内有近 60 人死亡，数千人患呼吸系统疾病。二是发生在 1943 年美国洛杉矶的"光化学烟雾事件"。这是因为当时洛杉矶市的 200 多万辆汽车排放大量的汽车尾气，在紫外线照射下产生光化学烟雾，大量居民出现眼睛红肿、流泪、喉痛等症状，死亡率大大增加。三是发生在 1948 年美国宾夕法尼亚州的多诺拉镇的"烟雾事件"。因为这里的炼锌厂、钢铁厂、硫酸厂排放的二氧化硫及氧化物和粉尘造成大气严重污染，5900 多名居民患病。四是发生在 1952 年英国首都伦敦的"烟雾事件"。这是由于伦敦冬季燃煤排放的烟尘和二氧化硫在浓雾和空气中积聚不散，前两个星期死亡 4000 人，以后的两个月内又有 8000 多人死亡。五是发生在 1961 年的日本四日市的"哮喘病事件"。这是由于该市石油化工和工业燃烧重油排放的废气严重污染大气，居民呼吸道病症剧增，尤其是使哮喘病的发病率大大提高，50 岁以上的老人发病率约为 8%，死亡十多人。六是发生在 1953~1956 年日本熊本县水俣市的"水俣病事件"。这是因为该市的石油化工厂排放含汞废水，人们食用了被汞污染和富集了甲基汞的鱼、虾、贝类等水生生物，大量居民中枢神经中毒。七是发生在 1955~1972 年日本富山县神通川流域的"富山痛痛病事件"。这是因为该市的锌、铅冶炼厂等排放的含镉废水污染了河水和稻米，居民食用后而中毒，1972 年患病者达 258 人，死亡 128 人。八是发生在 1968 年日本北九州市、爱知县一带的"米糠油事件"。这是因为食用油厂在生产米糠油时，使用多氯联苯做脱臭工艺中的热载体，这种毒物混入米糠油中被人食用后中毒，患病者超过 10000 人，16 人死亡[12]。因此，西方马克思主义学者谢泼德尖锐地指出："自从资本主义发展以来，由于利润制度作祟，地球上的自然资源越来越大规模地消耗，这个过程继续下去的后果，定使地球的生态平衡发生迅速变化，终究有可能导致人类毁灭，这决非危言耸听。"[13] 近年来，在环境因素业已成为人们看待和评估某种制度和文明的重要参考指标之下，优美环境似乎越来越成为展示欧美等资本主义先进性的标准。然而，这也是因为它们在工业化和现代化上"先行一步"，进而长期占据了生产链的高端环节，将一些高利润、低污染的产业留在国内，而将高污染、低利润的中低端产业转移到发展中国家。尤其是随着各种消费产品的不断更新换代，越来越庞大的生活垃圾也开始以垃圾贸易的形式转移到发展中国家。因此，无论这些资本主义国家如何粉饰自己，都掩盖不了"资本"的贪婪及其对资源环境的损害。

很显然，社会主义物质文明发展道路与资本主义物质文明发展的道路不同，它不仅不能走西方资本主义国家"先污染、后治理"的老路，而且绝不会把污染转嫁他国或后代人，而是真正走出一条独具特色的社会主义"可持续性"物质文明发展之路。中国共产党人就是这样一条"可持续性"物质文明发展道路的探路者和践行者。

所谓物质文明的"可持续性"，就是指人类在征服自然、改造自然和进行物质文明建设过程中不以破坏和牺牲环境为代价，从而平衡好当代人和后代人的发展需要。这里的"可持续性"借用的是 1980 年由国际资源和自然保护联合会、联合国环境规划署和世界野生生物基金会共同发表的《世界自然资源保护大纲》中"必须研究自然的、社会的、生态的、经济的以及利用自然资源过程中的基本关系，以确保全球的可持续发展"首次提出的"可持续发展"这个概念。1987 年世界环境与发展委员会发表的报告《我们共同的未来》中对"可持续发展"的定义是"既满足当代人需要，又不对后代人满足其需要的能力构成危害的发展"。它包括两个重要概念：需的概念，尤其是世界各国人们的基本需要，应将此放在特别优先的地位来考虑；限制的概念，技术状况和社会组织对环境满足眼前和将来需要的能力施加的限制。[14]

"可持续发展"这个概念尽管是借鉴来的，但强调保护资源环境，走"人与自然和谐发展"的可持续发展的物质文明建设道路的思想确是深植于中国共产党人的快速推进社会主义工业化、现代化的实践过程中的。20 世纪 50 年代，毛泽东就发出了"植树造林、绿化祖国"的伟大号召。1973 年 8 月召开的"第一次全国环境保护会议"，确定了"全面规划、合理布局、综合利用、化害为利、依靠群众、大家动手、保护环境、造福人民"[15]的环境保护工作 32 字方针。改革开放后，与工业化、城镇化快速推进相伴随的环境污染问题逐渐显现，邓小平把环境保护作为基本国策，开启了中国特色社会主义生态文明建设的道路。江泽民、胡锦涛坚持中国特色社会主义生态文明建设，先后制定了"可持续发展"和"两型社会"的国家战略，努力解决人民群众关心的环境污染问题。尤其是党的十八大以来，以习近平同志为核心的党中央，不仅把生态文明建设纳入中国特色社会主义事业总体布局，融入经济建设、政治建设、文化建设、社会建设各方面和全过程，并且把"美丽中国"作为中华民族伟大复兴中国梦的重要内容，而且提出了一系列生态文明建设的新思想新理念新举措，深刻回答了为什么建设生态文明、建设什么样的生态文明、怎样建设生态文明等重大理论问题和实践问题，系统形成习近平生态文明思想，从而把我们党对生态文明建设规律的认识提升到一个新高度。习近平指出："良好生态环境是最公平的公共产品，是最普惠的民生福祉。"[16]他还认为："我国建设社会主义现代化具有许多重要特征，其中之一就是我国现代化是人与自然和谐共生的现代化，注重同步推进物质文明建设和生态文明建设。"[17]我国14亿多人口要整体迈入现代化社会，如果延续过去发达国家高耗能、高排放的老路，资源环境压力不可承受，必须转到绿色低碳的发展轨道上来，这是我国现代化的必由之路。必须坚持"绿水青山就是金山银山"理念，像保护眼睛一样保护生态环境，像对待生命一样对待生态环境，更加自觉地推进绿色发展、循环发展、低碳发展，坚持生产发展、生活富裕、生态良好的文明发展道路。

四 社会主义物质文明呈现"开放性"

通过坚持和扩大对外开放，学习和利用一切人类文明成果来发展社会主义物质文明，是中国共产党领导人民创造中国发展"奇迹"的重要经验，也是中华民族的伟大自觉。在中华民族5000多年的文明发展过程中，中华民族曾有过因重视对外开放和不同文明的交流而创造出诸多"盛世"的辉煌历史，更有过因盲目自大、闭关锁国进而不重视吸收其他文明成果而衰落的沉痛教训。因此，中国共产党从诞生那天起，就抱定了"向世界学习"，进而用优秀人类文明成果来发展中国的愿望。早在延安时期，毛泽东在会见美国记者莫里斯·武道时就指出："我们曾经接受了诸如达尔文主义、华盛顿和林肯树立的民主政治、十八世纪的法国哲学、费尔巴哈的唯物主义、德国的马克思主义以及俄国的列宁主义。我们接受一切来自国外的、对中国有益和有用的东西。"[18]新中国成立后，他更明确地指出："我们的方针是，一切民族、一切国家的长处都要学，政治、经济、科学、技术、文学、艺术的一切真正好的东西都要学。"[19]改革开放前夕，针对在

"文化大革命"期间存在的极左思想以及故步自封和夜郎自大，邓小平更鲜明地指出："世界天天发生变化，新的事物不断出现，新的问题不断出现，我们关起门来不行，不动脑筋永远陷于落后不行"[20]。"现在是我们向世界先进国家学习的时候了。""要实现四个现代化，就要善于学习，大量取得国际上的帮助。要引进国际上的先进技术、先进装备，作为我们发展的起点。"[21]因此，在他的有力推动下，中国做出了对外开放的重大抉择。他进一步说："中国要谋求发展，摆脱贫穷和落后，就必须开放。开放不仅是发展国际间的交往，而且要吸收国际的经验。"[22]"社会主义要赢得与资本主义相比较的优势，就必须大胆吸收和借鉴人类社会创造的一切文明成果，吸收和借鉴当今世界各国包括资本主义发达国家的一切反映现代社会化生产规律的先进经营方式、管理方法。"[23]也正是基于这样一种"要在开放中建设社会主义现代化"的理性认识，从20世纪80年代中后期开始，我们不仅进行了"复关"谈判，而且实施了"两头在外、大出大进"的国际大循环战略。尤其是提出建立社会主义市场经济体制之后，明确提出"对外开放的地域要扩大，形成多层次、多渠道、全方位开放的格局"[24]，"利用外资的领域要拓宽"，"积极开拓国际市场，促进对外贸易多元化，发展外向型经济"[25]。党的十四届三中全会通过的《中共中央关于建立社会主义市场经济体制若干问题的决定》进一步把"发展开放型经济"作为社会主义市场经济体制的重要支柱，提出："坚定不移地实行对外开放政策，加快对外开放步伐，充分利用国际国内两个市场、两种资源，优化资源配置。积极参与国际竞争与国际经济合作，发挥我国经济的比较优势，发展开放型经济，使国内经济与国际经济实现互接互补。"[26]之后，我们在继续强调积极吸收外来资金、努力学习和借鉴国外先进技术和管理经验的同时，又强调"要积极引导和组织国内有实力的企业走出去，到国外去投资办厂，利用当地的市场和资源"[27]，进而开始实施"引进来"和"走出去"相结合的开放战略。对此，江泽民指出："'引进来'和'走出去'，是我们对外开放基本国策两个紧密联系、相互促进的方面，缺一不可。"[28]进入21世纪，我们紧紧抓住21世纪头20年这一战略机遇期，充分利用加入世界贸易组织（WTO）这一重大契机，不断融入经济全球化并进一步提出"拓展对外开放广度和深度，全面提高开放型经济水平。……扩大开放领域，优化开放结构，提高开放质量，完善内外联动、互利共赢、安全高效的开放型经济体系，形成经济全球化条件下参与国际经济合作和竞争新优势"[29]。党的十八大以来，中国共产党人更加重视对外开放和向世界学习，更加重视利用国际国内"两种资源、两个市场"来发展社会主义物质文明。习近平指出："改革开放是我国经济社会发展的动力。不断扩大对外开放、提高对外开放水平，以开放促改革、促发展，是我国发展不断取得新成就的重要法宝。"[30]"经过三十多年的改革开放，我国经济正在实行从引进来到引进来和走出去并重的重大转变，已经出现了市场、资源能源、投资'三头'对外深度融合的新局面。只有坚持对外开放，深度融入世界经济，才能实现可持续发展。"[31]"中国要永远做一个学习大国，不论发展到什么水平都虚心向世界各国人民学习，以更加开放包容的姿态，加强同世界各国的互容、互鉴、互通，不断把对外开放提高到新的水平。"[32]"中国开放的大门不会关上。……中国将在更大范围、更宽领域、更深层次上提高开放型经济水平。"[33]进入新发展阶段，为了全面建设社会主义现代化国家，实现"第二个百年"奋斗目标，从而使"全体人民共同富裕取得更为明显的实质性进展"，实现"全体人民共同富裕的现代化"和"物质文明和精神文明相协调的现代化"[34]，以习近平同志为核心的党中央从实现中华民族伟大复兴战略全局和世界百年未有之大变局这"两个大局"的战略高度出发，明确地提出要加快构建"以国内大循环为主体、国内国际双循环相互促进的新发展格局"，从而提出要构建"制度型"高水平对外开放新格局。因此，2022 年 6 月 22 日，习近平在以视频方式出席金砖国家工商论坛开幕式上所发表的主旨演讲中指出："中国将立足新发展阶段，贯彻新发展理念，积极构建新发展格局，努力实现高质量发展。中国将继续提高对外开放水平，建设更高水平开放型经济新体制，持续打造市场化、法治化、国际化营商环境。"[35]这里的高水平开放型经济新体制之"高"就在于要从我们改革开放以来一以贯之强调的"商品型和要素型开放"转向"规则、标准"等"制度型开放"[36]。一方面，制度型开放是我国优势转换的客观需要，改革开放初期，我国以商品和要素开放作为主要手段，但是随着传统优势的逐步减弱，我们亟须在制度层面构筑一个新的竞争优势。另一方面，制度型开放符合当前以服务业开放为主的新特点，服务业开放与传统制造业开放完全不同，需要有系统的开放型经济新体制作为支撑。更重要的是，它符合国际经贸规则新的发展趋势。对此，习近平进一步指出："新发展格局不是封闭的国内循环，而是开放的国内国际双循环。要优化升级生产、分配、流通、消费体系，深化对内经济联系、增加经济纵深，增强畅通国内大循环和联通国内国际双循环的功能，加快推进规则标准等制度型开放，率先建设更高水平开放型经济新体制。"[37]"我们不追求一枝独秀，不搞你输我赢，也不会关起门来封闭运行，将逐步形成以国内大循环为主体、国内国际双循环相互促进的新发展格局，为中国经济发展开辟空间，为世界经济复苏和增长增添动力。"[38]

五 社会主义物质文明呈现"人民共富性"

如果说"非剥削性"是社会主义物质文明有别于人类经历的一切剥削社会制度下的物质文明的一个鲜明的过程性特征，那么，"人民共富性"则是社会主义物质文明发展的目的性和结果性特征，进而也是社会主义物质文明超越人类其他一切物质文明的最根本标志。这里的"人民共富性"包含三重含义：一是指社会主义物质文明发展的目的是"让人民过上美好生活"，这是社会主义物质文明发展的动因；二是指全体人民是社会主义物质文明发展的主体；三是指社会主义物质文明发展的结果是全体人民共同富裕与人的全面发展，这是社会主义物质文明发展的归宿。

在坚持中国共产党的领导和人民当家作主，坚持公有制经济为主体、多种所有制经济共同发展，坚持按劳分配为主体、多种分配方式并存，坚持使市场在资源配置中起决定性作用，更好发挥政府作用的中国特色社会主义制度条件下，这三重含义实现了内在统一。从社会主义物质文明发展的动因来看，中国共产党领导中国人民探索建立了中国特色社会主义制度，为人民过上美好生活的"自然愿望"的梦想成真创造了制度基础。这是因为追求美好生活是任何社会条件下的人们进行物质文明建设和从事物质生产及劳动的"自然愿望"。但这一"自然愿望"只有和他们在社会上的政治经济地位以及执政者的"执政动机"相一致时，才能变成现实结果，真正实现"动机—主体—结果"的统一。首先，中国共产党领导是中国特色社会主义制度的最本质特征和最大优势，也是确保人民过上美好生活的根本前提。中国共产党的初心就是"为人民谋幸福"，让人民过上美好生活。对此，毛泽东早就明确指出："从四万万五千万人民的利益出发……讨论其他任何别的问题，就是这个出发点，或者叫做立场。还有什么别的出发点、别的立场没有？为了全党与全国人民的利益，这就是我们的出发点，就是我们的立场。"[39] "共产党人的一切言论行动，必须以合乎最广大人民群众的最大利益，为最广大人民群众所拥护为最高标准。"[40]邓小平、江泽民、胡锦涛也都强调要把全心全意为人民谋利益作为建设中国特色社会主义全部工作的出发点和落脚点。习近平更是明确提出："人民对美好生活的向往，就是我们的奋斗目标。"[41] "坚持以人民为中心的发展思想，把增进人民福祉、促进人的全面发展、朝着共同富裕方向稳步前进作为经济发展的出发点和落脚点。这一点，我们任何时候都不能忘记，部署经济工作、制定经济政策、推动经济发展都要牢牢坚持这个根本立场。"[42]其次，由于在中国特色社会主义基本经济制度中既"坚持公有制经济为主体、坚持按劳分配为主体，坚持更好发挥政府作用"，又"坚持鼓励、支持和引导个体私营经济发展""坚持按生产要素贡献分配""坚持使市场在资源配置中起决定性作用"，更好实现了"公有制"和"非公有制"、"按劳分配"和"按生产要素分配"、"看不见的手"和"看得见的手"的有机结合与优势互补，从而既保证了人民群众在社会物质生产及其产品分配中的主体地位，又极大促进了公平与效率的统一，为使人民"过上美好生活"的"自然愿望"变成现实提供了最基本的制度基础。最后，由于经济基础决定上层建筑，中国特色社会主义基本经济制度又从根本上决定了中国特色社会主义政治制度的本质内涵是"全过程人民民主"，从而为确保人民在社会主义物质文明建设、物质产品生产及分配中"当家作主"的主体地位提供了政治保证。

从社会主义物质文明发展的主体看，人民既是劳动这一生产要素的所有者，又是各类国有资源和生产资料的终极所有者，还是拥有充分民主权利的国家主人。在社会主义物质文明建设过程中，人民是共同富裕的享受者，更是共同富裕的创造者。因此，从国家层面讲，实现共同富裕，必须依靠人民，尊重人民群众的首创精神。因为"人民群众是创造历史的真正动力"[43]。从人民层面讲，共同富裕要靠自身勤劳创新致富。为此，一方面，要大力弘扬勤劳创新致富的精神，不断凝聚共识和力量，形成人人不"躺平"、不"等靠要"的良好社会氛围，创造人人参与、各尽所能、各尽其责的良好社会环境，激发劳动者通过辛勤劳动、合法经营、创新创业创造幸福美好生活的内在动力。另一方面，要积极营造机会公平的社会环境，加快完善体现权利公平、机会公平、规则公平的法律制度，保障公民人身权、财产权、基本政治权利等各项权利不受侵犯，保障公民经济、文化、社会等各方面权利得到落实，实现公民权利保障法治化。尤其要积极营造公平竞争的市场环境和公平正义的社会环境，这是畅通社会流动渠道，打破阶层利益固化，让更多要素和资源在各个阶层之间自由流动的制度保障。教育公平是最大的机会公平，提高对义务教育、职业教育的财政支出力度，不断缩小城乡与区域之间、群体之间的受教育机会差距，提高劳动者人力资本水平、就业创业创造能力，让每一个人都有自我价值实现的机会。持续深化"放管服"改革，积极营造市场化、法治化、国际化营商环境，激发大众创业、万众创新的动力活力。加快破除城乡与区域之间、行业部门之间阻碍劳动力流动的制度障碍，营造公平竞争的发展环境，使劳动力能够在区域、行业部门之间自由流动。

从社会主义物质文明发展的结果来看，全体人民共同富裕是确保和衡量人民能否过上美好生活的条件和标准。二者有区别，是因为前者是因后者是果；二者有联系，是因为二者互为因果、内在统一，"人民过上美好生活"与"全体人民共同富裕"是"同义语"。如前所述，追求美好生活，追求共同富裕，不是今天才有的，也不是只有我们才有这种愿望和需要。《诗经·大雅·民劳》中的"民亦劳止，汔可小康。惠此中国，以绥四方"表达的就是2800多年前中国人民对美好物质生活和共同富裕的憧憬。中国特色社会主义进入新时代并已经全面建成小康社会后要实现的共同富裕，是建立在雄厚的物质产品基础、发达的物质文明，以及全民参与、共建共享、勠力同心的社会共识之上，是全体人民普遍触达和公平享有的共同富裕。实践证明，这样的共同富裕，只有在社会主义基本经济制度和中国共产党领导以及人民当家作主的政治制度的"双重保障"下才能成为现实。因为只有在这样的社会主义制度条件下，最广大劳动人民才能摆脱对"资本及各类生产要素主体"的经济和"少数人说了算"的政治的"双重依附"，进而成为决定社会物质产品生产及分配的主导力量，才能确保社会公平正义，从而最大限度地激发蕴藏在人民群众心中的创造财富的积极性和无穷创造力，创造出生产力快速跃升的发展奇迹。

这里还要特别强调，我们要实现的全体人民共同富裕不是指占有消费品数量和质量上的完全相等，不是绝对平均主义，而是在承认现存社会仍然存在一定的消费资料分配和占有差别基础上逐步实现的共同富裕。同时，我们要实现的全体人民共同富裕，讲的是以人人奋斗实现人人共享，每个人既有享受经济社会发展成果、分享"蛋糕"的权利，也有把"蛋糕"做大的义务。这也是实现人民平等、保障社会公平正义的需要。因此，我们要旗帜鲜明地反对平均主义，要通过科学合理的分配制度设计，构建初次分配、再分配、三次分配协调配套的基础性制度安排，不断创造良好奋斗环境、激发奋斗者内生动力、保障社会公平正义。由于个人禀赋条件的不同，要允许合理分配差距的存在，在一定意义上，合理的分配差距也是激发人力资本提升和促进创新创业的动力。

尤其还要注意吸取西方资本主义"高福利国家"的教训，防止坠入养懒汉的"福利主义陷阱"。20 世纪以来，西方一些发达资本主义国家曾致力于推动"公共政策主要为国民福利而设"的高福利社会建设，以养老、医疗、失业等保险制度和社会救济、津贴等措施，满足居民"从摇篮到坟墓"的所有需求。"高福利社会"曾被当作人类社会制度的理想，然而自 20 世纪 80 年代以来，由于高昂的福利开支，叠加不断加重的失业、人口老龄化、种族、经济、政治等多重危机，其越发成为不可持续的伪"共同富裕"样本。其原因在于："高福利社会"虽然有较高的社会生产力水平基础和完善的法治环境，但是资本主义制度无法摆脱生产社会化和资本主义私有制的固有矛盾，难以调和市场经济盲目追求效率而忽视公平的痼疾；在政党轮替政治体制下，各种声称代表人民利益的政党或政治力量必然迎合日益抬头的民粹主义，无法平衡短期利益和长期利益。这不仅导致其内讧不断，而且使其社会政策缺乏连续性，从而影响国内社会甚至国际秩序的稳定。因此，共同富裕不是政府大包大揽，而是要发挥市场、政府以及社会各方面的协同作用。注重发挥市场在资源配置中的决定性作用，着力完善产权制度、深化要素市场化改革，着力扩大高水平开放，增强市场主体的发展信心。即便对于社会上的某些弱势人群或社会组织能提供的保障功能，政府也要避免越俎代庖、大包大揽，防止脱离基本国情、超出财政能力，以揠苗助长的方式提高社会保障水平。要始终坚持在经济发展和财力状况具备的条件下，逐步提高人民生活水平，既要把那些有能力和条件承担的、关系群众切身利益的事情扎扎实实地办好，又要循序渐进、脚踏实地、久久为功，不吊高胃口、不办"过头事"。

六　社会主义物质文明呈现"人的全面发展性"

与人类社会已经经历的物质文明尤其是资本主义物质文明相比，社会主义物质文明并不仅仅表现在单纯的社会生产力发展和丰腴的物质生活上，而是要最终表现在作为社会主体的人能够实现全面发展上。也就是说，实现人的全面发展才是全体人民共同富裕的社会主义物质文明发展和建设的最终目标。对此，马克思更以人的发展状况为标准，将人类社会发展经历的社会形态划分为"人的依赖性关系"社会、"物的依赖性关系"社会、个人全面发展的社会[44]。对于这个"第三种社会形态"的主要特征，恩格斯在《反杜林论》第三编"社会主义"中进行了描述，他指出："生产资料由社会占有，通过社会化生产，不仅可能保证一切社会成员有富足的和一天比一天充裕的物质生活，而且还可能保证他们的体力和智力获得充分的自由的发展和运用。"[45]

中国共产党人带领人民经过百年追求和探索走出的中国特色社会主义道路，尽管基本经济制度还不是马克思恩格斯所设想的"完全的生产资料由社会占有"，但是我们始终坚持"公有制为主体、按劳分配为主体、更好发挥政府作用"，强调充分利用公有制经济和非公有制经济、按劳分配和按生产要素分配、政府和市场的"双重制度优势"，不仅最大限度地克服了资本主义生产关系中社会化大生产与生产资料私人占有之间的矛盾，从而能够更好地解放和发展生产力，更有力地推进全体人民共同富裕，而且打破了资本逻辑对人类社会的宰制，确保了人民在社会经济发展中的主体地位，从而更有利于促进人的全面发展。

具体来讲，社会主义制度下人的全面发展表现在以下方面。

首先，是在物质文明和精神文明相统一过程中实现的。马克思指出："物质生活的生产方式制约着整个社会生活、政治生活和精神生活的过程。"[46]这就阐明了物质文明对精神文明起到基础性作用。恩格斯在致康拉德·施米特的信中指出："物质生存方式虽然是始因，但是这并不排斥思想领域也反过来对这些物质生存方式起作用"[47]，这阐明了精神文明对物质文明的反作用，指明了精神文明能够为物质文明建设提供有力且必要的智力支撑，在很大程度上影响物质文明的发展方向。因此，二者紧密联系、互为条件。新中国成立 70 多年来，尤其是改革开放以来，中国共产党领导人民进行波澜壮阔的社会主义革命和建设，把一个昔日贫穷落后、半殖民地半封建的旧中国变成了经济发展、政治稳定、民族团结、社会进步、国际地位日益提高、充满生机和活力的社会主义国家。在我国现代化建设的伟大历史进程中，中华民族的精神面貌发生了深刻变化，人民群众的思想道德和科学文化素质不断增强，中国人得到了全面发展。而这归功于中国共产党在推进中国特色社会主义伟大事业过程中所做出的"在建设高度物质文明的同时，提高全民族的科学文化水平，发展高尚的丰富多彩的文化生活，建设高度的社会主义精神文明"[48]和"两手抓，两手都要硬"[49]战略部署和制度安排。党的十九届六中全会提出，"推动人的全面发展、全体人民共同富裕取得更为明显的实质性进展"[50]。共同富裕是社会主义的本质，也是中国式现代化道路的重要特征。实现共同富裕是中国共产党人的重要使命，步入新时代，共同富裕的丰富内涵和多重特性展现出其与人的发展的紧密相关性。习近平指出：
"促进共同富裕与促进人的全面发展是高度统一的。"[51]

其次，是在人的发展与社会发展相统一过程中实现的。在马克思主义看来，人的发展不仅是社会发展的内在要求，而且是社会发展的最终体现。人的实践和人的发展总是受特定社会历史结构制约的。马克思认为："人的本质不是单个人所固有的抽象物，在其现实性上，它是一切社会关系的总和。"[52]一方面，人总是在各种社会关系中展开他的实践，实现自身的发展。另一方面，"社会关系实际上决定着一个人能够发展到什么程度"[53]，"一个人的发展取决于和他直接或间接进行交往的其他一切人的发展"[54]。也就是说，人的全面发展需要自由、全面、丰富的社会实践、社会交往和社会关系为其提供空间和条件，依赖于个人社会关系的高度丰富。当个体的人在其社会交往中，通过参与各领域、各层次的实践，与这个社会产生丰富的物质和精神交换，在此过程中不断突破旧的社会关系，开辟社会交往的新境界，那么人就可以实现其自身的发展。在社会主义社会之前的一切剥削制度下，社会关系总表现为绝大多数人被少数人奴役和剥削，进而呈现多数人反抗少数人的阶级对立。然而到了社会主义社会，由于实行了生产资料公有制（或公有制为主体），剥削阶级被彻底消灭，人民成了生产资料的主人，从而获得了政治上的平等地位，人的发展与社会发展之间的对抗性矛盾得以消解，社会发展不再以牺牲某些个人的发展为代价，从而为人的全面发展提供了和谐、包容的社会关系。特别是我们所要建立的共同富裕的社会，不仅是物质和精神产品充足的社会，更是一个由经济、政治、文化、社会以及生态文明等多方面内容共同组成的协调发展的、完备的社会有机体。习近平在中法建交50周年纪念大会上还指出："我们的方向就是让每个人获得发展自我和奉献社会的机会，共同享有人生出彩的机会，共同享有梦想成真的机会，保证人民平等参与、平等发展权利，维护社会公平正义，使发展成果更多更公平惠及全体人民，朝着共同富裕方向稳步前进。"[55]总之，共同富裕的社会是各领域充分发展、高度发达、自由流动、相互促进的社会，是文明和谐、团结有序、公平正义的社会。正是在这个意义上，共同富裕促进了人的社会交往和社会关系的全面性、丰富性，以及主体性、创造性，为人的全面发展提供了优质的平台和空间。当然，我们还处在社会主义初级阶段，市场经济和脑体分工的存在既促进社会的全面发展，也迫使一部分人特别是体力劳动者在精神领域还不能实现及时的全面发展。但是，可以通过提高生产力和实现共同富裕，进而大力发展教育科学文化事业来最大限度满足人民群众的物质文化需要，还可以通过大力提高人的素质、加强精神文明建设来促进人的全面发展。因此，习近平指出："人，本质上就是文化的人，而不是'物化'的人；是能动的、全面的人，而不是僵化的、'单向度'的人。人类不仅追求物质条件、经济指标，还要追求'幸福指数'；不仅追求自然生态的和谐，还要追求'精神生态'的和谐；不仅追求效率与公平，还要追求人际关系的和谐与精神生活的充实，追求生命的意义。"[56]共同富裕的全面性，要求在内容上不仅要追求衣食住行等物质上的富裕，还要实现文化、娱乐等精神上的富裕。习近平指出，"共同富裕是全体人民共同富裕，是人民群众物质生活和精神生活都富裕"[57]，为的是满足人民日益增长的美好生活需要。在全面建成小康社会基础上，满足人民群众的美好生活需要更多地落脚于群众的获得感、幸福感、安全感等，即不断满足人民群众多样化、多层次、多方面的精神文化需求，让广大人民群众的获得感、幸福感、安全感更加充实、更有保障、更可持续。人的发展既是社会发展的内在要求，也是社会发展的最终体现。

最后，是在人的发展和素质教育相统一的基础上实现的。马克思指出："生产劳动同智育和体育相结合，它不仅是提高社会生产的一种方法，而且是造就全面发展的人的唯一方法。"[58]新中国成立后，特别是改革开放以来，我国非常重视教育事业的发展，取得了显著成效。我国先后提出了"使受教育者在德育、智育、体育几方面都得到发展，成为有社会主义觉悟的有文化的劳动者"，[59]"使儿童、少年在品德、智力、体质等方面全面发展"，[60]"培养有理想、有道德、有文化、有纪律的社会主义建设人才"[61]等教育方针。在实践中，我们建成了全民义务教育、九年制义务教育、高等教育、职业技术教育、成人教育等丰富多样的教育体系，坚持了教育的可持续发展。这些都是针对我国教育事业发展的实际和社会主义建设的需要而做出的，是马克思主义关于人的全面发展理论在社会主义条件下的运用。

（执笔：韩保江）

第二章　全体人民共同富裕是社会主义 物质文明的根本特征

　　社会主义物质文明决定于社会主义条件下的生产力、生产关系乃至上层建筑和意识形态，决定于社会主义本质和社会主义生产目的。社会主义本质是解放生产力，发展生产力，消灭剥削，实现共同富裕。社会主义生产目的是最大限度地满足人民日益增长的物质文化生活需要，进而促进人的全面发展。二者共同决定社会主义物质文明建设的途径与目的，进而使全体人民共同富裕成为社会主义物质文明的根本特征。

一　共同富裕是社会主义本质要求，是中国式现代化的根本特征

　　什么是社会主义？社会主义本质是什么？马克思恩格斯虽然没有明确给出社会主义或者共产主义本质的概念，但在相关的论述中确有关于社会主义或共产主义应该具有什么样本质的鲜明主张。在《共产党宣言》中，马克思恩格斯论述了资本主义灭亡的必然

性，并指出："代替那存在着阶级和阶级对立的资产阶级旧社会的，将是这样一个联合体，在那里，每个人的自由发展是一切人的自由发展的条件。"[1] 马克思恩格斯把人的自由发展作为"联合体"的规定词，后来则明确地称之为"自由人联合体"[2]，也即实现人的自由发展是共产主义社会的本质。同时，马克思恩格斯在《共产党宣言》中指出："无产阶级的运动是绝大多数人的、为绝大多数人谋利益的独立的运动"[3]，在未来社会"生产将以所有人的富裕为目的"[4]。

中国共产党自成立以来，在新民主主义革命、社会主义革命与建设、改革开放与社会主义现代化建设尤其是进入中国特色社会主义新时代，对"什么是社会主义、怎样建设社会主义"这一问题进行积极探索，更形成了丰富的理论认识。

新中国成立后，以毛泽东同志为主要代表的中国共产党人开展了轰轰烈烈的社会主义实践，并对社会主义本质进行了积极的理论探索和实践探索。在社会主义建设的保障方面，毛泽东曾经指出："中国共产党是全中国人民的领导核心。没有这样一个核心，社会主义事业就不能胜利。"[5] 并且，他进一步强调，"社会主义革命的目的是解放生产力"[6] 和"使农民群众共同富裕起来"[7]。他说："现在我们实行这么一种制度，这么一种计划，是可以一年一年走向更富更强的，一年一年可以看到更富更强些。而这个富，是共同的富，这个强，是共同的强，大家都有份。"[8] 这里，毛泽东同志实质上已经开始逐步地探索社会主义的本质，并将其理解为坚持党的领导和使全体人民共同富裕。

在改革开放的实践过程中，以邓小平同志为主要代表的中国共产党人对"什么是社会主义，怎样建设社会主义"进行了根本性回答，从而科学揭示了"社会主义本质"的鲜明内涵。早在 1978 年 9 月，邓小平在听取中共吉林省委常委汇报工作时就指出："我们是社会主义国家，社会主义制度优越性的根本表现，就是能够允许社会生产力以旧社会所没有的速度迅速发展，使人民不断增长的物质文化生活需要能够逐步得到满足……我们一定要根据现在的有利条件加速发展生产力，使人民的物质生活好一些，使人民的文化生活、精神面貌好一些。"[9] 1980 年 5 月 5 日，邓小平在会见几内亚总统杜尔时指出："社会主义是一个很好的名词。但是如果搞不好，不能正确理解，不能采取正确的政策，那就体现不出社会主义的本质。"[10] 这也是第一次提出"社会主义本质"这个概念。1985 年 4 月 15 日，邓小平会见坦桑尼亚副总统姆维尼时再次明确地指出："贫穷不是社会主义，社会主义要消灭贫穷。不发展生产力，不提高人民的生活水平，不能说是符合社会主义要求的。"[11] 在 1990 年 12 月的一次谈话中，邓小平进一步提出："社会主义不是少数人富起来、大多数人穷，不是那个样子。社会主义最大的优越性就是共同富裕，这是体现社会主义本质的一个东西。"[12] 到了 1992 年，邓小平在南方谈话中对社会主义本质进行了系统完整的概括。他指出："社会主义的本质，是解放生产力，发展生产力，消灭剥削，消除两极分化，最终达到共同富裕。"[13] 这一论述既明确了建设社会主义的目标是实现共同富裕，又指明了实现这一目标的两个路径：一是解放和发展生产力；二是消灭剥削，消除两极分化。

进入 21 世纪，经过 20 多年改革开放的快速发展，人民的物质生活水平已经得到较大提高，人民在政治、文化等方面的需求与期待更大，江泽民指出："我们建设有中国特色社会主义的各项事业，我们进行的一切工作，既要着眼于人民现实的物质文化需要，同时又要着眼于促进人民素质的提高，也就是要努力促进人的全面发展，这是马克思主义关于建设社会主义新社会的本质要求。"[14]同时，他还进一步指出："我们搞社会主义，是要解放和发展生产力，消灭剥削和贫穷，最终实现全体人民共同富裕。贫穷不是社会主义。一部分人富起来、一部分人长期贫困，也不是社会主义。鼓励一部分地区、一部分人先富起来，先富带动和帮助未富，最终实现共同富裕，是我们既定的政策。"[15]党的十六大以来，经济发展、民生保障、生态环境等领域面临一系列新矛盾，胡锦涛在党的十六届六中全会上指出："社会和谐是中国特色社会主义的本质属性。"[16]"要始终把实现好、维护好、发展好最广大人民的根本利益作为党和国家一切工作的出发点和落脚点，尊重人民主体地位，发挥人民首创精神，保障人民各项权益，走共同富裕道路。"[17]这是我们党在 21 世纪初将马克思主义基本原理同我国社会主义建设实际相结合进行理论创新的重要成果，是对社会主义本质认识的进一步深化。

党的十八大以来，我们党更加深化对社会主义本质要求的认识，并进一步明确了实现全体人民共同富裕的路线图和时间表。2012 年 12 月，习近平在河北省阜平县考察扶贫开发工作时指出："消除贫困、改善民生、逐步实现共同富裕，是社会主义的本质要求。"[18]党的十八届五中全会准确把握时代发展要求，做出"共享是中国特色社会主义的本质要求"[19]的论断，这是我们党总结改革发展经验得出的重要思想成果。只有实现共享发展，才能持续满足人民对美好生活的需要，着力解决社会不公平、不平等问题。2020年 10 月，习近平在党的十九届五中全会上进一步指出："共同富裕是社会主义的本质要求，是人民群众的共同期盼。我们推动经济社会发展，归根结底是要实现全体人民共同富裕。……当前，我国发展不平衡不充分问题仍然突出，城乡区域发展和收入分配差距较大，促进全体人民共同富裕是一项长期任务，但随着我国全面建成小康社会、开启全面建设社会主义现代化国家新征程，我们必须把促进全体人民共同富裕摆在更加重要的位置。"[20]2021 年 1 月 11 日，他在省部级主要领导干部学习党的十九届五中全会精神专题研讨班上的讲话中进一步指出："实现共同富裕不仅是经济问题，而且是关系党的执政基础的重大政治问题。我们决不能允许贫富差距越来越大、穷者愈穷富者愈富，决不能在富的人和穷的人之间出现一道不可逾越的鸿沟。""这项工作也不能等，要自觉主动解决地区差距、城乡差距、收入差距等问题，推动社会全面进步和人的全面发展，促进社会公平正义，让发展成果更多更公平惠及全体人民，不断增强人民群众获得感、幸福感、安全感，让人民群众真真切切感受到共同富裕不仅仅是一个口号，而是看得见、摸得着、真实可感的事实。"[21]2021 年 8 月 17 日，他在中央财经委员会第十次会议上再次明确强调："共同富裕是社会主义的本质要求，是中国式现代化的重要特征，要坚持以人民为中心的发展思想，在高质量发展中促进共同富裕。"[22]为此，以习近平同志为核心的党中央也绘制出了实现全体人民共同富裕的时间表和路线图，那就是在高质量发展的基础上，到 2035 年全体人民共同富裕取得更为明显的实质性进展，到 21 世纪中叶全体人民共同富裕基本实现。

二 社会主义生产目的与社会主义物质文明建设目的内在统一

社会主义生产目的，是社会主义本质要求最集中的体现，是一定生产关系的基本特征最集中的反映，它与社会主义物质文明建设目的内在统一。

社会主义生产目的，是马克思主义政治经济学的基本原理，马克思主义理论经典作家对此多有论述。恩格斯在《反杜林论》中提出未来社会生产目的"一旦社会占有了生产资料"，"通过社会生产，不仅可能保证一切社会成员有富足的和一天比一天充裕的物质生活，而且还可能保证他们的体力和智力获得充分的自由的发展和运用"[23]。列宁也在《关于俄国社会民主工党纲领的文献》中提出，社会主义生产目的应该"不仅满足社会成员的需要，而且保证社会全体成员的充分福利和自由的全面发展，这会更明确些"[24]。斯大林则进一步强调："社会主义生产的目的不是利润，而是人及其需要，即满足人的物质和文化的需要。""保证最大限度地满足整个社会经常增长的物质和文化的需要，就是社会主义生产的目的；在高度技术基础上使社会主义生产不断增长和不断完善，就是达到这一目的的手段。"[25]毛泽东在《关于正确处理人民内部矛盾的问题》中更加明确地指出："所谓社会主义生产关系比较旧时代生产关系更能够适合生产力发展的性质，就是指能够容许生产力以旧社会所没有的速度迅速发展，因而生产不断扩大，因而使人民不断增长的需要能够逐步得到满足的这样一种情况。"[26]邓小平更鲜明地指出："社会主义阶段的最根本任务就是发展生产力，社会主义的优越性归根到底要体现在它的生产力比资本主义发展得更快一些、更高一些，并且在发展生产力的基础上不断改善人民的物质文化生活。"[27]

党的十八大以来，以习近平同志为核心的党中央坚持把马克思主义政治经济学基本原理同我国改革发展新的实践相结合，不断完善中国特色社会主义政治经济学理论体系，高度重视社会主义生产目的问题。2012年11月，在党的十八届一中全会上，习近平指出："我们党领导人民全面建设小康社会、进行改革开放和社会主义现代化建设的根本目的，就是要通过发展社会生产力，不断提高人民物质文化生活水平，促进人的全面发展。"[28]以人民为中心的发展思想，要求把实现人民幸福作为发展的目的和归宿，体现了逐步实现共同富裕的目标要求，集中体现了我们党对社会主义生产目的的新认识。习近平还强调："从政治经济学的角度看，供给侧结构性改革的根本，是使我国供给能力更好满足广大人民日益增长、不断升级和个性化的物质文化和生态环境需要，从而实现社会主义生产目的"[29]，"要通过深化改革、创新驱动，提高经济发展质量和效益，生产出更多更好的物质精神产品，不断满足人民日益增长的物质文化需要"[30]。从这些马克思主义理论经典作家对社会主义生产目的的理解和论述中不难看出，社会主义生产目的与社会主义物质文明建设的目的是"同义语"。

社会主义物质文明，是社会主义制度下人们改造物质世界的全部成果，既依赖社会主义社会生产力的发展水平，又依赖社会主义条件下人们认识物质世界和改善物质世界的能力。而社会主义物质文明建设，就是集中体现并提高社会主义社会生产力发展水平和人们认识物质世界、改造物质世界能力的过程，是社会主义工业化、现代化和经济建设的全方位、全过程，具体表现为社会主义物质产品生产能力、品种质量和丰腴程度。社会主义物质文明建设一般分为社会主义物质生产建设和社会主义物质生活建设两个方面。社会主义物质生产建设指的是工业、农业、建筑业、运输业、公共饮食业以及从事管理、加工工作的那一部分服务性行业等各种物质生产行业的发展和劳动生产率的提高。社会主义物质生活建设是指人们吃、穿、住、行等物质生活条件的改善、物质生活水平的提高，以及物质生活方式的改进。后者是前者的目的，前者是满足后者需要的基础和关键。二者的性质均决定于社会主义本质并内在统一于社会主义生产目的。

马克思在概括以往各种社会文明形态特征时指出："一方的人的能力的发展是以另一方的发展受到限制为基础的。迄今为止的一切文明和社会发展都是以这种对抗为基础的。"[31] 以全体人民共同富裕为鲜明取向的社会主义物质文明，开辟了人类物质文明发展的新道路和新形态。促进全体人民共同富裕，是对坚持以人民为中心的发展思想的贯彻落实，昭示了人类文明新形态的崇高价值追求。作为社会主义生产目的具体实现手段的社会主义物质文明建设，有别于人类已经经历的各个历史阶段的物质文明建设，尤其是区别于资本主义的物质文明建设。资本主义社会中，资本家雇佣劳动者支付的劳动力工资，仅仅以满足维持劳动力的再生产为标准，因为"资本主义生产的直接目的不是生产商品，而是生产剩余价值或利润（在其发展的形式上）；不是产品，而是剩余产品。……工人本身就象他们在资本主义生产中表现的那样，只是生产资料，而不是目的本身，也不是生产的目的"[32]。在这一目的支配下，资本主义的生产力获得巨大发展，但同时导致了经济危机、两极分化以及由此导致的阶级对立。而在社会主义社会，随着生产资料公有制的建立和阶级对立的消失，生产的目的不再是少数人的财富积累，而是满足人民群众日益增长的物质文化需要、实现人的全面发展和社会成员共同富裕。这样，财富的生产和占有、生产的目的和手段实现了有机统一。集中体现社会主义的生产目的的物质文明建设，不仅可以使人民过上美好幸福的生活，而且可以调动各方面的积极性、主动性、创造性，促进人的全面发展和能力的不断提高，持续扩大居民消费需求，为生产力发展开辟更加广阔的空间。

社会主义物质文明建设，不仅是巩固社会主义制度的基础，是建设现代化社会主义强国的一项根本战略目标，是向共产主义过渡的物质前提，而且是实现社会主义生产目的，即最大限度地满足人民日益增长的物质文化生活需要，实现共同富裕，促进人的全面发展的物质载体和根本途径。

三　破解社会主要矛盾是社会主义物质文明建设的根本任务

在社会主义条件下进行物质文明建设，最重要的是从中国国情和经济社会发展所处的历史阶段出发，而这一中国国情和经济社会发展阶段又集中表现在其社会主要矛盾上。因此，无论从理论上还是从实践上看，破解社会主要矛盾不仅是社会主义物质文明建设的逻辑起点，而且是社会主义物质文明建设的根本任务。新中国成立 70 多年来的物质文明建设的历史经验表明，什么时候聚焦破解社会主要矛盾，什么时候社会主义物质文明建设就顺利，反之，社会主义物质文明建设就遭受挫折。

新中国成立初期，面临旧中国留下的落后生产力和积贫积弱、一穷二白的基本国情，中国共产党人首先思考的就是尽快改变这种现状，让国家早日强大起来、让人民早日过上富裕生活。因此，刚刚执政的中国共产党人就在基本肃清敌对势力、初步建立起社会主义制度、无产阶级同资产阶级之间的社会主要矛盾已经基本解决之后，开始集中精力发展经济，进而开启了社会主义物质文明建设的伟大进程。

然而，社会主义物质文明建设从何处着手？经济建设着重破解什么难题？中国共产党人自觉把马克思主义关于生产力与生产关系、经济基础与上层建筑的矛盾运动原理与中国发展实际相结合，提出了"社会主要矛盾"思想并以此作为引领我国社会生产力发展和物质文明建设的基本逻辑。新中国成立后，中国共产党人从落后的生产力和不发达的物质文明的实际出发，科学而理性地提出了"一化三改"即"在一个相当长的时期内逐步实现国家的社会主义工业化，并逐步实现国家对农业、对手工业和对资本主义工商业的社会主义改造"的过渡时期的总路线和总任务[33]。之后随着社会主义制度的确立，中国共产党人开始把精力放到进一步解放和发展社会生产力这一方面来。因此，1956 年 9 月召开的党的八大鲜明提出："我们国内的主要矛盾，已经是人民对于建立先进的工业国的要求同落后的农业国的现实之间的矛盾，已经是人民对于经济文化迅速发展的需要同当前经济文化不能满足人民需要的状况之间的矛盾。这一矛盾的实质，在我国社会主义制度已经建立的情况下，也就是先进的社会主义制度同落后的社会生产力之间的矛盾。党和全国人民的当前的主要任务，就是要集中力量来解决这个矛盾，把我国尽快地从落后的农业国变为先进的工业国。"[34]这一提法的着眼点，在于把我国生产力发展还很落后的国情突出出来，强调在生产资料私有制的社会主义改造已经基本完成的情况下，国家的主要任务已经由解放生产力变为在新的生产关系下保护和发展生产力。因此，大会做出了党和国家的工作重点必须转移到社会主义建设上来的重大战略决策。大会在总结中国第一个五年计划实施经验的基础上，继续坚持既反保守又反冒进，即在综合平衡中稳步前进的经济建设方针。

然而，由于缺乏经济建设的经验，尤其是急于求成的思想问题还没有根本解决，加上受极左路线的影响，诱致了反右扩大化和"大跃进"的错误，直至发生了"文化大革命"，从而导致国民经济发展和社会主义物质文明建设遭受重大挫折。

党的十一届三中全会果断地停止使用"以阶级斗争为纲"这个不适用于社会主义的口号，做出了把党和国家的工作重点转移到社会主义现代化建设上来的战略决策，继而在 1981 年党的十一届六中全会上提出："我国所要解决的主要矛盾，是人民日益增长的物质文化需要同落后的社会生产之间的矛盾。"[35] 这一矛盾涉及人民的物质文化需要和社会生产两大主体，解决这一矛盾的关键点就是以经济建设为中心，更进一步把社会主义物质文明建设的方向聚焦到"解放和发展社会生产力""消灭贫穷""逐步改善人民的物质文化生活""实现共同富裕"上。为此，邓小平在 1982 年党的十二大闭幕之后不久会见时任朝鲜劳动党中央委员会总书记金日成时就强调"要一心一意搞建设"，因为"社会主义是共产主义的第一阶段，落后国家建设社会主义，在开始的一段很长时间内生产力水平不如发达的资本主义国家，不可能完全消灭贫穷。所以，社会主义必须大力发展生产力，逐步消灭贫穷，不断提高人民生活水平。否则，社会主义怎么能战胜资本主义？……不努力搞生产，经济如何发展？社会主义、共产主义的优越性如何体现？""因此，我们强调指出，要迅速地坚决地把工作重点转移到经济建设上来。"[36]

改革开放以后，经过 40 多年的发展，我国社会主义得到全面提升和改变，落后生产力已经成为过去式，基本实现富起来的目标。2017 年，党的十九大报告提出："中国特色社会主义进入新时代，我国社会主要矛盾已经转化为人民日益增长的美好生活需要和不平衡不充分的发展之间的矛盾。"[37] 人民日益增长的美好生活需要，不仅仅是对物质文化生活提出更高要求，而且在民主、法治、公平、正义、安全、环境等方面的要求也日益增长。中国特色社会主义现代化建设也进入经济建设、政治建设、文化建设、社会建设、生态建设"五位一体"总体布局，着力解决不平衡不充分的发展问题。要解决不同群体间的不均衡，全面建成小康社会，精准扶贫和全面脱贫，实现共同富裕，不让一个人掉队；要解决不同区域间的不均衡，实现区域协调发展；要解决不同领域的不均衡，实现"五位一体"全面进步；要解决发展水平和发展阶段上的不充分。2021 年 7 月 1 日，习近平在中国共产党成立 100 周年庆祝大会上庄严地向世界宣告，中国已经全面建成小康社会，彻底解决了几千年来没有解决的绝对贫困问题，从而进入了全面建设社会主义现代化国家的新发展阶段，实现全体人民共同富裕也就自然提上了工作日程。对此，习近平指出："现在，我们正在向第二个百年奋斗目标迈进。适应我国社会主要矛盾的变化，更好满足人民日益增长的美好生活需要，必须把促进全体人民共同富裕作为为人民谋幸福的着力点，不断夯实党长期执政基础。"[38]

四 解放和发展社会生产力是实现全体人民共同富裕的根本途径

马克思恩格斯在《德意志意识形态》一书中明确指出："我们首先应当确定一切人类生存的第一个前提，也就是一切历史的第一个前提，这个前提是：人们为了能够'创造历史'，必须能够生活。但是为了生活，首先就需要吃喝穿以及其他一些东西。因此第一个历史活动就是生产满足这些需要的资料，即生产物质生活本身。"[39] 而物质生产力是全部社会生活的物质前提，同生产力发展一定阶段相适应的生产关系的总和构成社会经济基础。生产力是推动社会进步的最活跃、最革命的要素，生产力发展是衡量社会发展的、带有根本性的标准。《共产党宣言》指出："工人革命的第一步就是使无产阶级上升为统治阶级，争得民主……并利用自己的政治统治，尽可能快地增加生产力的总量。"[40]在谈到未来共产主义时，马克思主义的创始人曾经预言，"社会主义在消灭剥削制度的基础上，必然能够创造出更高的劳动生产率，使生产力以更高的速度向前发展。"[41]列宁在十月革命胜利后曾深刻指出："劳动生产率，归根到底是保证新社会制度胜利的最重要最主要的东西。"[42]因此，虽然说社会主义本质具有两个最基本的规定性，但二者的地位和功能并不相同，前者是手段，是"因"，后者是目的，是"果"。因此，前者较后者更为根本。马克思在《〈政治经济学批判〉序言》中阐述生产力和生产关系的辩证统一时指出："人们在自己生活的社会生产中发生一定的、必然的、不以他们的意志为转移的关系，即同他们的物质生产力的一定发展阶段相适合的生产关系。这些生产关系的总和构成社会的经济结构，即有法律的和政治的上层建筑竖立其上并有一定的社会意识形式与之相适应的现实基础。……社会的物质生产力发展到一定阶段，便同它们一直在其中运动的现存生产关系或财产关系（这只是生产关系的法律用语）发生矛盾。于是这些关系便由生产力的发展形式变成生产力的桎梏。那时社会革命的时代就到来了。"[43]在这里，马克思对唯物史观进行了高度系统概括，阐明了生产力和生产关系的矛盾发展是社会演变的根本动力。马克思进一步提出了著名的"两个决不会原理"——"无论哪一个社会形态，在它所能容纳的全部生产力发挥出来以前，是决不会灭亡的；而新的更高的生产关系，在它的物质存在条件在旧社会的胎胞里成熟以前，是决不会出现的。所以人类始终只提出自己能够解决的任务，因为只要仔细考察就可以发现，任务本身，只有在解决它的物质条件已经存在或者至少是在生成过程中的时候，才会产生。"[44]习近平同样对生产力和生产关系辩证统一有着深刻的理解，他指出："生产力与生产关系的矛盾必然要导致社会革命，生产关系要与生产力发展水平相适应的要求，是人类社会发展必须遵循的一条基本规律。"[45]

马克思生产力理论告诉我们，生产力决定生产关系，生产关系反作用于生产力，二者辩证统一，生产力与生产关系的矛盾必然要导致社会革命，生产关系要与生产力的发展水平相适应。因此，我们必须主动研究社会主义初级阶段社会生产力发展规律、生产关系适应生产力发展的规律，提高解放和发展社会生产力的自觉性、主动性，更好地推进全面建设社会主义现代化国家新征程。

中国共产党人在探寻社会主义革命和建设道路过程中，更是重视解放和发展生产力并以此作为坚持和完善社会主义制度与夯实党的执政基础的根本任务，其百年经济思想，更是集中在对中国社会尤其是对社会主义初级阶段社会生产力发展规律的认识和探索上。早在1925 年，毛泽东在思考中国革命走什么道路时就指出："在经济落后的半殖民地的中国，地主阶级和买办阶级完全是国际资产阶级的附庸，其存在和发展，是附属于帝国主义的。这些阶级代表中国最落后的和最反动的生产关系，阻碍中国生产力的发展。"[46] 1945 年 4 月，毛泽东在《论联合政府》中更明确指出："中国一切政党的政策及其实践在中国人民中所表现的作用的好坏、大小，归根到底，看它对于中国人民的生产力的发展是否有帮助及其帮助之大小，看它是束缚生产力的，还是解放生产力的。"[47]在新中国成立后，面对积贫积弱、一穷二白的经济现状，毛泽东更提出："农业和手工业由个体的所有制变为社会主义的集体所有制，私营工商业由资本主义所有制变为社会主义所有制，必然使生产力大大地获得解放。这样就为大大地发展工业和农业的生产创造了社会条件。"[48]因此，"社会主义革命的目的是为了解放生产力"[49]。关于对社会主义社会基本矛盾的认识，毛泽东还指出："在社会主义社会中，基本的矛盾仍然是生产关系和生产力之间的矛盾，上层建筑和经济基础之间的矛盾。不过社会主义社会的这些矛盾，同旧社会的生产关系和生产力的矛盾、上层建筑和经济基础的矛盾，具有根本不同的性质和情况罢了。我国现在的社会制度比较旧时代的社会制度要优胜得多。如果不优胜，旧制度就不会被推翻，新制度就不可能建立。"[50]正是因为现阶段的社会主义生产关系比较旧时代生产关系更能够适合生产力发展的性质，能够容许生产力以旧社会所没有的速度迅速发展，因而生产不断扩大，因而使人民不断增长的需要能够逐步得到满足，所以"事实已经回答了这个问题：只有社会主义能够救中国"[51]。就现阶段而言，"社会主义生产关系已经建立起来，它是和生产力的发展相适应的；但是，它又还很不完善，这些不完善的方面和生产力的发展又是相矛盾的"[52]。

改革开放以后，1980 年 4 月，邓小平在同赞比亚总统卡翁达谈话时指出："马克思主义历来认为，社会主义要优于资本主义，它的生产发展速度应该高于资本主义。……我们不解放思想不行，甚至于包括什么叫社会主义这个问题也要解放思想。经济长期处于停滞状态总不能叫社会主义。人民生活长期停止在很低的水平总不能叫社会主义。"[53]在会见几内亚总统杜尔时，他又说："根据我们自己的经验，讲社会主义，首先就要使生产力发展，这样才能表明社会主义的优越性。社会主义经济政策对不对，归根到底要看生产力是否发展，人民收入是否增加。这是压倒一切的标准。"[54]他还说："社会主义阶段的最根本任务就是发展生产力，社会主义的优越性归根到底要体现在它的生产力比资本主义发展得更快一些、更高一些，并且在发展生产力的基础上不断改善人民的物质文化生活。"[55] 发展生产力固然重要，但是解放生产力也不能被忽视，为此，邓小平指出："社会主义基本制度确立以后，还要从根本上改变束缚生产力发展的经济体制，建立起充满生机和活力的社会主义经济体制，促进生产力的发展，这是改革，所以改革也是解放生产力。过去，只讲在社会主义条件下发展生产力，没有讲还要通过改革解放生产力，不完全。应该把解放生产力和发展生产力两个讲全了。"[56] 对于社会主义和市场经济的关系，邓小平指出："什么方法才能更有力地发展社会生产力。我们过去一直搞计划经济，但多年的实践证明，在某种意义上说，只搞计划经济会束缚生产力的发展。把计划经济和市场经济结合起来，就更能解放生产力，加速经济发展。"[57]

在庆祝中国共产党成立 80 周年的讲话中，江泽民指出："马克思主义执政党必须高度重视解放和发展生产力。离开发展，坚持党的先进性、发挥社会主义制度的优越性和实现民富国强都无从谈起。"[58] "因为我们党是代表先进生产力的发展要求的，所以全党同志的一切奋斗，归根到底都是为了解放和发展生产力，党的一切方针政策都要最终促进生产力的不断发展，促进国家经济实力的不断增强。"[59] 因此，"必须始终紧紧抓住发展这个执政兴国的第一要务"[60]。

在庆祝中国共产党成立 90 周年的讲话中，胡锦涛指出："生产力是人类社会发展的根本动力。我们党是以中国先进生产力的代表登上历史舞台的。党的一切奋斗，归根到底都是为了解放和发展社会生产力，不断改善人民生活。"[61] 虽然，"我们已经取得了举世瞩目的伟大成就，但我国仍处于并将长期处于社会主义初级阶段的基本国情没有变，我国是世界上最大的发展中国家的国际地位没有变。发展仍然是解决我国所有问题的关键"[62]。因此，"我们必须继续聚精会神搞建设、一心一意谋发展，不断夯实坚持和发展中国特色社会主义的物质基础"[63]。

中国特色社会主义进入新时代，我国社会主要矛盾已经发生转变，这是关系全局的历史性变化。但是，"我国社会主要矛盾的变化，没有改变我们对我国社会主义所处历史阶段的判断，我国仍处于并将长期处于社会主义初级阶段的基本国情没有变"[64]。因此，我们仍"要学习和掌握物质生产是社会生活的基础的观点，准确把握全面深化改革的重大关系。生产力是推动社会进步的最活跃、最革命的要素。社会主义的根本任务是解放和发展社会生产力"[65]。

（执笔：韩保江）

第三章 以"经济高质量发展"夯实全体人民 共同富裕的物质基础

共同富裕是社会主义的本质要求，是全面建设社会主义现代化国家的一个重要目标。党的十八大以来，中国特色社会主义进入新时代，经济转向高质量发展阶段，社会主要矛盾也转变为人民日益增长的美好生活需要和不平衡不充分发展之间的矛盾。党中央提出"只要我们始终坚持以人民为中心的发展思想，一件事情接着一件事情办，一年接着一年干，就一定能够不断推动全体人民共同富裕取得更为明显的实质性进展"[1]。高质量发展和全体人民共同富裕在根本目标上是理论同源、高度一致的，在内在逻辑上是辩证统一、相互促进的，在实践进程中是同时并举、彼此支撑的。一方面，高质量发展是"体现新发展理念的发展"，以更好"满足人民日益增长的美好生活需要"[2]为目标，这也是实现全体人民共同富裕的内在要求。习近平深刻指出："中国要实现共同富裕，但不是搞平均主义，而是要先把'蛋糕'做大，然后通过合理的制度安排把'蛋糕'分好，水涨船高、各得其所，让发展的成果更多更公平惠及全体人民。"[3]高质量发展能够为实现全体人民共同富裕奠定坚实的物质基础，只有推动经济持续健康发展，不断"做大蛋糕"，实现生产力的跃升，才能够在整体上提高社会物质财富的积累水平和人民的生活质量。全体人民共同富裕包括物质生活和精神生活的富裕，表现为城乡居民收入、全民受教育程度、人力资本水平的不断提升，这将为高质量发展培养高素质人才，提高劳动生产率和"全要素生产率，夯实高质量发展的动力基础"[4]。此外，从世界范围的现代化历程来看，那些成功由中等收入国家成长为高收入国家的典型经验中，塑造公平的收入分配制度是不可忽视的因素[5]。因此，扎实推进共同富裕对于经济社会的稳定与高质量发展至关重要。另一方面，高质量发展和全体人民共同富裕二者密不可分，是走向现代化强国的必由之路。本章从新发展阶段面临的新形势、新任务出发，从以经济建设为中心是兴国之要、以新发展理念引领高质量发展、实施"四化同步"战略、加快构建新发展格局和走好中国式现代化新道路五个方面系统阐释建设全体人民共同富裕的物质文明对于高质量发展所提出的内在要求，探析高质量发展与全体人民共同富裕的内在联系。

一 以经济建设为中心是兴国之要

习近平指出："以经济建设为中心是兴国之要，发展仍是解决我国所有问题的关键。只有推动经济持续健康发展，才能筑牢国家繁荣富强、人民幸福安康、社会和谐稳定的物质基础。"[6]我国是世界上人口最多的国家，也是世界上最大的发展中国家，要在这样一个超大规模的经济体中实现现代化、推动全体人民共同富裕，没有坚实的经济基础作为支撑是难以实现的。改革开放以来，"以经济建设为中心"作为社会主义初级阶段的基本路线而被牢固确立下来，引领我国取得世所罕见的经济快速发展奇迹和社会长期稳定奇迹，为全面建设社会主义现代化国家、实现全体人民共同富裕奠定了扎实的物质基础和社会基础。当今世界百年未有之大变局加速演变，诸多风险与矛盾叠加，能否保持战略定力做好自己的事对于中华民族伟大复兴至关重要，其中最为核心、不可动摇、必须一以贯之的就是坚持以经济建设为中心这一兴国之要。

（一）以经济建设为中心是历史证明的兴国之要

自新中国成立以来，党和国家始终将经济建设放在重要位置，即使暂时脱离以经济建设为中心，也最终会回到这一正确的轨道上来。坚持以经济建设为中心，就是将生产力的进步、生产关系的改善与人民生活水平的提高作为治国理政的重点，从站起来、富起来到强起来，都不可偏离以经济建设为中心的基本路线。

新中国成立后，党领导人民举全国之力恢复并发展经济，改变了新中国成立以前经济结构单一、重工业发展滞后、工业布局不平衡的局面，迅速建立起较为完善的重工业体系和国防体系，完成了社会主义生产关系的改造，为建设社会主义国家奠定了物质基础和制度基础。党的八大提出国内主要矛盾是人民对于经济文化迅速发展的需要同当时经济文化不能满足人民需求的状况之间的矛盾，全国人民的主要任务是集中力量发展社会生产力，实现工业化[7]。虽然党的八大确立的正确路线并未完全坚持下去，但不可否认的是在社会主义革命和建设时期，发展生产力仍是重要目标之一。

改革开放之后，经济建设重新成为全党的工作重心并被确立为初级阶段的基本路线。这一时期，从价格体制改革到所有制结构改革，从农村家庭联产承包责任制改革到围绕城市国有企业放权让利与经营方式转变的多轮改革，国民经济的各个领域逐渐建立起合理有效的经济激励机制。社会主义市场经济体制的确立激发了经济主体的主动性和创造性，直接表现为经济的快速稳定增长。1978~2021年，我国年均经济增速达到9.2%[8]，远高于同期世界经济年均增速，2021年GDP总量达1143670亿元，人均GDP突破1.2万美元[9]。经过40余年的发展，我国从世界上最贫穷落后的国家一跃升并稳居世界第二大经济体。

历史的成绩已经充分证明，坚持以经济建设为中心是兴国之举，正如邓小平所说，"离开了经济建设这个中心，就有丧失物质基础的危险。其他一切任务都要服从这个中心，围绕这个中心，决不能干扰它，冲击它。"[10]只有自上而下，始终将经济建设作为中心工作，适时推进关键领域的改革，进一步完善社会主义市场经济体制，才能够不断做大经济体量、保持中高速增长，为中华民族伟大复兴和全体人民共同富裕奠定更为坚实的物质基础。

（二）以经济建设为中心是应对现实挑战的治本之策

习近平在党的十八届二中全会上指出："以经济建设为中心是兴国之要，发展仍是解决我国所有问题的关键。"[11]在全国宣传思想工作会议上，他再次强调："只要国内外大势没有发生根本变化，坚持以经济建设为中心就不能也不应该改变。这是坚持党的基本路线一百年不动摇的根本要求，也是解决当代中国一切问题的根本要求。"[12]在党的十八届五中全会上，习近平指出要"从社会主义初级阶段这个最大国情出发，坚持以经济建设为中心不动摇"[13]，并提出了创新、协调、绿色、开放、共享的新发展理念。在 2021 年的中央经济工作会议上，党中央再次提出坚持高质量发展，坚持以经济建设为中心是党的基本路线的要求，要推动经济实现质的稳步提升和量的合理增长[14]。以上重要论述充分反映出中国特色社会主义进入新时代后，仍需要以经济建设为中心，尤其在当前经济形势面临负向外部冲击的情况下，保持经济的稳定增长对于保民生、促发展至关重要。

党的十八大以来，我国面临的国内、国际发展环境都发生了深刻的变化。从内部来看，一方面，随着改革进入深水区，发展中的不平衡、不充分因素对高质量发展形成制约，表现为城乡区域之间的差距仍然较大，经济增长和生态环保之间的矛盾日益突出、民生保障存在短板、统筹发展与安全的必要性和困难性逐渐增强等。这些问题解决得好不好，直接关系到人民群众的获得感和幸福感，关系到经济的持续增长。另一方面，超大规模市场、基本完备的产业构成与全球规模最大的中等收入群体，为我国经济保持中高速增长提供了内生动力。因此，现阶段坚持以经济建设为中心既要在新发展理念的指导下积极推进高质量发展，妥善应对各类制约因素带来的挑战，又要主动谋求增长点，以构建新发展格局为战略基点，打通经济循环中的堵点，接续断点，"把实施扩大内需战略同深化供给侧结构性改革有机结合起来"[15]。

从外部环境来看，经济逆全球化趋势不减，世界百年未有之大变局加速演进，国际局势风云变幻，发展的不确定性大为增强。一方面，随着我国国际地位的提升，以美国为代表的西方国家开始在关键技术领域和产业链环节对我国"卡脖子"，甚至不惜发动已被经济学界证明为零和博弈的经济制裁与贸易摩擦。另一方面，随着我国劳动力成本优势的减弱与资源约束的加重，"两头在外，大进大出"的模式难以为继，亟须转变经济发展方式，增强自主创新能力，追求高水平自立自强。国内、国际环境的变化，对统筹中华民族伟大复兴全局与世界百年未有之大变局提出了更高要求，而坚持以经济建设为中心不动摇就是应对现阶段各类风险挑战的治本之策。只有牢牢扭住经济建设的中心地位，协调推进经济、政治、文化、社会、生态文明建设，才能够保持战略定力，为贯彻落实新发展理念找到关键政策着力点。

党的十八大以来，经济与社会发展的协调性和系统性被置于十分关键的位置，以经济建设为中心的内涵和重点发生了显著变化。首先，我国经济已经从高速增长阶段进入高质量发展阶段，经济增速整体呈下降态势，跨过了持续高速增长的时代。在新发展理念的指导下实现高质量发展，是新时代以经济建设为中心的重要内涵，核心在于既要数量增长，更要质量提升。党中央提出不再简单以国内生产总值增长率"论英雄"，是为了解决盲目追求高速增长所引致的经济行为扭曲。GDP 增速曾是地方政府绩效考核的关键指标，这激发了地方发展经济的积极性，但也造成了重复建设、市场分割等问题。新阶段更需要统筹速度与质量，"立足提高质量和效益来推动经济持续健康发展"[16]。其次，追求高质量发展并不意味着放弃速度，适当的增长速度有助于保证经济体量的持续稳定扩张。经济增长速度综合反映了一国消费、投资、出口"三驾马车"的驱动力是否强劲，是反映一国经济稳定与否的"晴雨表"。2021 年中央经济工作会议指出，我国经济面临需求收缩、供给冲击、预期转弱三重压力，稳住宏观经济大盘成为 2022 年工作的重点。2022 年一季度，我国 GDP 名义增速为4.8%，二季度受全国范围内多点暴发的疫情冲击，稳定宏观经济仍需要财政、货币等政策协同、提前发力。在如此困难的情况下，更应坚持以经济建设为中心，保持经济增速在合理区间运行，以提高经济韧性，应对不确定性。

（三）以经济建设为中心是实现共同富裕的根本途径

实现全体人民共同富裕，关键在于"做大蛋糕"，使经济保持合理的增速，以生产力的发展为分配制度的改善提供物质基础。我国仍处于社会主义初级阶段，只有坚持以经济建设为中心，才能不断提高社会物质产品的供给能力和供给质量，满足人民对美好生活的内在需求，在财富增长、民生改善、制度改进的正向循环中扎实推进全体人民共同富裕。关于分配和发展的逻辑关系，习近平明确指出，从党对社会主义初级阶段和我国主要矛盾的判断出发，不能认为分配优先于发展[17]，不能放弃以经济建设为中心的工作路线。共同富裕既是一个发展问题，也是一个分配问题。生产力的发展需要有效的市场激励，坚持按劳分配为主体、多种分配方式并存的初次分配原则有助于激发各类生产要素的活力，为共同富裕构建物质基础，发展离不开分配；建立公平分配制度的中长期目标是形成橄榄形收入分配格局，要通过再分配和三次分配达到"抽肥补瘦"的效果，也需要政府在民生保障领域的积极作用，这些政策的实现也离不开生产力的发展。因此，"做大蛋糕"和"分好蛋糕"、经济建设和共同富裕、发展和分配这三对目标在历史进程上是同时并举、协调推进的，不是非此即彼的二分关系。以经济建设为中心是促进共同富裕的必由之路，共同富裕的逐步推进也将助力经济高质量发展。

在新时代，要继续以习近平经济思想为指导，积极探索高质量发展的可行路径，扎实推进共同富裕。首先，各部门、各地区要坚持以经济建设为中心，不能让其他任务冲淡经济工作。其次，要以新发展理念引领高质量发展，不再以 GDP 增长率"论英雄"，实现经济建设与各项工作的平衡与协调，引导经济目标与考核机制不断同各地实际情况和资源禀赋相适应。最后，要充分发挥市场在经济建设中的决定性作用，使政府作用发挥得更为有度、有效，在建立全国统一大市场、建设现代化经济体系和高水平社会主义市场经济体制上多下功夫，为建设社会主义现代化国家、扎实推进共同富裕奠定制度基础与物质基础。

二　以新发展理念引领高质量发展

发展需要正确的理念引领，新时代推动经济高质量发展，需要牢牢坚持新发展理念。习近平指出："以人民为中心的发展思想，不是一个抽象的、玄奥的概念，不能只停留在口头上、止步于思想环节，而要体现在经济社会发展各个环节。要坚持人民主体地位，顺应人民群众对美好生活的向往，不断实现好、维护好、发展好最广大人民根本利益，做到发展为了人民、发展依靠人民、发展成果由人民共享。"[18]新发展理念框定了高质量发展的原则与方向，回答了新时代需要怎样的发展、如何实现发展的根本性问题，能否完整、准确、全面贯彻落实新发展理念关乎经济社会发展全局。实现共同富裕是社会主义的本质要求，它将实现于建设社会主义现代化国家和中华民族伟大复兴的新征程之中，而以新发展理念引领高质量发展是这一过程中必须牢固坚持的治国方略，因此也构成走向共同富裕的行动指南。

（一）新发展理念是指引全体人民共同富裕的行动"指挥棒"

新发展理念是在党的十八届五中全会上首次提出的，至 2022 年已有 7 年时间。党的十九大报告进一步将新发展理念作为新时代坚持和发展中国特色社会主义的基本方略[19]。新发展理念是习近平新时代中国特色社会主义思想的重要组成部分，不仅对当前开展各项工作提出了纲领性和全局性的要求，是中国经济发展壮大的必由之路，也是事关新时代中国特色社会主义发展道路与发展模式的重大政治要求。全体人民共同富裕必然要在新发展理念的指导下全面部署、稳步推进。理解和把握新发展理念的行动"指挥棒"作用，需要关注问题导向、价值导向和实践导向三个方面。

新发展理念坚持了问题导向，是建立在对我国社会主要矛盾的完整把握，对国际形势的准确分析，对共产党执政规律、社会主义建设规律、人类社会发展规律以及市场经济运行规律的深刻认识基础上的。以新发展理念引领高质量发展的核心要义是"创新成为第一动力、协调成为内生特点、绿色成为普遍形态、开放成为必由之路、共享成为根本目的的发展"[20]。这对增强经济社会发展的系统性和协调性、提升解决发展中各类问题的精准性与实效性提出了更高要求。当前，我国已经稳居世界第二大经济体，但仍面临着发展不平衡和不充分的问题。发展不平衡，主要体现在城乡、区域、居民之间仍存在一定的发展差距；发展不充分，主要在于创新能力难以支撑高质量发展的要求，实现资源节约型、生态保护型的生产生活方式任重道远，民生保障和社会治理等方面仍存在弱项。针对以上问题，新发展理念提出了由速度规模型发展转向质量效益型发展必须坚持的五大原则，同时也是新时代实现高质量发展、建设现代化国家的必然要求。坚持新发展理念是不断增强发展的平衡性和充分性以满足人民群众需要的关键之举，进而也是实现全体人民共同富裕的核心纲要。

新发展理念坚持了以人民为中心的价值导向。全心全意为人民服务是中国共产党的根本宗旨，是马克思主义理论的根本价值取向。中国共产党始终将人民的福祉作为衡量方向对错、政绩好坏的标准。早在党的七大上，为人民服务就已经作为党的根本宗旨被写进党章。在改革开放和社会主义现代化建设时期，我们党立足人民群众对于摆脱贫困、改善生活的迫切需求，坚持解放和发展生产力，提出社会主义的本质是共同富裕。党的十八大以来，在以人民为中心的发展思想指导下，党中央提出了新发展理念和高质量发展等重要战略部署，并将实现全体人民共同富裕作为重要的奋斗目标。新中国成立以来，虽然所处阶段、面对的战略机遇与实际挑战不尽相同，但作为行动先导的发展理念却始终未脱离人民的需要和企盼。新发展理念蕴含了新时代党的人民观，在价值层面与实现全体人民共同富裕是高度同源的，牢牢扭住了人民群众的根本利益和长远利益这个关键点。

新发展理念是推动实现全体人民共同富裕的"指挥棒"和"红绿灯"，具备鲜明的实践导向。新发展理念从价值和实践层面，明确框定了经济社会发展的目标与方式，为新阶段开展各项工作提供了"可行性边界"。只有以创新、协调、绿色、开放、共享作为高质量发展的"指挥棒"，方可实现符合人民利益的发展，推动共同富裕。实现全体人民共同富裕首先要求经济规模、质量、效益达到内在平衡，不能存在明显短板，这离不开强有力的创新体系；我们追求的共同富裕既不是少数人的富裕，也不是整齐划一的平均主义，这离不开区域、城乡的协调发展，在适度的差异管理中实现有效激励和社会效益的最大化；推动共同富裕是长远的、可持续的历史过程，这离不开绿色发展理念；共同富裕需要在经济全球化的进程中得以实现，这离不开国际市场的支撑和驱动；实现全体人民共同富裕，需要每一个中国人的努力奋斗，呼唤良好的就业环境、普惠的民生保障体制、均等化的社会公共服务，这需要全民参与、共建共享。因此，在实践层面上，落实新发展理念、引领高质量发展为推进全体人民共同富裕提供了根本行动导向。

（二）以新发展理念引领高质量发展

以新发展理念引领高质量发展具体包括五方面内涵，即创新、协调、绿色、开放、共享，这标志了高质量发展的最本质特征，也是实现全体人民共同富裕的内在要求。

创新是高质量发展的第一驱动力。创新是通过技术进步实现的对旧有生产要素组合方式的创造性破坏。在人类文明史上，驱动历史进程发生重要转向的关键节点无不产生自科技革命与技术创新。两次工业革命为生产方式带来质的变革，也直接决定了国际政治秩序的新格局，以英国、美国为代表的技术创新策源地，在世界经济上长期占据主导地位。当前以人工智能、信息通信为代表的新一轮产业与科技革命加速推进，具有全局性、颠覆性的技术创新不断涌现，成为国际竞争的关键领域，是推动世界百年变局演变的关键变量。能否占领科技创新制高点，关乎一国经济社会的发展，关乎大国博弈的硬实力和话语权，更关乎全球治理格局的重塑。然而，现阶段我国创新能力仍有待提高，集中表现为科技发展水平总体不高，关键技术受制于人的状况并未从根本上得以转变，作为世界工厂在全球价值链中仍多位于中低端，基础研发和科技储备方面的投入产出效率有待提高。"十三五"规划不同于以往规划的重要特征，就是将"创新驱动"作为首篇，足可见创新发展的战略意义。近年来，我国在创新领域取得了较大进步。2020 年我国创新指数同比增长 6.4%，是 2005 年的 2.4 倍，其中科技进步贡献率指数由 2005 年的 100 提升到 138.9[21]。尽管如此，我国基础研究经费规模占比提高缓慢且低于欧美发达国家同期水平，全要素生产率对经济增长的贡献率有待提高。因此，高质量发展必须以创新为核心，投入新一轮科技和产业革命，为我国经济社会发展提供强劲内生动力，为实现全体人民共同富裕提供内生的科技力量支撑。

协调是高质量发展的内在平衡机制。大国治理的特殊之处在于差异性，能否妥善处理经济社会发展的时空差异，是关系高质量发展与共同富裕目标能否实现的关键问题。毛泽东在《论十大关系》中重点强调了关系经济建设全局的十对关系，包括工业和农业、沿海和内地、中央和地方等；邓小平也提出在社会主义现代化建设的过程中，需要综合平衡各个方面，不能单打一；江泽民在十四届五中全会上提出要正确处理改革、发展、稳定之间的关系；胡锦涛提出全面协调可持续的科学发展观。由此可见，协调发展始终是我们党治国理政的重要目标。当前，我国在协调发展方面需要关注的问题尤为复杂。区域方面，在东西差距并未有效缓解的情况下，南北经济差距进一步拉大；城乡方面，近 5 年农民工月均工资水平有所下降，2021 年城乡居民可支配收入比达 2.50[22]，在社会基本公共服务、养老医疗保障方面仍存在城乡差距。党的十八大以来，围绕协调发展提出了"五位一体"总体布局和"四个全面"战略布局，为新发展阶段实现区域、城乡、经济和社会、物质文明与精神文明、经济建设与环境保护等方面的协调发展提供了实践遵循。协调发展是推进全体人民共同富裕的必要条件，共同富裕应在发展差异不断缩小、人民生活幸福感日益提升的过程中逐步实现。

绿色决定了高质量发展的潜在持续性。绿色发展着眼于长远，解决经济社会发展同自然环境保护之间的矛盾，也是对人民群众内在需求的回应。清洁的空气、安全的食品、宜居的环境是人民群众美好生活中不可或缺的部分，提升生活质量和健康水平当然构成全体人民共同富裕的应有之义。节约资源、保护环境，有助于提高生态环境对于人口增长和经济发展的承载力，增强高质量发展的潜在持续性，缓解经济社会发展的资源环境约束。"十三五"期间，国家围绕绿色发展部署污染防治攻坚战，生态环境保护领域发生了历史性转折。大气污染物排放量普遍降低，地级及以上城市空气质量优良天数占比达到87%；主体功能区布局逐渐形成，森林覆盖率达到23%以上；单位GDP能耗累计下降13.2%，单位GDP二氧化碳排放量累计下降18.8%，有利于绿色发展、绿色生产、绿色生活的生态文明制度体系加快形成[23]。2020年9月，习近平提出2030年前实现碳达峰、2060年前实现碳中和的目标，彰显了应对全球气候变化的大国担当，在引领绿色发展的同时也为中国经济提供了新的增长点。

开放是高质量发展的外部支撑力量。中国改革开放以来的经济快速增长，一个重要的原因就在于利用国内国际两个市场、两种资源，充分发挥劳动力价格优势，建立起"两头在外、大进大出"的发展模式，奠定了世界工厂的地位。按照现价美元折算的中国名义GDP占世界经济总量的份额从1978年的1.7%上升到2020年的17.4%[24]。中国在全球经济治理中发挥重要作用，是稳定世界经济的积极因素，在建设现代化国家的新征程中，我们不能脱离世界市场，而是应该立足于高质量的制度型开放，着力构建国内国际双循环相协调的新发展格局。当前，世纪疫情叠加百年变局，经济全球化遭遇逆流，在对外经济交往中，我国面临的挑战和风险是前所未有的，贸易格局亟待转变。2021 年，我国货物进出口总额为 39.1 万亿元，其中与共建"一带一路"国家贸易总额为 11.6 万亿元，占比近 30%，贸易总额同比增长 23.6%[25]，越来越成为支撑我国对外经济发展的重要力量。改革开放是新时代也需要牢固坚持的基本国策，应以更高水平的开放为高质量发展提供支撑，为推进共同富裕提供更丰富的资源和更多的机遇。

共享决定了高质量发展的基本社会形态。共享发展着眼于构建有助于维护社会公平正义的各类制度建设，是最直接体现坚持以人民为中心发展思想的理念。马克思主义理论中的共享概念，侧重于消除劳动者的差异，真正实现社会共同生产、社会福利的共同分享、每个人的自由全面发展。共享发展的实现程度决定了高质量发展在社会层面的基本形态，是同全体人民共同富裕最直接相关的发展理念。共享发展包括全民共享、全面共享、共建共享、渐进共享四方面基本内涵，分别对应了全民富裕、全面富裕、共建富裕、渐进富裕的基本要求，明确了共同富裕的覆盖范围、主要内容、实现路径和推进过程[26]。全民富裕，意味着共同富裕不是少数人的富裕，共享发展也并非一部分人的发展，而是面向全体人民的共同发展；全面富裕，表明共同富裕不局限于物质层面，人民应共享经济、政治、文化、社会、生态各方面的建设成果；共建富裕，鼓励个体不懈奋斗，积极参与到共同富裕的建设过程中，最广泛地调动全体人民推动高质量发展的积极性、主动性和创造性，为共同富裕提供最为根本和深厚的力量；渐进富裕，说明共同富裕是一个不断推进的过程，共享发展也不可能一蹴而就，必须正视差异，久久为功，不断向建设更高水平、更全面均衡的共同富裕社会而努力。

三 实施"四化同步"战略

建设实现全体人民共同富裕的社会主义物质文明关键在于以新发展理念引领高质量发展，加快推进社会主义现代化国家建设。纵观世界文明史，现代化物质文明具体表现在工业化、城镇化、农业现代化和信息化四个方面，而且往往呈现"串联式"顺序发展的规律。习近平指出："我国现代化同西方发达国家有很大不同。西方发达国家是一个'串联式'的发展过程，工业化、城镇化、农业现代化、信息化顺序发展，发展到目前水平用了二百多年时间。我们要后来居上，把'失去的二百年'找回来，决定了我国发展必然是一个'并联式'的过程，工业化、信息化、城镇化、农业现代化是叠加发展的。"[27]实施"四化同步"战略构成了推进高质量发展的实践抓手，是中国走向现代化强国的重要战略抉择，也是构建全体人民共同富裕的物质文明的关键。

（一）"四化同步"战略的基本理论内涵

党的十八大报告正式提出"四化同步"战略——"坚持走中国特色新型工业化、信息化、城镇化、农业现代化道路，推动信息化和工业化深度融合、工业化和城镇化良性互动、城镇化和农业现代化相互协调，促进工业化、信息化、城镇化、农业现代化同步发展"[28]。党的十九大再次强调推动新型工业化、信息化、城镇化、农业现代化同步发展[29]。"十四五"规划纲要将"基本实现新型工业化、信息化、城镇化、农业现代化，建成现代化经济体系"[30]作为2035年的远景目标。以上重大战略部署充分说明"四化同步"是新发展阶段我国推进现代化建设的关键举措。

首先，"四化同步"战略的基本理论要素在于"四化"，中国共产党对于"四化"的规律性认识体现出历史唯物主义的理论特质。工业化、城镇化、农业现代化、信息化是国家现代化的重要标志，这是由人类社会发展的一般规律决定的，西方国家的现代化道路就是按照这一顺序不断发展的。"四化"的本质是生产力的进步和解放。工业化是工业经济在国民经济中的作用不断深化的过程，主要以生产机械化、社会分工专业化为特征。工业化的发展同技术革新有着密切联系，表现为一国经济由农业主导转向工业主导，由农业文明走向工业文明。城镇化是人口从农村向城镇转移、城镇面积不断扩张的现象，伴随工业化的发展而逐渐推进。城镇化是城乡产业结构、生产效率、工资率差异导致的以劳动力为核心的要素流动过程，是衡量一国现代化进程的重要指标。城镇化率的提高一般同一国的产业结构和发展阶段相适应。2021年我国常住人口城镇化率达到64.72%[31]，比2020年提高0.83个百分点，而美国2020年城市人口占总人口比重为82.66%，日本则达到91.78%[32]。对比而言，我国在城镇化方面仍存在拓展空间，"十四五"规划纲要提出到2025年常住人口城镇化率应达到65%以上。农业现代化意指通过生产技术改造传统农业、改革农村经营制度，最终提高农业生产的综合效益的过程。衡量农业现代化的指标包括现代农业科技贡献率、农业基础设施水平、农业机械化水平、农业生产的组织化与专业化、城乡一体化水平等[33]。信息化描述了信息技术在经济社会各领域广泛应用的现象，带来全要素生产率的提高和生产生活方式的变革。互联网、计算机、人工智能、大数据等关键技术的研发与应用是现阶段推动信息化的中坚力量，形成以数据为关键生产要素、以现代信息网络为主要载体[34]的数字经济形态。

"四化"推动人类文明形态逐渐从农业文明走向工业文明、城市文明和数字文明，四者不是孤立存在的，在不同的发展阶段，"四化"的主要表现形式有所区别。从西方国家走过的现代化历程来看，工业革命极大地解放了生产力，技术的进步彻底改变了生产方式，机器大工业得到发展，产业分工得到细化，市场范围得到拓展，工业文明进入鼎盛时期。这一过程也伴随着城镇化和农业现代化，农业人口转移到城市成为产业工人，农业生产得益于技术变革而逐步走向集约化和专业化。信息化的发展与工业化历程相互交织，作用于生产和生活各方面、各领域，推动物质文明向更高层级演化。这四个方面，是现代化进程中不可或缺的重要因素，也是不可割裂、难以逾越的四个阶段。从党的十六大到党的十八大，对于工业化、城镇化、农业现代化和信息化的认识经历了"两化融合"、"三化同步"到"四化同步"的不同阶段，体现了党对人类社会发展规律、社会主义建设规律、中国式现代化道路等认知的逐步深化。

其次，"四化同步"战略的创新性要素在于"同步"，在实践中应格外重视"四化"之间系统、协调、同步发展的理论关系。习近平指出："我国进入了新型工业化、信息化、城镇化、农业现代化同步发展、并联发展、叠加发展的关键时期。"[35]这是由我国所处的发展阶段决定的，是对我国制造业大而不强、城乡二元结构难以破除、数字产业化和产业数字化程度有待提高、农业现代化水平亟须增强等问题的战略回应。不同于发达国家在 200 年的时间跨度内顺次推进

"四化",我国当前面临的国内外发展形势要求以新发展理念为指导,同时推进"四化",使之互动交融、相互促进、协同发展。一是要推动信息化和工业化深入融合。要以信息化带动工业化,加快数字产业化和产业数字化进程,以信息技术重塑产业链条,提高行业竞争力。反过来,也要以工业化促进信息化,为数字经济发展提供更为广阔的应用场景和物质条件,促进信息技术推陈出新。二是要实现工业化和城镇化的良性互动。一方面,工业化是城镇化的基础,工业化的充分发展有利于为农村人口向城镇转移提供坚实的产业基础、广泛的就业机会,推动城镇化向着有利于产业结构优化升级的方向加速发展。另一方面,城镇化为工业化提供了空间载体,劳动力的集聚有利于带动各类生产要素更有效地集中到工业生产领域,对于夯实国家工业基础、促进实体经济发展具有重要的推动作用。三是推进城镇化和农业现代化相互协调,两者是同一个过程的两个方面,本身就是相互交织、密不可分的。城镇化过程致使更多的农业人口转变为非农业人口,实现农业土地要素的集中,从而在规模经营、集约生产的过程中提高农业生产率和农业经济附加值,推动农业现代化。而农业现代化的发展解放了农村剩余劳动力,使其不断转移到城镇,为城镇化的发展提供必要条件。

(二)"四化同步"战略的实践路径

"四化同步"战略既是我国实现现代化与高质量发展的必由之路和重要目标,也在经济发展进入新阶段、经济增速面临不确定因素冲击的情况下,为经济提供了新的增长点。把握"四化同步"过程中的实践路径和重点难点有助于明确高质量发展的关键着力点,增强宏观经济治理的有效性和针对性。

第一，坚持走中国特色新型工业化道路是加快转变经济发展方式、实现高质量发展的重要途径，关键在于以创新驱动实体经济，加快推进制造业供给侧结构性改革，筑牢制造强国的产业根基。我国的新型工业化是与信息化同步融合发展的工业化，是绿色的工业化而不是先污染后治理的工业化，是在开放、创新的过程中不断升级的工业化。

第二，坚持推进以人为本的新型城镇化是解决城乡发展不均衡、贯彻以人为本发展理念的重要途径。改革开放以来，经济的高速增长伴随着城镇化的加快推进，带来了土地城镇化快于人口城镇化、城乡二元结构不断加深等问题。为此，必须坚持走以人为本的新型城镇化道路，把城镇基础设施建设和城乡公共服务等工作按照人民群众所需要的方式做好做实。一是要实施有助于真正实现农业转移人口市民化的政策措施，深化户籍制度改革，强化公共服务保障，使农业转移人口在薪酬、教育、医疗、社会保险等方面享有与城镇居民同等的待遇，真正在城市安下心来、安下家来。二是要着力解决"城市病"，建设更加美丽、更为宜居的现代化城市，完善城市空间结构，促进人口、资源、环境与经济社会的协调发展。三是要促进城镇化和工业化协调发展，通过产业结构的优化升级提供更多就业机会，不断吸引农业转移人口转移为城镇人口，支撑城镇化健康发展。

第三，坚持农业现代化的发展方向，不断推进乡村振兴。习近平指出："没有农业现代化，没有农村繁荣富强，没有农民安居乐业，国家现代化是不完整、不全面、不牢固的。"[36]农业现代化是国家现代化的重要根基，我国是一个农业大国，脱贫攻坚的全面胜利、乡村振兴战略的全面推行将为建设社会主义现代化国家奠定坚实的基础。

坚持农业现代化的发展方向，一是要巩固与完善农村基本经营制度。应深入规范土地经营权流转，探索发展壮大集体经济的有效形式，完善农村社会保障制度与农业支持性制度，巩固拓展脱贫攻坚成果同乡村振兴有效衔接。二是要着力构建现代化农业产业体系，促使农业向着价值链更为高端、产业结构更为高级、与其他产业融合更为紧密、农业生产资源效率有效提高的方向不断发展，重点在于推进农业供给侧结构性改革。当前我国农业发展中的突出矛盾在于农产品种类、数量方面存在供需错配。推进农业供给侧结构性改革关键在于优化农业资源要素配置，减少无效和低端农产品供给，扩大有效和中高端农产品供给[37]，提高农产品和重点产业的科技投入[38]，在保障粮食安全的同时提供高附加值的农产品。

第四，加快提高数字经济治理能力，促进数字经济与实体经济深入融合。数字经济时代的显著特征是数据作为关键要素加入生产过程中。得益于信息通信技术的快速发展，产业链、价值链、创新链将经历数字化改造，引发生产方式的深刻变革，而数字企业提供的平台化、数字化服务也极大地改变了传统消费方式。我国数字经济核心产业增加值占 GDP 比重在 2020 年达到了 7.8%[39]，"十四五"时期的目标是在 2025 年超过 10%，而相较于数字经济对于经济社会产生的实际影响，我国的数字经济治理制度与能力建设仍不充分。一是数据要素的权利属性、市场体系、交易规则尚未确立，未来应在数据确权、数据产权交易等方面探索更为有效的激励约束机制，激发市场主体活力，促进数字经济高质量发展。二是数字产业化和产业数字化水平有待提高，应加速推进农业、工业、服务业的数字化、智能化改造，拓展数字技术的应用场景，不断开发数字产业新形态。三是数字鸿沟消弭有待改善。数字经济在一线城市应用范围较广，产生企业集聚效应，但经济欠发达地区即使建立了数字经济基础设施，也难以真正享有数字经济应用消费端带来的高附加值。与此同时，数据资源可及性在城乡、群体、区域之间仍存在鸿沟。这些问题是制约我国数字经济高质量共享发展的关键。

四　加快构建新发展格局

"构建以国内大循环为主体、国内国际双循环相互促进的新发展格局，是根据我国发展阶段、环境、条件变化，特别是基于我国比较优势变化，审时度势作出的重大决策。"[40]从外因来看，世界经济增长的黄金时期已经过去，经济全球化遭遇逆流，世界经济板块与政治格局进入加速演变阶段。从内因来看，我国一直以来的发展模式具有以国际循环带动国内经济的特征，2006年我国贸易依存度达到过67%的峰值[41]，随后开始下降，经济内循环的特征日益凸显。既往发展模式的优势在于以较低的成本实现快速增长，但弊端也不容忽视——发展的质量效益低，在关键技术领域受制于人，国际形势波动直接影响经济增速。我国2010年成为世界第二大经济体，更需要以强有力的国内经济体系支撑发展，避免国际不利因素对本国经济与社会大局造成严重冲击。加快构建新发展格局是立足新发展阶段、以新发展理念引领高质量发展的重要实践抓手，它是我国适应新形势、新任务，为重塑竞争优势的主动战略抉择。加快构建新发展格局，能够为经济转型与高质量发展提供长久的驱动力，切实保障国家经济安全，克服潜在不利因素的冲击，这有助于打牢共同富裕的物质基础，营造推进共同富裕的安全战略环境。

（一）加快构建新发展格局应以创新驱动作为根本战略支撑

创新在畅通经济循环中具有关键战略性地位，是构建新发展格局最为重要的支撑条件。新发展格局关键在于高水平自立自强，而制约一国发展自主性的核心就是创新。根据比较优势理论，国际贸易得以开展的原因在于各国以其在资源、技术等领域的战略优势参与国际竞争，共同形成一条完整的价值链并按照要素分工分享贸易带来的好处。位于价值链不同位置上的国家虽然都能得到贸易红利，但其分配是不均衡的。缺乏创新意识、创新能力、创新体系，将从根本上动摇一国的发展根基，无法实现真正的自立自强，只能扮演追随者的角色，在产业链价值链中长期居于低端地位。长期以来，中国作为世界工厂在全球价值链中的地位难以实现攀升的一个重要原因就是创新力不足，关键核心领域被发达国家"卡脖子"的现象屡有发生，而我国又难以在科技方面实现强有力的反制措施。因此，提高创新能力，坚持创新驱动战略是构建新发展格局最根本的战略支撑。

创新是一个体系，包括理论创新、制度创新、科技创新、文化创新等各方面，其中对于畅通循环最为重要的是科技与制度创新。在科技创新方面，宏观上要强化国家战略科技力量，建立新型举国体制，推动核心技术领域集体攻关。同时，在微观上应使企业成为真正的市场创新主体。企业是最能够及时感知市场需求变化的，如果企业缺失创新激励，就难以从根本上提升产业链的现代化水平，致使经济发展始终只重加工生产而不重附加值的提升。企业创新动力不足与创新能力缺乏的原因在于没有建立起有效的创新激励机制和成果转化机制。因此，在制度上，要通过改革健全科技管理体制和人才管理体制，充分激发人才的创新动力。在政策方面要着力稳定企业预期，因为创新是一项长期、系统性工程，需要投入大量资金并存在风险，如果缺乏稳定的政策预期，理性的企业家将减少创新投入。在社会体制上，要着力打造高质量教育体系，培养基础研究型人才、创新型人才和技能型人才。

（二）加快构建新发展格局要坚持扩大内需这个战略基点

内需是一国经济能否实现高效内部循环的前提。扩大内需是转方式、调结构的内在要求，也是决定我国经济韧性优势能否有效发挥的主要因素。投资、消费、出口是拉动经济的"三驾马车"，一国的经济战略往往通过作用于这三方面起到调节经济速度、调整产业结构、转变发展模式的效果。2011~2021 年，最终消费对我国经济增长的贡献率始终在 50%以上，在 2015 年更是达到了 68.89%的高点；虽然受到新冠肺炎疫情冲击，2020 年消费贡献为-6.8%，但随着复工复产有序开展，2021 年消费大幅反弹，贡献率重回 65.4%的水平[42]。从我国社会消费品零售总额来看，2021 年已增长为 44.1 万亿元，占当年名义 GDP 的比重接近 40%[43]。与此同时，我国拥有世界上最大的中等收入群体，他们的消费升级需要亟待满足。因此，我国有能力也有必要通过扩大内需优化经济循环，实现经济增长模式的转变。

改革开放之初，我国通过劳动力比较优势吸引外商投资建厂，引进发达国家技术和设备，提升制造业现代化水平，通过从发展中国家进口初级产品与生产原料，在国内加工生产后出口到全世界，我国实现了以中国为轴心的国际贸易循环。而新发展阶段要实现高水平的自立自强，必须充分认识到国际贸易局势的变化对于以往发展模式的不利冲击。当劳动力成本优势逐渐减弱、国际贸易争端加剧，技术和设备的引进成本提高，其他发展中国家开始替代中国在产业链中的既有作用，既有模式不但不可持续且蕴藏诸多威胁国家经济安全的潜在风险。构建新发展格局必须坚持扩大内需这一战略基点。一方面，我国已成为世界第二大经济体，GDP 已超过 110 万亿元，足以支撑以内需为主导的国内经济大循环，立足本国市场实现有效的经济增长；另一方面，我国内需层次逐渐多样化、高级化，内需具有非常明显的市场化特征，市场机制是决定内需总体规模、升级方向的根本力量，国家政策多发挥间接性的引导作用。以扩大内需作为战略基点，充分体现了发挥市场在资源配置中决定性作用的要求，有利于以市场需求牵引有效供给，防止造成盲目投资、产能扩张、供给端的无序竞争和重复性、低水平建设。

（三）加快构建新发展格局要坚持供给侧结构性改革这个战略方向

供给侧结构性改革是构建新发展格局必须牢固坚持的战略主线。习近平指出："用改革的办法推进结构调整，减少无效和低端供给，扩大有效和中高端供给，增强供给结构对需求变化的适应性和灵活性，提高全要素生产率。"[44]供给侧结构性改革抓住了制约我国经济发展的关键因素，认识到需求端的刺激政策只能在短期带动经济增长，难以从根本上解决我国产业结构中存在的产能过剩、信贷配给失衡、资源错配、供给低效、创新不足等问题。对于这些问题，只能通过供给侧结构性改革来解决。不同于西方经济学供给学派仅局限于减税这一政策手段，我国的供给侧结构性改革是立足于当前经济发展中存在的本质问题，综合运用中国特色社会主义制度下的一系列国家宏观经济治理工具，在深刻把握社会主义市场经济发展规律的基础上提出的，具备全局性、根本性、系统性的改革政策组合。

在我国由计划经济转向社会主义市场经济的过程中，曾出现三次较为严重的通货膨胀，它们在一定程度上均与供给和需求的不匹配相关。一方面，生产力发展不充分，国民经济仍然处于供给短缺的状态；另一方面，人民群众的物质生活需求不断提升，客观上形成了供不应求的形势。此时，经济供需的平衡是较为脆弱的，一旦政策上、预期上有所波动就会带来通货膨胀，解决之关键就在于供给侧。长期以来，主导我国宏观经济调控的方式是需求侧管理，通过货币政策调节流动性，通过财政政策调节社会投资规模。这种模式在传统经济增长路径上能够发挥立竿见影的效果，然而也积累了弊端，主要在于工业投资品过剩引起的产能过剩。为应对 2008 年国际金融危机的不利影响，我国出台了积极的财政政策。然而接下来国民经济难以避免地进入前期刺激政策的消化期，深层次的供给结构不合理、低端产能过剩、高端产能不足等固有问题加速暴露。

供给侧结构性改革的关键在于增强企业核心竞争力，提升产业链现代化水平，提高供给质量，优化供给结构，畅通国民经济循环。在微观上，要降低企业成本，提高制造业企业的生产利润，引导企业成为创新主体；中观上，要在保障产业链供应链安全的基础上推动产业结构优化升级，不断增强产业链的韧性，"加快补齐产业链供应链短板，逐步在关系国家安全的领域和节点实现自主可控"[45]；宏观上，要坚持市场在资源配置中的决定性作用，促进有效市场和有为政府更好结合，营造良好的营商环境；提高国家宏观经济治理能力、丰富宏观调控工具；加快构建高水平市场经济体制，建设现代化经济体系，推动形成运行顺畅的国内经济循环，在全球范围吸引优质资源，形成供给和需求在更高水平上的动态平衡。

（四）加快构建新发展格局要抓住构建全国统一大市场这个关键

制约国内经济大循环的关键堵点、主要难点之一在于要素流动、市场交易仍存在体制性、地域性阻碍，建设全国统一大市场是构建新发展格局的基础支撑和内在要求[46]。改革开放以来，以经济建设为中心成为基本路线，各部门各领域围绕这一原则部署工作、设定目标，最为明显的表现就是各级政府每年都要制定经济增长目标并力争实现。由于财政分权制度的存在，地方政府有动力做大经济总量，从而提高税收，使事权和财权更为匹配，促进本级经济与社会发展。在此基础之上，经济建设这一中心任务的绩效也自然成为激励考核官员的主要方面，这更强化了地方政府发展经济的动机。然而，财政分权和考核制度过于强化地方竞争，对区域合作却具有负向挤出效应，体现为广泛存在的地方保护、市场分割现象，要素资源流动面临各类制度性障碍，营商环境参差不齐，各地市场规则无法统一，最终导致的结果就是经济发展不平衡、不充分问题长期存在，难以形成高水平市场经济体制。这些问题是横亘在国民经济运行当中的堵点。构建新发展格局要求打通堵点，就是要促进区域合作、地区协同，削弱恶性竞争，减少重复建设，建设全国统一大市场。

建设全国统一大市场是一个长期过程，不可能一蹴而就，不能只治标不治本，要从制度建设出发，坚持破立并举，以改革的办法逐步扭转地方保护主义和市场分割的现状。在这一过程中，需要处理好三对关系。一是中央和地方的关系。坚持党中央的集中统一领导,从根本上改进现有"为增长而竞争"的政绩评价方式,建立既有助于缓解地方竞争又不挫伤地方发展经济积极性的激励与约束机制。同时,要明确央地之间的财权事权关系,针对地方财力不足以支撑事权履责的客观事实,通过财税制度改革、强化均衡性转移支付的方式合理配置财政资源。通过央地关系的调整,解决地方政府的"钱袋子"问题,增强政绩指挥棒的科学性和合理性,能够从根本上缓解地方保护主义和市场分割。二是政府和市场的关系。各级地方政府要增强使市场在资源配置中起决定性作用的意识,同时更好地发挥政府作用。要加快转变政府职能,改变以往通过政府部门投资带动社会投资的粗放式作为方式,将重点放到营造稳定、公平、透明、可预期的营商环境上,着力降低市场交易成本,完善市场交易制度,加强市场行为监管,维护市场秩序。中央需加强市场基础制度规则的统一性,从产权保护制度、市场准入制度、公平竞争制度和社会信用制度入手,全面构建高水平市场经济体制。三是地方和地方之间的关系。要通过多层次的区域协调发展战略,引导地方利用区域资源禀赋的比较优势,参与到国内经济大循环中来。加快主体功能区规划的实施落地,针对不同功能区实行差异化的考核方式并制定多元发展目标,在区域协调发展过程中培育新的发展极和增长点,在建设统一大市场的过程中实现区域高质量发展。

五 走好中国式现代化新道路

中国式现代化是在中国特色社会主义基本制度条件下,结合中国特殊的国情和发展阶段,开辟出的不同于世界其他国家,尤其是西方资本主义国家的现代化模式。建设现代化国家、实现中华民族的伟大复兴是近代以来中华儿女的共同期盼，中国共产党带领人民走上社会主义道路，确立了现代化的基本方向，并不断向民族复兴、人民富裕、国家富强的目标迈进。全体人民共同富裕是中国式现代化最为鲜明的价值取向，也是区别于他国现代化的主要特征，构建支撑全体人民共同富裕的物质文明，应在推进中国式现代化的进程中得以实现。

（一）"中国式现代化"是一项从未间断的实践探索

现代化在一般意义上刻画了一个从以农业为基础的人均收入较低的社会形态，走向技术和科学引致的工业文明和城市文明的转变[47]。

对中国现代化道路的探索在近代业已发端，民族工业在夹缝中的艰难发展、各类救国方案的不断尝试都在试图回应一个问题，那就是如何才能使错失工业革命机遇的中国摆脱半殖民地半封建的社会性质，实现国家富强、民族复兴。中国共产党人以马克思主义为指导，自中国共产党成立以来就以实现中华民族伟大复兴为己任，带领工人阶级和广大人民群众艰难探索、艰苦斗争，建立了社会主义新中国，由此中国现代化的进程加速发展。中国式现代化的实践探索是一项连续的历史过程。在生产力的发展方面，工业的发展前后相继，不断积累着社会物质财富，为工业与国防现代化提供了丰富的建设经验与物质基础；在生产关系调整方面，通过对于生产关系的社会主义改造建立起社会主义基本经济制度、政治制度、文化制度，为国家现代化提供了坚实的制度保障。

从"一五"计划到"十四五"规划,贯穿党领导经济社会发展实践的主题就是建设社会主义现代化国家。习近平指出:"我们党对建设社会主义现代化国家在认识上不断深入、在战略上不断成熟、在实践上不断丰富,加速了我国现代化发展进程,为新发展阶段全面建设社会主义现代化国家奠定了实践基础、理论基础、制度基础。"[48]在不同的历史阶段,推进中国式现代化的战略决策和具体途径有所不同。"一五"计划到"五五"计划时期,对应社会主义革命和建设时期。这一阶段建立起了社会主义基本经济制度,在初始条件极为困难的情况下,初步建立起较为完备的工业体系和国防体系,处于现代化的初始制度建设和物质积累阶段。"六五"计划至"十二五"规划属于改革开放和社会主义现代化建设新时期,现代化建设的时代目标在于解放并发展生产力,使人民从贫困走向富裕。党的十一届三中全会拉开了改革开放的序幕,从党的十二大到十七大,中国特色社会主义市场经济体系不断完善,极大地调动了市场主体的积极性,见证了我国经济的高速增长。这一时期的现代化处于制度边际改善和市场活力释放阶段,在综合国力和国际竞争力的稳步提升中极大推进了中国式现代化的进程。"中国式现代化"的概念也是在这一时期首次由邓小平提出的,即由工业现代化、农业现代化、国防现代化、科学技术现代化组成的社会主义现代化。党的十八大以来,以习近平同志为核心的党中央统筹把握两个大局,如期实现全面建成小康社会的阶段性目标,开启了建设社会主义现代化国家的新征程,谱写了中国式现代化新的时代篇章。坚持和发展中国特色社会主义的根本目标是以中国式现代化推进中华民族的伟大复兴,这是中国共产党始终如一的执政追求,也是中国人民孜孜以求、为之不懈奋斗的中国梦。

（二）"中国式现代化新道路"的"中国要素"

现代化是一个世界性的历史过程，其根本的推动力在于生产力水平的不断提高，它改变了生产和生活方式，因此现代化必然建立在物质文明向更高阶段发展的基础之上。虽然现代化是人类历史发展的客观规律，但我们仍然能够观察到不同国家选择了不同的现代化道路，同一时期各国的现代化程度存在明显差异，即使按照工业化、农业现代化、城镇化和信息化的可衡量指标处于相同现代化发展阶段的国家之间，也存在社会结构、社会主要矛盾、社会制度等方面的显著不同。这些事实充分说明世界上并不存在一种普适的现代化道路，一切成功发展振兴的民族，都找到了适合自己实际的道路。中国式现代化新道路是唯物辩证法一般与特殊、共性与个性的交织，体现了人类社会的发展规律，也契合中国国情和社会主义建设规律。具体而言，中国式现代化具有以下五个基本特征要素。

一是人口规模巨大的现代化。中国有 14 亿多人口，这决定了一旦中国实现现代化，将书写人类历史上超大规模经济体中全部人口同时迈进现代化进程的壮丽史诗，深刻改变世界现代化版图。这并不是一件易事，也没有先例可循，在民族复兴的道路上，会遇到来自内部和外部的各类因素阻挠与干扰，只有发扬斗争精神，克服挑战，才能真正实现"伟大梦想"。

二是全体人民共同富裕的现代化。共同富裕是社会主义的本质要求，也是中国式现代化不同于西方现代化道路最鲜明的价值特质。近代西方国家的现代化进程是在资本原始积累的基础上，借助科技和产业革命的力量而发展起来的，而西方典型的政治规则是由政党代表部分群体的利益轮流执政,在民主机制的外壳下,缺失了以社会公共福利和人民共同富裕为核心的政策考量。中国共产党始终代表中国最广大人民的根本利益,坚持以人民为中心的发展理念,绝不会成为任何一个特殊利益集团的代表,这是不同于西方政党政治的关键之处。在这样的体制下,党的建设、人民利益、国家富强三者实现了有机统一,而中国式现代化就是在中国共产党的领导下,推进全体人民共同富裕的现代化。中国式现代化,是全体人民的现代化,是全面的现代化,是共建、共享的现代化,最直接的体现就是以共同富裕为目标。共同富裕这一目标凸显了人类对于社会财富创造与分配制度的理想选择,体现了人类对于社会公平与正义的深层要求,符合中国人民的根本利益,也是中国式现代化新道路最鲜明的特征。

三是物质文明和精神文明相协调的现代化。一般意义的现代化是指物质文明的发展,体现为以现代化的生产方式促进生产力的发展与生产关系的改善。与此同时,现代化也具有鲜明的文化特质,强调树立科学理性精神,丰富人类的精神文化世界。中国式现代化不仅注重物质财富的积累,也要将社会主义核心价值体系、中华民族优秀传统文化、世界各民族优秀文化成果融入现代化建设过程中,丰富人民精神生活,增强精神力量。

四是人与自然和谐共生的现代化。现代化道路既然以生产力的发展为基础,就需要从自然界汲取资源,而生产与生活也不可避免地对生态环境带来影响。中国式现代化注重经济社会发展与自然环境保护之间的协调性和整体性,新发展理念作为现代化建设的指导思想,将协调和绿色发展作为重要原则。传统现代化道路往往遵循着先污染、后治理的老路,甚至是只污染、不治理的歧途。中国式现代化超越了这一模式，在现代化发展的进程中，统筹推进自然资源的保护与生态环境的涵养，在政策层面将自然资源和生态环境放置在同经济建设与社会发展同等重要的位置上。

五是走和平发展道路的现代化。西方国家的现代化无不充斥着战争、掠夺与扩张，在全球范围汲取能源、劳动力等生产要素并将产品销往全世界。这一现代化过程所带来的文明与福祉并不是各国之间共享的，而是呈现典型的"零和博弈"特征。西方国家的现代化并没有带来世界的繁荣与发展，许多国家在西方殖民主义制度之下经历着贫困与混乱，丧失了独立探索适合本国国情的现代化道路的重要机会。纵使部分国家通过反殖民统治斗争赢得独立，抑或二战后许多新兴经济体宣布独立，但它们在通往现代化的过程中依然布满荆棘。与之不同，中国式现代化坚持和平发展的道路，不走称霸之路，致力于构建人类命运共同体，通过包容式发展、普惠式开放为开创人类现代化的新模式与人类文明新形态做出贡献。中国式现代化追求的是人类福利共同增进的"正和博弈"，以期达到"美美与共，天下大同"的状态。

（三）走好中国式现代化新道路的实践要求

走好中国式现代化新道路是建设社会主义现代化强国的必由之路。现代化、民族复兴和共同富裕都是中国梦的重要组成部分，三者在本质上是相通的，从不同侧面描述了党领导人民不懈奋斗所追求的发展目标。因此，实现全体人民共同富裕必须坚持走中国式现代化新道路，夯实共同富裕的物质基础，厚植共同富裕的精神文化底蕴，立足社会主义初级阶段这一最大的国情，在现代化的过程中水到渠成地推进全体人民共同富裕。面向实现全体人民共同富裕的目标，坚持走中国式现代化新道路，需要把握以下三个实践要点。

政治上，必须坚持党的领导，坚持党在现代化建设过程中的各方面、各领域发挥统领全局、谋篇布局的作用。中国近代追求现代化的实践探索充分证明，只有中国共产党才能救中国，只有社会主义才能发展中国，只有坚持中国共产党领导的中国式现代化之路才能够实现社会主义现代化。《中共中央关于党的百年奋斗重大成就和历史经验的决议》中明确指出："中国人民和中华民族之所以能够扭转近代以后的历史命运，取得今天的伟大成就，最根本的是有中国共产党的坚强领导。"[49]中国共产党没有特殊利益，始终以人民为治国理政的出发点，这使中国式现代化跳出了西方现代化赖以实现的资本逻辑与个体主义，走出了致力于人的全面解放与发展的现代化之路。坚持党的领导，现代化建设就有了战略核心。在这一过程中要不断加强党的自身建设、自我革命，增强党员干部从事经济社会建设的硬本领，提高驾驭市场经济、建设社会主义的能力。

价值上，坚持人民至上，坚持发展为了人民、发展依靠人民、发展成果由人民共享。人民是中国共产党执政的根基与底气，与群众同呼吸共命运是党最大的政治优势，也是马克思主义政党最鲜明的特征。马克思认为"历史活动是群众的活动，随着历史活动的深入，必将是群众队伍的扩大"[50]，主张建立没有剥削和压迫的共产主义社会。建设社会主义现代化国家、实现全体人民共同富裕是我们党基于人民立场做出的庄严承诺，在走中国式现代化道路的过程中，要依靠人民、相信人民、激发人民首创精神，在共建共享中实现现代化与共同富裕的目标。

战略上，坚持"四化同步"发展。工业化、城镇化、农业现代化和信息化是人类现代化历程中不可跨越的四个阶段，西方国家以200年的时间完成了"四化"串联式的发展。中国的发展具有明显的后发赶超特征，尤其是改革开放以来，得益于世界经济的黄金增长期与国际贸易的加速扩张，我们充分利用了国内国际两个市场、两种资源，坚持"引进来"与"走出去"相结合，吸纳了世界各国的先进技术与企业治理经验，极大地促进了"四化"发展。中国的现代化进程建立在世界现代化成果的基础之上，具备实现"四化同步"的战略空间和后发优势。当前，我国在信息化方面积累了一定的比较优势，5G、人工智能、大数据、智能制造、信息通信技术等数字经济领域将为"四化同步"发展提供新动力。

（执笔：崔　琳）

第四章 以"两个毫不动摇"筑牢全体人民共同富裕的制度基础

习近平指出，实现共同富裕，"要立足社会主义初级阶段，坚持'两个毫不动摇'"[1]。"我们党在坚持基本经济制度上的观点是明确的、一贯的，从来没有动摇。我国公有制经济是长期以来在国家发展历程中形成的，积累了大量财富，这是全体人民的共同财富，必须保管好、使用好、发展好……我们强调把公有制经济巩固好、发展好，同鼓励、支持、引导非公有制经济发展不是对立的，而是有机统一的。公有制经济、非公有制经济应该相辅相成、相得益彰，而不是相互排斥、相互抵消……我国基本经济制度写入了宪法、党章，这是不会变的，也是不能变的。"[2]因而，在实现全体人民共同富裕的进程中，要进一步巩固和坚持公有制为主体、多种所有制经济共同发展的所有制结构，充分发挥社会主义基本经济制度的优势，向实现全体人民共同富裕的目标稳步迈进。

一 公有制经济是推进全体人民共同富裕的主力军

坚持巩固和发展公有制经济的主体地位，是习近平中国特色社会主义基本经济制度重要论述的核心，更是保障我国经济高质量发展和实现全体人民共同富裕的根本制度基础。党的十五大以来，我国将公有制为主体作为基本经济制度的核心内容，并不断巩固国有经济的主导地位，进而使其在促进我国国民收入增长和防止"两极分化"中发挥了中流砥柱的作用。党的十八大以来，习近平结合我国社会主义市场经济发展的新环境和国内外局势变化，丰富和发展了社会主义基本经济制度理论，在多次讲话中均强调了公有制的主体地位。

（一）公有制经济主体地位是实现共同富裕的制度前提

社会主义社会是生产资料归属全体人民共同占有的社会形态，因而公有制经济是社会主义经济制度的基础，国有经济、集体经济、混合所有制经济中的国有成分和集体成分是社会主义公有制经济的重要组成部分。生产决定分配，生产资料所有制形式决定了分配方式，因而共同富裕的实现不仅要关注分配问题，更需要关注决定分配的生产资料所有制形式问题。资本主义社会建立在生产资料资本家私有制以及雇佣劳动的基础上，以剥削工人阶级剩余价值赚取利润，从而实现资本的无限累积，这种类型的所有制形式注定无法消除贫困、消除财富分配悬殊与社会两极分化。与非公有制经济不同，公有制经济的本质在于剩余产品归劳动者共同所有，其不仅是通过全体劳动人民辛勤工作累积起来的社会财富，而且是全体人民的共同财富，既是不断解放生产力、发展生产力，创造扎实推动全体人民共同富裕的物质条件，也是彻底消灭剥削压迫与贫富差距悬殊、确保实现全体人民共同富裕的坚实制度基础。

在公有制经济中，国有企业，特别是大中型国有企业肩负着

"主力队员"的作用。国务院国资委党委理论学习中心组指出，公有制经济是实现广大人民群众根本利益和共同富裕的重要保证，国有企业是维护人民共同利益的重要力量，是促进人民共同富裕的重要保障[3]，可见国有企业的健康发展在我国实现共同富裕的远景目标中发挥着重要的作用。一方面，全体人民共同富裕的实现需要建立在一定的经济发展水平之上，国有企业是先进生产力的代表，掌握着优质的技术、资本、数据等要素和先进生产力，不断推动经济向高质量方向发展，提升经济发展水平，从而助力共同富裕的实现；另一方面，国有企业在我国的初次分配、二次分配中发挥着重要的作用，具有就业保障、社会保障等重要社会责任，在提高居民收入的同时，还可以通过国有资本划转社保基金、参加社会慈善活动、公益捐款等缩小居民收入差距，促进共同富裕的实现。

（二）新中国成立以来公有制经济促进共同富裕的实践历程

中华人民共和国成立以来，中国公有制经济的发展历程可以分为以下四个阶段。

第一个阶段，是从新中国成立到社会主义改造完成的时期。这一时期我国通过没收官僚资本形成了以国营经济为主导的新民主主义经济结构，在这种经济结构中国营经济的比重较高，适合新中国成立初期的社会生产和发展情况，不仅为当时的国民经济恢复和发展做出了突出贡献，也为我国建立完整的国民经济工业体系等发挥了重大作用，同时为我国医疗、教育等社会事业的发展奠定了坚实的基础。毛泽东在 1955 年明确指出："现在我们实行这么一种制度，这么一种计划，是可以一年一年走向更富更强的，一年一年可以看到更富更强些。而这个富，是共同的富，这个强，是共同的强，大家都有份。"[4]

第二个阶段，是从社会主义改造完成到改革开放前夕的时期。当时主要实行的是社会主义初级阶段的公有制（包括全民所有制和集体所有制）。这种纯粹类型的公有制促进共同富裕的优势还没有得到很好发挥。具体来讲：一方面，社会主义单一公有制促进经济发展的优势未完全释放，需求大于供给，出现经济短缺的状况；另一方面，人民收入水平较低，共同富裕演变为平均主义。单一公有制尽管在短期内有利于集中力量发展国民经济，但从长远来看不适合多层次生产力状况，而且平均主义的分配方式也抑制了人民参与劳动的积极性，"搭便车"现象明显。因此，改革开放前社会主义单一公有制促进全体人民共同富裕的优势没有得到很好的释放，使得经济发展水平较低的同时共同富裕水平也较低。

第三个阶段，是从改革开放到党的十八大以前的时期。这一时期，我国生产力得到极大的释放，党和国家及时根据生产力发展状况调整所有制结构，在坚持公有制主体地位的同时，开始鼓励和支持个体、民营经济的发展，同时在对外开放过程中我国的外资经济也逐步发展起来，社会主义公有制在所有制结构中的比重发生了重要变化。与此同时，我们党创造性地将社会主义公有制与市场经济相结合，使公有制经济逐步成为有活力的市场竞争主体。在这一时期，公有制比重和实现形式逐步变化，公有制与生产力状况的关系也逐渐变得更加协调，公有制经济促进经济发展与全体人民共同富裕的优势也得到了更好的释放。以国有工业企业为例，统计数据显示，1998 年我国国有及国有控股工业企业总数为 64737 个，资产总计 74916.27 亿元，到 2020 年我国国有及国有控股工业企业的数量下降为 22072 个，但资产增长为 500461 亿元，增长近 6 倍。这充分显示了社会主义公有制在促进经济增长以及人民就业等方面的显著优势。具体如表4-1所示。

表4-1 1998~2020年全国国有及国有控股工业企业单位数和总产值

单位:个,亿元

年份	企业单位数	资产合计
1998	64737	74916.27
1999	61301	80471.69
2000	53489	84014.94
2001	46767	87901.54
2002	41125	89094.60
2003	34280	94519.79
2004	35597	109708.25
2005	27477	117629.61
2006	24961	135153.35
2007	20680	158187.87
2008	21313	188811.37
2009	20510	215742.01
2010	20253	247759.86
2011	17052	281673.87
2012	17851	312094.37
2013	18197	342689.19
2014	18808	371308.84
2015	19273	397403.65
2016	19022	417704.16
2017	19022	439622.86
2018	19250	456504.20
2019	20683	469679.90
2020	22072	500461.00

注:数据来源于相关年份的《中国统计年鉴》。选择1998年为数据起点是因为《中国统计年鉴》最早统计的数据是从1998年开始。

资料来源:各年度《中国统计年鉴》。

第四个阶段,是党的十八大以来的这一时期。党的十八大以来,基于我国社会主要矛盾和国内外形势的变化,更加强调提高公有制经济的"质量",增强国有经济的"控制力",确立了公有制经济在促进经济增长、缩小收入差距、扎实推进共同富裕进程中的重要地位，使得公有制经济、非公有制经济相辅相成、相得益彰，共同促进经济发展和共同富裕的实现。党的十九届四中全会又在社会主义初级阶段的基本经济制度上做出了重要创新，进一步坚定了公有制经济的主体地位。

统计数据显示，截至 2020 年，我国国有及国有控股工业企业的数量从 1998 年的 64737 个减少为 22072 个，但总产值增长为 500461 亿元，比 1998 年增长了近 6 倍，利润总额从 1998 年的 525.1 亿元增加到 2020 年的 15346.1 亿元，上涨了 28 倍之多，平均用工人数从 1998 年的 3747.8 万人减少到 2020 年的 1382.8 万人，充分体现了国有企业生产率的提升。具体如表 4-1 和表 4-2 所示。

表 4-2　1998~2020 年全国国有及国有控股工业企业利润总额和平均用工人数

单位：亿元，万人

年份	企业利润总额	企业平均用工人数
1998	525.1	3747.8
2000	2408.3	2995.2
2005	6519.8	1874.9
2006	8485.5	—
2007	10795.2	1743.0
2008	9063.6	1794.1
2009	9287.0	1803.4
2010	14737.7	1836.3
2011	16457.6	1812.0
2012	15176.0	1892.8
2013	15917.7	1889.5
2014	14508.0	1842.7
2015	11416.7	1777.8
2016	12324.3	1695.9
2017	17215.5	1595.8
2018	19284.7	1524.1
2019	16067.8	1418.5
2020	15346.1	1382.8

注：鉴于 1999 年、2001 年、2002 年、2003 年、2004 年相关统计数据的缺失，并未报告相关年份数据。

资料来源：各年度《中国统计年鉴》。

（三）扎实推动共同富裕过程中公有制经济需要关注的方向

第一，推动公有制经济向民生领域倾斜。鼓励公有制经济更多进入教育、医疗、基础设施、社会保障等公共民生领域。如在教育相关的产业领域（职业培训中心、社区学院、公立幼儿园、普惠性九年一贯制学校、公立大学和学院等），应加大投资，让广大人民平等享受公有制经济发展带来的教育福利；在医疗卫生领域，应加快国有制药企业建设，药品质量和价格能够满足广大患者的需要；在住房领域，各地区可以根据住房市场的刚性需要情况，通过国有资本在房地产行业的参股或控股，积极引导非公有资本在实现经济绩效的同时发挥社会效应和承担社会责任，不仅有利于发挥公有制对人民住房保障的有利影响，还能够发挥社会主义公有制促进共同富裕的重要作用。

第二，巩固和坚持公有制经济在就业、失业保障、应急管理等方面的主体作用。公有制经济是属于全体人民所有的经济形式，为此，应划拨公有制经济部分利润转为社会保障基金，让全体人民都能享受公有制经济创造出来的福利，切实发挥公有制经济的共同富裕效应。与此同时，还要积极引导、发挥公有制经济在就业、基础设施、乡村振兴和生态文明建设等方面的主导作用，具体来讲，进一步加大公有制经济在生态、社会治理、乡村振兴、应急管理等方面的投入力度，通过带动就业、增加收入、增加税收等方式提升公有制经济在公共福利等方面的作用。

第三，发挥国有企业对科技创新的引领作用，支援国有企业开展核心技术攻关，实现科技自立自强。新发展阶段下，国内外环境复杂多变，作为公有制经济"明星队员"的国有企业亟须提高科技创新水平，打破对国外技术的依赖，实现科技自立自强，从而更好地促进共同富裕的实现。首先，进一步加大公有制企业的研发经费投入力度，特别是基础研究的投入力度，不断提升公有制成分的创新水平。其次，进一步激发公有制经济的创新活力。公有制经济具有强外部性的属性，因此会面临创新动力不足的风险，通过引入市场机制的作用，并配合相应的制度安排不断激发其创新活力，实现创新效率和创新水平的提升。

二　非公有制经济发展是推进全体人民共同富裕的生力军

习近平指出："我国民营经济已经成为推动我国发展不可或缺的力量，成为创业就业的主要领域、技术创新的重要主体、国家税收的重要来源，为我国社会主义市场经济发展、政府职能转变、农村富余劳动力转移、国际市场开拓等发挥了重要作用。长期以来，广大民营企业家以敢为人先的创新意识、锲而不舍的奋斗精神，组织带领千百万劳动者奋发努力、艰苦创业、不断创新。我国经济发展能够创造中国奇迹，民营经济功不可没！"因此，"民营经济是我国经济制度的内在要素，民营企业和民营企业家是我们自己人"[5]。

（一）非公有制经济促进全体人民共同富裕的理论分析

生产资料所有制形式决定分配方式，创造更多可供分配的物质财富和精神财富，是实现共同富裕的基本前提。非公有制经济可以通过扩大居民就业、增加居民收入、调节收入分配这三种机制推进共同富裕的实现。

第一，就业岗位创造效应。提升居民就业率，解决就业民生是促进全体人民实现共同富裕的重要方面。非公有制经济在增加就业岗位、扩大就业人数中发挥着重要的作用。一方面，非公有制企业数量比重大、就业容量大，相对国有企业具有更强的就业效应；另一方面，非公有制企业覆盖面较广，涉及领域较多，能较好地满足社会就业的多样性需求。除此之外，相较于公有制企业，非公有制企业大多用工机制灵活，企业创业门槛较低，对就业人群具有更高的吸引力。改革开放以来我国非公有制单位就业人数占比呈稳步上升之势，统计数据显示，1978年，城镇9514万名就业人员中仅有个体就业人员15万人，其余就业人口都集中在国有和集体单位。改革开放以来，非公有制经济就业人数迅速增长。2018年，城镇非公有制经济就业人员占比从1978年的0.2%提高到83.6%，其中，城镇私营企业、个体就业人员分别为13952万人、10440万人，分别占城镇就业人员的32.1%、24.0%。[6]表4-3为2000~2020年我国各种经济类型的工业企业数量。

表4-3　2000~2020年我国规模以上工业企业各种
经济类型的企业数量（内资企业）

单位：个

年份	国有企业	集体企业	股份合作企业	联营企业	有限责任公司	股份有限公司	私营企业	外商投资企业
2000	42426	37841	10852	2510	13215	5086	22128	11955
2001	34530	31018	10864	2234	18956	5692	36218	13166
2002	29449	27477	10193	1964	22486	5998	49176	14920
2003	23228	22478	9283	1689	26606	6313	67607	17429
2004	25339	141772	50097	6547	102392	17427	902647	51255
2006	14555	14203	6313	1075	47081	7210	149736	31691
2007	10074	13032	5880	999	53326	7782	177080	35507
2008	9682	11737	5612	833	62835	9422	245850	42269
2009	9105	10285	5011	735	65926	9275	256031	41011
2010	8726	9166	4481	704	70078	9562	273259	39976
2011	6707	5365	2415	506	58626	8563	180612	31262

续表

年份	国有企业	集体企业	股份合作企业	联营企业	有限责任公司	股份有限公司	私营企业	外商投资企业
2012	6770	4814	2397	481	66955	9012	189289	30973
2013	6831	4817	2384	479	69439	9077	194945	31200
2014	3450	3133	1222	169	88964	10475	213789	29728
2015	3234	2637	1136	147	94299	11061	216506	28270
2016	2459	2092	946	110	96240	12007	214309	26125
2017	1946	1669	776	93	92812	12086	215138	24734
2018	1836	1675	772	96	92935	11980	220628	24907
2019	1522	1113	732	57	75513	11557	243640	23544
2020	2494	1001	761	98	57005	8427	286430	23280

注：选择 2000 年为起点是因为从 2000 年开始《中国统计年鉴》中各种经济类型企业的统计指数和统计数据才具有一致性。2005 年各种类型企业数统计数据不全，因而并未报告 2005 年数据。

资料来源：各年度《中国统计年鉴》。

第二，促进国有企业改革，激发市场活力与自主创新能力。在一定的范围和条件下，非公有制经济具有不可替代的相对优势，例如所有者权益与责任的一致性，自担风险，竞争性强，产权清晰。统计数据显示，1978 年初，非公有制经济增加值占 GDP 的比重不到 1%，而截至 2020 年底，非公有制经济增加值占 GDP 的比重已经超过 60%，成为我国经济增长的重要力量源泉。一方面，非公有制企业蓬勃发展，市场竞争加剧，从而倒逼国有企业不断深化改革，提高生产效率，释放出各市场主体的竞争活力。另一方面，非公有制经济是我国科技创新不可或缺的力量，贡献了 70% 以上的技术创新成果，具有数量多、比重大、灵活性强等特征，因而只要为非公有制企业提供更加有力的政策支持和适宜的创新环境，非公有制经济必然会对我国创新水平的进一步提升和创新能力的增强发挥重要的作用。

第三，收入分配调节效应。改革开放以来非公有制经济在促使社会财富"蛋糕"不断做大的过程中发挥了重要的作用，人民群众的收入水平和生活水平均得到了极大提升，虽然这一过程中仍存在不同群体收入提升程度不同的状况，但是非公有制经济所伴随的收入分配的调节效应缩小了居民收入差距，有益于共同富裕的实现。首先，非公有制经济通过收入再分配促进社会公平。改革开放以来，非公有制经济对国家税收的贡献度越来越大，截止到 2020 年底，非公有制经济税收占国家总税收的比重已经超过 50%。税收是收入再分配的主要政策工具，也是分好"蛋糕"、促进社会公平的主要手段。其次，非公有制经济通过三次分配为共同富裕做贡献。以民营企业为例，民营企业家热心于贫困大学生教育、贫困人口的救助、困难儿童的帮扶等慈善事业，特别是在近两年的新冠肺炎疫情防控中，各地区的民营企业积极作为，主动承担社会责任，捐款捐物，支持困难地区和困难人群，是我国公益慈善事业的积极参与者。根据全国工商联发布的《中国民营企业社会责任报告（2020）》，民营企业 2019 年共捐赠475.12 亿元，是慈善捐赠的主力军。在扶贫领域，一大批民营企业用实效彰显造血式扶贫的强大生命力，积极参与"万企帮万村"精准扶贫行动，为我国如期全面打赢农村贫困人口脱贫攻坚战贡献了力量。

当前，非公有制经济已经深度嵌入我国国民经济发展体系之中，成为国民经济的重要组成部分，为促进共同富裕奠定了坚实基础。从表4-3 可以看出，我国内资企业中国有企业和集体企业数量呈现下降的态势，而非公有制企业数量呈现蓬勃发展态势，特别是有限责任公司、股份有限公司、私营企业、外商投资企业数量上涨较为迅速，其成为我国经济发展的重要组成部分、推动全体人民共同富裕的生力军。

（二）非公有制经济促进全体人民共同富裕的实践建议

第一，进一步解决非公有制企业融资难、资源获取困难等问题，释放民营企业活力。以民营企业为代表的非公有制企业的发展往往面临着融资难、税费压力大等问题。因而，在我国扎实推动共同富裕的背景下，需要进一步深化供给侧结构性改革，改善民营企业的营商环境，降低民营企业的实质性生产负担。具体来讲，税务机关应该积极创新税收制度，适当减免增值税等实质性税费，让民营企业有更多的获得感，特别是对科技型初创企业和小微企业，可以采取普惠性的税费免除政策；对民营企业，减少不必要的行政审批手续，精简规范行政审批收费流程和行为，降低民营企业的运营成本。

第二，为非公有制企业创造公平的竞争环境，设立充足的市场发展空间。与公有制企业相比，非公有制企业往往面临审批困难、发展空间不足等问题，各地方政府要采取积极的手段为非公有制企业的发展营造公平、健康的营商环境，保障非公有制企业的发展，同时鼓励和引导非公有制企业参与到国有企业的改革中，充分发挥公有制和非公有制的优势，实现互利共赢；进一步严惩通过排挤非公有制企业进行不正当竞争的行为，充分发挥市场机制的作用，净化营商环境。

第三，积极构建亲清新型政商关系，保障非公有制企业的发展。各级领导干部要坚守底线，勇于担当，把支持非公有制企业的发展作为重要的任务去完成，积极了解非公有制企业发展的困境，并且各层级政府要及时出台相应的解决办法。具体来讲，首先，可以通过将非公有制企业的发展情况纳入地方官员的考核指标中，为各地政府重视非公有制经济的发展建立激励机制；其次，在资源分配等方面不以企业的性质作为划分标准，对公有制企业和非公有制企业一视同仁，以各企业的生产能力和比较优势作为标准；最后，各地政府积极发展监督职能，监督对非公有制企业的产权保护、市场公平竞争审查制度的落实程度，保障非公有制企业的利益。

三 混合所有制经济是实现全体人民共同富裕的有效形式

混合所有制经济是多种经济成分和所有制形式的统一体，其不仅能够促进生产力的发展，还能够使不同类型的生产资料互相结合，充分调动生产资料所有者的积极性和创造力，减少"两极分化"，实现共同富裕。

（一）混合所有制经济促进全体人民共同富裕的理论分析

改革开放以来，中国收入差距持续扩大，具体表现为财富在不同群体间的分配呈现不平等的态势，贫富分化现象严重。针对这一问题，大量学者也进行了积极的探讨，顾钰民和廉国强指出，破解贫富分化，需要发展混合所有制经济，通过竞争性领域国有企业非国有化、规模企业股份化与小微企业广泛化，实现橄榄形收入分配形态，促进共同富裕的实现。[7]

第一，混合所有制能够充分发挥各种生产资料的优势，协同互补，提高资源配置效率。当前社会收入差距过大的重要原因之一就是政府对资源的过度干预，从而造成要素配置的扭曲、劳动与收入的不匹配等。现实中，地方政府为了保护本地区国有企业的发展，一方面使资源向国有企业倾斜，另一方面对民营企业的发展设置限制，在此情形下，民营企业往往通过寻租、行贿等手段获取发展，使较多的资金收入往往花费在生产性寻租活动中，员工的劳动性报酬反而较少。当发展混合所有制经济时，非公有制资本能够较好地参与市场竞争，发挥市场的作用，实现等价交换，公有资本可以重点投向需要政府调控的具有外部性的公共服务领域或自然垄断领域，进而促进财富分配的平等。

第二，发展混合所有制经济能保证公民财产获取权利的平等。财产获取权利的不平等是造成当前收入差距过大的重要原因之一。在社会主义社会中全体人民都有通过占有生产资料获取剩余价值的权利，而当前财产获取权利更多集中在国有资本手中，民营企业特别是小微企业的财产获取权利极低。以混合所有制经济中的小微企业为例，小微企业规模小、门槛低、灵活性大、劳动密集度高，其广泛化发展将推动中国收入分配方式的转变。具体来讲，小微企业可以将民众原本再生产劳动力的闲散资金转换为生产资料，并在不断地创新、竞争、融资中成长累积。小微企业的发展，一方面能够使更多民众获取财产性收入，获得剩余价值；另一方面，随着资本积累的增加，工资将提升至劳动力再生产水平之上，提高收入水平。小微企业门槛低，广大人民群众有同等的权利开设小微企业占有生产资料，有同等的机会购买股票分享其他企业剩余价值，从而实现财产获取、积累与交换的平等。混合所有制经济的发展将推动中国的收入分配从固化的金字塔形转变为流动的橄榄形。

（二）混合所有制对全体人民共同富裕的重要意义

第一，有利于充分调动国有资本和其他社会资本的活力，促进整体收入水平的提高。改革开放以来，中国经济取得举世瞩目的成就，国有资本、集体资本、非公有资本都呈现上百倍的增长。发展不同所有制资本交叉参股混合所有制能够充分发挥各种资本的优势，互利共赢，相互参股，实现资本的有机结合，充分调动各类资本的积极性，是实现公平与效率的有效手段。通过限制、减少剥削，逐步提升人民的整体收入水平，缩小不同群体间的收入差距。国家发展改革委指出，推动国有企业发展混合所有制经济，充分释放各种资本的活力，增强经济活力，促使经济又好又快地发展[8]。

第二，激发微观市场和微观个体的活力，解放和发展生产力。混合所有制企业和股份制企业的市场化程度更高，入股国有企业可以进一步革除国有企业积弊，提高国有企业的市场化经营水平，能够使更多的人民群众共享经济成果。混合所有制企业往往鼓励员工持股，使员工收益与企业效益充分挂钩，从而调动员工工作的积极性，因此，推进混合所有制改革，能够激发微观市场和微观个体活力，提高经济运行效率和市场竞争力。发展混合所有制经济能够改善传统的公有制经济与非公有制经济之间的关系，从而一方面提升公有制经济调动社会资源的能力，另一方面也能够调动非公有制经济的积极性，激发不同类型的所有制形式的活力，解放和发展生产力。

第三，提升资本的配置效率，实现各种资本互利共赢、共同发展。积极发展混合所有制经济，可以使国有资本更好地流动起来，逐步把国有资本集中于国防、科技等重点领域的攻关上，引进更多非国有资本进入食品、百货等影响人民群众生活的竞争性市场领域，实现各种资本互利共赢、共同发展，提升资本的配置效率。混合所有制经济能够充分发挥市场机制的决定性作用，是社会主义市场经济的充分体现。当民营资本、私有资本在市场信号的指引下进入公有制经济领域时，资源配置效率会得到提升，与此同时，当公有制经济通过市场信号进入民营企业时，也为民营企业的发展注入了"强心剂"，从而更好地促进民营企业发展，实现资本的互利共赢。

四 农村集体经济是推进全体人民共同富裕的有力抓手

在开启全面建设社会主义现代化国家、扎实推动共同富裕的新征程中，发展新型集体经济，对于提升农民收入水平、缩小城乡收入差距、实现共同富裕具有重要的意义。

（一）农村集体经济在实现共同富裕过程中的重要性

在广大农村地区发展集体经济能够最大限度地满足农村地区发展的需求，为实现乡村振兴和共同富裕的最终目标奠定基础。党的十八大以来，以习近平同志为核心的党中央高度重视农村集体经济的发展问题，党的十九大报告再次提出壮大集体经济，保障农民的财产权益，从而推动乡村振兴发展，深化农村集体产权制度的改革。可见，发展集体经济的根本对象是农业农村发展，使农村经济符合市场化发展要求，探索出一条更加优质、公平、可持续的乡村发展之路，最终实现共同富裕的目标。习近平总书记关于发展农村集体经济的重要论述，无论从理论上还是实践上都为我国农村集体所有制的发展提供了重要的指导，为我国农业发展中正确处理好农民和土地的关系，探索符合我国国情和农村农业生产特点的农村基本经营制度提供了借鉴与启示。

农村集体经济在本质上确定了农民和生产资料的关系，也体现了社会主义制度的优越性。一方面，农村集体经济为农村基层党组织建设和巩固党在农村的执政地位提供了支持；另一方面，农村集体经济的发展是村级基层民主政治建设的基础，集体经济结构以及组织形式与民主发展关系密切，也促进着乡村民主建设。农村基层党组织在群众中的凝聚力，影响着党的方针落实，也关系着社会主义阵地的巩固，农村集体经济组织和村民组织有着相似性，通过发展农村集体经济能够推动基层党组织建设，增强农村社会主义市场经济活力。

农村集体经济是农民富裕的基本经济制度保障，也即增加农民收入必须要大力发展农村集体经济。在市场经济的大背景下，家庭生产分散经营和市场竞争的矛盾日益突出，而通过农村集体经济，可以降低交易成本，提升农产品价格，在这一过程中增加了农民收入，并且拓宽农民收入渠道，而积极应用股份制形式也可以让农民在参与劳动的过程中获得酬劳。

（二）当前我国农村集体经济发展面临的制约因素

第一，增收渠道仍然较窄。大部分农村地区仍依赖于出租老旧学校、厂房、土地增加集体收入，少数村虽然有集体资产，但由于土地较为分散难以集中管理，开发利用价值不大。一些村干部缺乏科学的领导能力，将集体资产简单处理，从而使村级集体经济缺乏可持续收入。通过土地流转发展起来的农业项目，第一产业的经济效益本来就不高且投资回报周期长，短期内难以为村集体经济做出贡献。

第二，人才外流现象严重。从现实来看，当前我国农村地区的优秀人才大多流向城市，留下的多为儿童、老人、妇女，与此同时，村镇管理人员一般从当地的农村人口中产生，管理和治理能力不高，带头致富能力不强，发展思路不清，导致农村集体经济难以持续稳定发展。近年来，尽管一些大学生村官、大学生选调生等在村镇任职，但因规模小、人数少，还不足以有效带动村集体经济发展。

第三，管理模式还不完善。目前农村集体经济的管理模式还不完善，没有形成统一的制度安排，并且集体资产的管理缺乏前瞻性，村干部在进行决策时只考虑当前的利益而忽视了长远发展，缺乏具有"造血"功能的集体经济项目。

（三）农村集体经济促进全体人民共同富裕的实践建议

第一，构建新型农村集体经济组织方式和管理形式。由于在实践过程中，村党支部、村委会及集体经济组织形成了利益相关的关系，因此难以充分保障农民的利益。因而，亟须建立健全新型的农村集体经济组织，全面提升监督职能，进而助力新型农村集体经济发展。首先，完善并健全农村集体经济组织内部治理结构。对于当前农村集体经济内部治理中存在的问题，需要政府积极完善村民大会、理事会、监事会制度，实现各个机构和利益方面的相互监督制衡，避免不为村民集体利益考虑的行为或者不作为问题，努力构建新型农村集体经济组织内部治理结构。其次，需要进一步完善农村集体经济内部财务管理制度，落实财产财务公开，针对经营管理者制定考核机制。最后，农民是发展集体经济的主体力量，共同富裕的实现也需要体现为人民服务这一理念，因而在新型农村集体经济组织中要进一步尊重农民的意愿并加以激励和引导，切实考虑农民参与的意愿，不断提升农村集体经济凝聚力，发挥农村集体经济的创造力。

第二，进一步提升新型城镇化水平，助力乡村振兴的实现。进一步提高城乡融合水平，不断缩小城乡差距，实现集体经济的协调化发展。具体来讲，各地政府需要全面分析农村经济建设环境，及时梳理集体经济建设中的问题，针对这些问题制定扶持政策和配套服务设施，以此改善农村经济发展面貌，缩小城乡经济差距，实现共同富裕目标。与此同时，要进一步"筑巢引凤"，引进大学毕业生到农村担任管理者，为农村集体经济发展提供活力。在吸引优质青年到农村任职的同时也要进一步提升农民自身的素质和文化水平：一方面，通过入户讲解、开展讲座等措施向广大农民普及市场经济基本知识，提升其文化水平和理性分析能力；另一方面，村政府要及时设立针对农户的就业培训学校，通过职业培训和教育提升农民致富意识，比如通过短期培训、远程教育等形式开展农民职业教育培训工作，通过培育新型农业使农民具有致富思想，提升技能水平。

第三，完善农村集体经济发展的政策体系。首先，界定清晰的产权，明确集体财产和个人财产的产权归属，激发农民积极性。当前，农村集体经济组织普遍是把农村集体财产或者部分财产通过股份或者份额的形式转让给个人，由此让集体经济组织和农民共同享受福利、承担风险，农民在集体经济组织当中占有一定股份，可以激发农民的集体意识和主人翁意识，其参与集体经济的积极性也会提升，在这样的发展模式下，就需要在集体经济组织当中明确产权制度，维护农户和集体的稳定关系，提升资源利用率。其次，积极推动旧村改造项目，优化群众生活环境，在发展农业经济的过程中也要推动股份经济合作社的建立，让农民享受经济改革的成果。最后，完善农村土地政策。国家需要继续加大对农村集体经济政策的扶持力度，改善这一经济政策的发展环境，设立支持农村集体经济发展的专项资金，为农村集体经济的发展提供资金支持，助力共同富裕的实现。

五　让全体人民分享国有资产红利是共同富裕的内在要求

在社会主义国家，国有资产是劳动人民的共同财富，让全体人民分享国有资产红利是共同富裕的内在要求。

（一）国有资本划转社保基金是分享国有资产红利的重要途径

作为国有资产管理中最为敏感的问题之一，在红利分配过程中如果仅将最终受益者局限在集团公司内部，显然有悖于产权经济学原理中的全民财产、全民收益原则，更与委托代理关系的核心观点相矛盾。因此，除去必需的盈余留成外，红利的其他部分应通过法定的公共程序渐次性地返还至全民。在当前关系国计民生的领域（如教育、医疗、养老、农村建设等）资金需求愈加扩大的情况下，在坚持合理性和可行性的原则下，加大国企对国民的分红力度是一个必然选择，而由不得历史惯性或所谓"传统"、传统体制的阻挠。除此之外，要重视调整与完善利益格局，以公平正义作为深化国有资产体制改革的原则和方向；要直面从国有资产改革中优先获利者和高额获利者、未能获利者或获利甚微者，并以政治勇气和智慧应对之；要旗帜鲜明地反对和纠正少数地方、少数部门那种掠夺和蚕食国有资产的伪改革、歪改革。

界定生产资料所有制性质的重要依据是生产资料的剩余索取权，生产剩余平均划分给所有劳动者便是生产资料公有制的主要特征之一。在实践工作中，国有资本是公有制最典型、最重要的形式，从经济理论和法律规定出发，全体人民享有其最终所有权，因此制度逻辑上国有资本的剩余收益应当归全体人民享有。但受到目前制度和技术的双重制约以及由于群体治理机制和行动的困境，直接的全民所有制尚无法完全实现，更无法实现全民组织企业生产，只能委托政府代理经营。目前国有企业的利润所得首先上缴至国资委，经过国家财政统一决算后，通过政府财政支出将利润剩余通过公共服务转移支付至人民手中。虽然公民是国有企业名义上的所有者，却无法真正行使所有者的所有权利。这导致了公有制经济的分配形式与制度逻辑并不完全一致。经过 40 多年国有企业改革和资本市场制度建设，人民群众直接行使国有资产剩余索取权的制度条件逐渐成熟。首先，通过明晰企业产权、硬化预算约束、引入市场竞争等改革举措，国有企业管理正向现代企业制度转型，逐步成为自负盈亏、自主经营的经济市场主体。其次，各类金融工具在资本市场上的活跃有效降低了资本运营的成本，帮助国有资产更加合理地定价，同时使国资委等代理机构能够利用金融工具实现国有资产的保值增值。最后，国有资产监管体制的定位从管企业逐步向"管资本"转变，极大地提升了国有资本的配置效率。

产品可供分配的数量直接决定了分配方式，当生产方式和社会组织不断进步时，分配方式也随之发生变化。在这样的背景下，社会保障基金制度应运而生，成为国有资本运营和利润剩余分配的关键结合点，保障了生产资料公有制的理论逻辑在现实生活中的有效落地。国有资本划转社保基金，巧妙地将公有制经济与社会保障制度衔接起来，人民群众成为剩余索取权的直接主体，分享国有企业利润和发展红利。全体人民从之前的相对分散与抽象概念成功构建了利益相对一致的代理方，在养老保险等社会保障制度的作用机制下，国有资本划转社保基金可以最高程度地将全体人民的利益统一起来。例如，全国社会保障基金理事会能够充分参与国有资本的运营和收益分配，将国有资本的剩余收益以相对公平的方式转移给社会个体，符合全体人民享有国有资本所有权的基本制度逻辑。因此，国有资本划转社保基金这一方式打破了原有的桎梏，保障了全体人民支配并享有生产资料收益的权益，实现了公有制经济分配形式与制度逻辑的融合，是公有制进一步完善的重要实践。

社保基金入市包括储备型的全国社保基金入市和缴费型的基本养老保险基金入市，无论是社保基金中的国有资本部分还是各地方保险缴费的结存资金，都具备公有资本性质。两者间的不同在于国有资本的公有性质源于所有制性质的规定，地方社会保险缴费结存资金则从本质上属于劳动者群体的资本集合，直接具备集体的公有性质。市场是配置资源最有效率的手段，因此让市场在资源配置中发挥关键作用是中国特色社会主义建设的经验总结。投资资本市场是提高国有资本和集体资本收益、实现保值增值的重要手段，社保基金入市则保障了公有制有效运行：一方面，推动国有资产管理体系从"管企业"向"管资本"转变，助推国有企业成为自主经营、自负盈亏的市场主体；另一方面，社保基金拥有国有股权的处置权，也就意味着国有资本能够在不同实业行业之间切换。保值增值公有资本成为发展公有制经济的重点。

（二）国有资本划转社会保障基金的历史实践

我国的社保基金制度包括地方统筹的社会保险基金以及中央统筹的全国社会保障基金。社会保险基金的资金来源主要包括自征收的社保费和财政拨款，属于"缴费型"基金，主要用于补充和调剂养老保险，是一国保障民生的"兜底性"工程。

国务院于 2000 年 9 月 25 日批准建立全国社会保障基金（以下简称"全国社保基金"），并成立全国社会保障基金理事会（以下简称"社保基金会"）负责管理运营。国务院委托集中管理的中央企业国有股权，其中个人账户基金和地方委托资金纳入全国社保基金统一运营，各省委托的基本养老保险基金和集中划转的国有股权单独核算。

我国国有资本划转全国社保基金的具体过程如下。

21 世纪以来，将国有资本划转用于民生保障的工作成为政府工作的重点内容。2001 年 6 月，国务院出台《减持国有股筹集社会保障资金管理暂行办法》，第一次提出国有资本划转社保，但受到证券市场震荡影响而暂缓推行。2005 年开始划转部分国有企业的境外股权给社保基金会。2009 年 6 月国务院第二次印发通知，要求境内证券市场首次公开发行上市的国有企业，实际发行股份中国有股东持有部分的 10%转由社保基金会持有。2017 年，第三次国有资本划转，将中央和地方在内的国有及国有控股大中型企业、金融机构均纳入划转全国社保基金的范围。2019 年 9 月，财政部等五部门联合发文，对中央和地方国企加快国有资本划转做出明确要求，规定划转工作要于 2020 年底前基本完成[9]。2020 年末，93 家中央企业及金融机构总共给全国社保基金划转了约 1.7 万亿元国有资本。至此，国有资本的发展成果全民共享的社会主义性质得到充分体现。

统计数据显示，截至 2020 年底，国有企业资产总额达 268.5 万亿元，国有资本权益为 76.0 万亿元（不含金融企业）；国有金融企业资产总额达 323.2 万亿元[10]。假如严格按照 10%的比例划转，全国社保基金和各省承接主体最终将持有 9.87 万亿元国有资本权益。

2020 年末，全国社保基金资产总额达 29226.61 亿元，社保基金投资收益额为 3786.60 亿元，投资收益率为 15.84%。[11] 地方国有企业股权划转进度没有完整的公开资料。社保基金会等承接主体接手转持股份后，拥有股份的收益权、处置权和知情权，不干预企业的日常经营，正常情况下不会派出董事。排除部分国家要求必须保持国有特殊持股比例的企业，承接主体经过有关部门批准后可以采用资本运作的方式增加收益。

（三）建立健全国有资产监督管理体制的具体措施

第一，坚持"以人民为中心"的国有资产管理体制。建立"公共选择-公共监督"程序是打造以"人"为本的国有资产管理体制不可避免的关键步骤。如果国有资产"代理者"缺乏有效的监管措施，就很难避免道德风险所带来的国有资产的流失。以国有企业支付红利为例，首先必须通过公开程序进行公示，确保公众具有能够获取国家机构有关红利情况信息的有效渠道；其次必须经过规范的公共决策程序，确保红利收入以及后续支出能够向民意机构公开并通过审议批准。再以国有资产"减持"来说，其过程要公开、公平、公正，而这同样需要具体的公众审议和批准程序。

第二，完善国有资产分红过程中的相关法律条款。对于公正地管理好、使用好国有资产来说，国有资产管理民主化是必要条件，但并非充分条件，在民主化的基础上也需要法制来提供基本的规则。诸如经营性国有资产的分红问题，包括是否分红、分红的数额、分红的对象、分红的形式等，都应该通过立法加以明确规范。形成强有力的国有资产管理自我监督与外部监督体系并最终实现保值增值是国有资管理法治化建设的一个重要目标，而最终目标则是以法治实现国有资产收益向人民红利的真正转化，进而使国有资产改革实质性地普惠于广大人民。就立法指导思想而言，在国有资产管理立法设计时，必须高度重视权利和责任体系；就立法重点而言，要加快对出资人所有权行使问题、领导人员管理问题、内部人控制问题、财务和资产监管问题等尚未存在明确规定的空白点和灰色领域的立法；从执法而言，要严格严厉执法，不断完善国有资产执法责任追究制，尤其是加强针对规制者本身的监管。

第三，加强制度创新，充分发挥制度优势和"制度红利"。首先，要实现将国有资产战略地位提高至国家层面，着力增强国有经济抵御国内外风险以及在国际市场上整体出击的议价能力和影响能力。其次，建立健全产权制度与红利分配制度。产权制度改革是实现国有资产红利价值的基础，因此要进一步明晰产权关系，强化产权激励与责任约束。建议推动国有资产红利分配论证和立法，并最终形成规范化的法律制度。再次，建立国有资产结构与布局优化制度，从源头上提升国有资产红利水平。实现国有资产在公共领域、基础性领域有进，在竞争性领域有退，逐步调整国有经济布局和结构。最后，健全公共或人民取向的国有资产管理绩效评价制度，硬化国有资产保值增值和价值分配、价值分享的绩效评价，并配套出台相应的奖惩政策。

第四，打造民本导向的国有资产管理文化，为改革营造充分的"正能量"氛围。一个民族生生不息的关键在于先进的文化，因此打造积极的国有资产管理文化同样至关重要。要树立从"国有资产战略"上升为"国家战略"的管理思想；要深化以民为本的产权经济学理念，营造包括"中国红利""国民红利"在内的全新的国有资产经营新理念；要转变原有的经营国有企业意识，打造管理国有资产的意识；要积极响应中共中央关于"厉行节约，反对浪费"的号召，自觉抵制公款吃喝、铺张浪费和奢侈主义；要坚持弘扬国企"企业报国，福利员工，回报股东，奉献社会"的核心价值观；要进一步解放思想，转变观念，充分尊重市场的客观运行规律；要尊重国际惯例，推进国有资产管理和改革与国际接轨；要树立全新的人力资本理念和人才观，为国有资产管理源源不断地注入新鲜"活水"；要秉承和建设国有资产及其管理的"法精神""法文化"。

（执笔：王　钺）

第五章 以"多种分配方式并存"健全全体人民共同富裕的实现机制

收入分配制度是社会资源和物质财富分配的"总阀门",是全体人民共同富裕最主要、最基本的实现机制。因此,与公有制为主体、多种所有制经济共同发展的所有制基础相适应,实现全体人民共同富裕必须坚持按劳分配为主体、多种分配方式并存的分配制度,正确处理公平与效率的关系,科学构建初次分配、再分配、三次分配协调配套的基础性制度安排,坚持多劳多得,着重保护劳动所得,加大税收、社保、转移支付等调节力度并提高精准性,提高中等收入群体比重,增加低收入群体收入,合理调节高收入,取缔非法收入,形成中间大、两头小的橄榄形分配结构,促进社会公平正义,促进人的全面发展,使全体人民朝着共同富裕目标扎实迈进。

一 全体人民共同富裕必须坚持按劳分配为主体

按劳分配,是马克思在其著作中关于未来社会分配制度的合理构想,也是其思想中重要的经济主张。作为人民民主专政的社会主义国家，我国以马克思主义作为指导思想，历经革命、建设和改革时期，逐渐建立起社会主义市场经济制度。作为其中重要组成部分的分配制度，不断发展完善。1993 年 11 月，党的十四届三中全会审议并通过了《中共中央关于建立社会主义市场经济体制若干问题的决定》，明确提出建立以按劳分配为主体，效率优先、兼顾公平的收入分配制度。[1]2019 年 10 月，党的十九届四中全会审议并通过了《中共中央关于坚持和完善中国特色社会主义制度　推进国家治理体系和治理能力现代化若干重大问题的决定》，对我国基本经济制度做了新的归纳和阐述，将"按劳分配为主体、多种分配方式并存"首次上升为基本经济制度加以贯彻执行。[2]"按劳分配"这一基本理念，始终作为我国分配制度调整、完善的基本原则与重要前提。

作为社会主义的理论内涵和实践要求，共同富裕始终是党带领人民奋斗的重要目标，贯穿革命、建设和改革的始终。共同富裕在马克思主义政治经济学理论体系中占有重要地位。《1857—1858 年经济学手稿》中指出："社会生产力的发展将如此迅速……生产将以所有人的富裕为目的。"[3]中国共产党以马克思主义为指导思想，始终将共同富裕作为带领人民奋斗的重要目标。党的一大通过的《中国共产党第一个纲领》中就提出消灭阶级区分和消灭资本家私有制[4]，蕴含着共同富裕的思想。新中国成立之初，毛泽东主持起草《中国共产党中央委员会关于发展农业生产合作社的决议》，正式提出共同富裕："使农民能够逐步完全摆脱贫困的状况而取得共同富裕和普遍繁荣的生活。"[5]1992 年，邓小平在著名的"南方谈话"中指出："社会主义的本质，是解放生产力，发展生产力，消灭剥削，消除两极分化，最终达到共同富裕"[6]，将共同富裕纳入社会主义本质的范畴。在中央财经委员会第十次会议上的讲话中，习近平强调"扎实推动共同富裕"[7]。可以说，共同富裕的目标始终贯穿党领导革命、改革和建设的始终。2021 年 10 月，习近平在《求是》发表题为《扎实推动共同富裕》的文章，从思想理论和实践路径等多个方面为新时代各地区稳步推进共同富裕提供了根本遵循。从字面意思看，共同富裕，既是一种分配理念与分配方式，同时也是分配结果的刻画。分配制度是影响分配结果的主要原因，在实现共同富裕的进程中，制定有利于实现该目标的分配制度是基本前提和保障。从理论和实践看，"按劳分配为主体、多种分配方式并存"这一基本分配制度，作为生产关系，契合马克思主义视域下解放和发展生产力的基本要求，满足"效率优先，兼顾公平"的基本目标和价值取向，符合我国社会主义初级阶段的基本国情。那么，现阶段发展条件下，按劳分配这一基本分配制度如何对共同富裕产生影响，这一问题对理论和实践都极为重要。前文已经说明，共同富裕是对分配结果的刻画，自然与分配制度有直接的逻辑关联。要对该问题进行深入的分析、阐释和论证，首先要搞清楚，什么是"按劳分配"，也就是"按劳分配"的概念。下面，我们讨论"按劳分配"制度安排的基本内涵及其在我国的合理性。在此基础上，分析"按劳分配为主体、多种分配方式并存"与共同富裕之间的关系，从而论证通过实施合理的分配制度推动实现共同富裕的逻辑所在。

（一）按劳分配的基本概念与学理内涵

从字面意思看，按劳分配制度似乎与马克思提出的"劳动价值论"密切相关，从而大量学者将后者作为前者的理论基础与政策设计的合理性所在。根据"劳动价值论"，土地、自然资源等其他生产资料，只能通过劳动把自身所拥有的价值转移到劳动产品中去。产品价值的新增，只有劳动才能创造，故只有劳动才是价值创造的源泉。这就是"劳动价值论"的基本概述。如果承认劳动在价值创造中唯一源泉的地位，那么按劳分配似乎就是道德上合理且逻辑上严谨的判断。在马克思主义的一系列经典著作中，按劳分配被归纳和描述为这样一种社会分配制度。在这种制度环境下，全体社会成员共同占有生产资料，全社会进行统一的生产安排。自然地，社会成员共同占有和分享劳动成果。具体规则是：扣除各种必要的生产补偿和基本生产投资后，劳动者根据自己提供的劳动数量在总生产中耗费的劳动数量的比重，领取劳动成果中等量比重的消费产品作为自己的劳动所得。在上面描述的过程中，个人向社会提供的劳动数量是衡量分配所得的唯一依据。因此，就真正实现了"多劳多得，少劳少得，不劳不得"的"按劳分配"原则。不难看出，经典著作对按劳分配的理解，实际上有着非常严格的社会制度与发展前提，这些条件是准确理解按劳分配的关键和实现按劳分配要求的基础。梳理、归纳、分析这些前提和条件，对我们更深刻地理解按劳分配的真正内涵，更好地理解现存分配制度的合理性，具有重要意义，下面逐一列举分析。

其一，生产资料公有制。马克思对按劳分配制度的理解，是一种对未来社会的憧憬和合理想象，其基础是全体社会成员共同占有生产资料，即生产资料公有制。根据马克思主义基本原理，生产决定分配。生产资料公有制，是按劳分配制度的重要前提。在完全的公有制社会制度下，不存在个人私有的生产资料。除了靠个人劳动获得消费资料（产品），没有任何其他东西可以成为个人私有的财产。因而，马克思指出，除了自己的劳动，谁都不能提供其他任何东西。另外，因不存在私人占有的生产资料，也就不存在所谓的"按生产要素分配"的状况。个体所拥有的只有消费产品,向社会提供劳动是社会成员获得消费品分配的唯一渠道。

其二,社会化大生产。在这种社会化大生产的条件下,全体社会成员共同占有生产资料,生产完全由社会统一计划安排,全体劳动者像一个劳动者一样劳动。马克思将其称为"集体生产和自由人的联合体":设想有一个自由人联合,他们用公共的生产资料进行劳动,并且自觉地把他们许多个人的劳动力当作一个社会劳动力来使用。在这种集体生产和分配的制度下,劳动所得以产品而非货币形式进行分配,私人劳动不需要通过市场转化为社会劳动,而直接等同于社会劳动,从而也不再需要货币、工资等价值手段去衡量其数量和大小。此时,私人劳动与社会劳动之间的对立不复存在而达到直接的统一,不存在私人劳动与社会劳动之间的区别。货币、商品交换和价值等社会关系因缺少其存在的前提及发挥其功能的场景已经不复存在。马克思称其为"不需要著名的价值插手其间"[8]。此时,劳动时间是衡量劳动数量的唯一尺度,"以一种形式给予社会的劳动量,又以另一种形式领回来"[9]。"我们假定,每个生产者在生活资料中得到的份额是由他的劳动时间决定的。……另一方面,劳动时间又是计量生产者在共同劳动中个人所占份额的尺度,因而也是计量生产者在共同产品的个人可消费部分中所占份额的尺度"[10]。这些论述表明,经典著作中,按劳分配制度安排的前提是货币、价值等关系的消亡。在实践中,劳动时间而非劳动力的价格是衡量劳动数量的标准和分配社会产品的依据。

其三,货币、价值等所体现的社会关系已经消亡。经典著作中,按劳分配的实现形式,一般是"劳动券",或者一种"证书"。这种劳动券不是货币,也不是商品,本身没有价值,只是劳动者参与劳动，以及通过向社会提供劳动来获得消费产品分配的凭证。劳动者通过劳动获得表征其劳动数量的劳动券，然后凭借劳动券领取相应的消费品实物。马克思指出，在社会公有的生产中，货币资本不再存在了。社会把劳动力和生产资料分配给不同的生产部门。生产者也许会得到纸的凭证，以此从社会的消费品储备中，取走一个与他们的劳动时间相当的量。这些凭证不是货币，它们是不流通的。

从上述几个主要条件不难看出，在经典理论中，严格的按劳分配，是特殊社会形态下的制度安排和人类社会生产力水平发展到一定阶段后的产物。具体来说，按照劳动时间进行分配，蕴含了生产力前提，表明此时生产力已经高度发达。如若不然，不同分工间的劳动时间换算在技术上就是难以实现的问题。而且，从人类历史与社会进程发展的一般规律看，市场和货币关系走向消亡的阶段，意味着资本主义已经被社会主义取代，暗含了社会主义继承了资本主义社会发达的生产力这一前提，从而在实施这种分配制度的过程中，本身不必过多考虑发展生产力的问题。严格的公有制度和按照劳动数量进行分配，消除了剥削存在的可能，保证了相对公平。

（二）坚持按劳分配为主体是实现共同富裕的基本保障

根据马克思主义政治经济学的基本原理，资本主义社会中，生产资料私有制是产生剥削与阶级矛盾的制度前提，后者必然导致贫富差距和收入分化。因此，要推进共同富裕，必须坚持生产资料公有制，这是社会主义制度的必然要求。同时，马克思主义政治经济学还指出，社会再生产中涉及的四个环节——"生产、流通、消费、分配"，生产决定分配，生产制度决定分配制度。生产资料公有制客观要求对应的按劳分配制度，这是按劳分配制度消灭剥削和两极分化，从而促进共同富裕的核心逻辑。本部分即围绕这一重要逻辑线索展开阐释，从而对通过坚持按劳分配制度促进共同富裕的理论机理进行说明。

在资本主义社会中，生产资料私有制及相关配套制度安排，导致生产资料与劳动力之间的普遍分离。城市无产者和农民不得不出卖自己的劳动力，沦为产业工人或农场工人。根据马克思著名的劳动价值论中对劳动力资本的分析，劳动力的使用即劳动，与其他生产要素如原材料、机器设备不同，是一种特殊的生产要素，它不仅可以创造出足以弥补劳动力数量的价值即工资，同时还创造出一个超出劳动力价值的价值，也就是剩余价值。剩余价值由工人创造，通过生产即劳动过程凝结在商品中，由商品出售实现，但最终为资本家无偿占有。马克思指出，这就是资本家剥削工人的秘密。很清楚，资本家剥削工人从而导致工人阶级赤贫化，引发一系列社会矛盾，根本原因在于工人与生产资料的分离。出于生计，工人不得不进入工厂劳动，加入商品生产过程中的某一环节，不断创造出剩余价值，接受剥削。前者的根源在于生产资料私有制导致的劳动力与生产资料普遍分离，后者的根源在于生产资料私有制下的雇佣劳动。可以说，正是由于生产资料私有制导致了雇佣劳动，才产生了剥削及劳动与资本的对立，以及资本主义的社会矛盾。简单地说，资本主义生产资料私有制条件下，以按生产要素分配为主要分配原则：工人依靠劳动要素参与分配，体现为工资；资本家依靠生产资料进行分配，实质上从事对产业工人的剥削活动。

根据马克思对资本主义生产的分析，如果希望缩小收入差距、推进共同富裕，必须推翻私有制，这样才可能消灭剥削，避免由剥削导致的收入差距极端化。在西方等资本主义国家的社会现实中，收入差距状况已经十分严重，导致社会矛盾，并引起学者的担忧。与之相对应的是，坚持公有制的社会主义国家，避免了生产资料集中在少数人手中的情况，没有出现大面积的劳动力与生产资料的分离，私有制度环境下的雇佣劳动及剥削就失去了现实条件。消除了大面积剥削的前提，为推动实现共同富裕提供了制度基础。那么，自然而然地，一个实践中的要求就是，社会主义革命后，必须采用按劳分配（至少为主体）的基本分配原则。原因很简单，从人类历史上看，曾经存在过的分配制度大致包括原始社会的平均分配，奴隶制度、封建制度及资本主义制度下的按生产资料所有权分配，社会主义社会的按劳分配。从经典理论看，生产资料公有制前提下，不存在私有制，也不存在私人占有生产资料，因此不存在按生产要素分配。社会主义作为生产力尚未达到按需分配的共产主义初级阶段，按劳分配是唯一可选的安排，否则便与社会主义本身的内涵相悖。此外，更为重要的是，生产资料公有制与按劳分配在逻辑上内在一致，按劳分配是生产资料公有制的必然结果和社会主义的本质要求。按劳分配要求多劳多得、少劳少得、不劳不得；这种制度有利于调动广大群众参与生产的积极性，从而"做大蛋糕"，摆脱低水平的平均主义。这样，按劳分配就是一个有利于生产力发展的分配制度，符合马克思主义推崇的生产力原则。同时，按劳分配制度为推进共同富裕提供了重要的物质支持：坚持按劳分配有利于解放和发展生产力，为实现共同富裕奠定更为坚实的物质基础。总之，坚持按劳分配，既是社会主义本质的体现，同时也是推进共同富裕的基本制度前提。

必须指出的是，从实践角度看，目前的发展条件下坚持按劳分配，与共同富裕之间并不能画等号。准确地说，坚持按劳分配，不能确保实现收入差距的消弭，不必然实现共同富裕。原因在于，在社会主义国家，即便完全保证全体劳动者共同占有生产资料和实行按劳分配，也会因存在如下情况而在生产实践中出现收入差距扩大的情况。其一，因社会个体的禀赋差异及社会化大生产必然要求的分工，不能保证每位劳动者从事同一劳动，从而存在不同种劳动在数量换算准确度方面的问题。即便不同劳动者从事相同的劳动时间，其劳动价值量显然也可能是不同的，该如何衡量和合理比较？这样，在实践中就面临如何将按劳分配原则完全执行的问题。如不能克服和解决上述在实践中可能遇到的问题，那么按劳分配就只是理论上的结论，不具有完全的现实意义。其二，即便克服上述问题，能够准确地将不同种类的劳动进行度量和换算，也无法保证收入差距的消弭。原因在于，每个劳动者的身体素质、知识结构、思维能力等劳动能力不尽相同，他们所能提供的劳动种类也千差万别。严格按照按劳分配的基本原则，他们必然得到不同的分配所得。这样也就产生了实际意义上的收入差距。

此外，还需要指出的是，因生产力等历史和现实的原因，目前我们所坚持的"按劳分配"与经典理论中所提及的按劳分配，已经不是完全相同的概念。在目前实践中，我们所要求的按劳分配，更多的是生产资料所有制领域中，公有制为主体在分配领域的体现：公有制意味着劳动者共同占有生产资料，那么劳动者共同分享劳动产品也就成了顺理成章的事情。因此，即便目前我们还处在市场和商品经济条件下，尽管货币、价值等社会关系依然存在并在生产和资源配置中持续发挥作用，仅从公有制为主体这一前提看，当下实践中的按劳分配，并没有背离经典著作中的精神实质，仍然有重要的防止剥削和两极分化的作用。这也是按劳分配推动实现共同富裕的逻辑基础和实践价值。

也就是说，按劳分配与共同富裕之间是必要不充分的关系，二者间还不能直接画等号。如果不坚持按劳分配，那么就存在剥削，必然不能实现共同富裕。这一点，在人类社会的演进实践中尤其是资本主义社会的实践中已经得到很好的证明。但是，如前文分析的那样，采取按劳分配，而没有其他配套制度及物质条件的满足，也无法保证共同富裕。按劳分配是一个相对公平的制度，但公平分配与"共同富裕"并不是同一维度的概念。理论上看，按劳分配规则下，劳动者共同拥有生产资料，拥有相对公平的劳动机会，劳动所得与其自身提供的劳动数量直接挂钩，劳动者凭借自身劳动直接兑换消费产品。这种制度排除了生产资料私有制条件下，依靠生产资料对他人劳动成果的直接占有即剥削等不合理的现象，因此是相对公平的。这里的公平更多强调劳动者分配所得与其提供劳动之间的确定关系，但没有就不同劳动者之间所得做比较。共同富裕则属于另一个概念，更多强调不同劳动者之间最终所得的差距不断缩小的变化趋势，或将其变化控制在一定的范围内。

总之，尽管按劳分配不必然带来共同富裕，但在当下生产力发展尚不充分的客观条件下，全面、辩证来看，实行按劳分配仍然是能够相对促进共同富裕的分配制度。原因在于以下几点。首先，通过生产资料公有制极大程度地消除不合理的剥削制度，给予劳动者平等参与劳动的机会，调动了劳动者参与劳动生产的积极性。其次，在公平劳动、多劳多得的基础上，肯定劳动者禀赋条件的差异，承认相对合理的收入差距，可以广泛动员劳动者进一步通过诚实劳动和合法经营不断提高分配所得，从而消除不合理的收入差距，为进一步推动共同富裕提供保障。最后，从马克思主义政治经济学的基本理论看，我国现阶段采取按劳分配的分配制度，有助于激励劳动者参与劳动、提高效率、推动社会生产，解放和发展生产力。这样，如前文所言，就进一步为推进实现共同富裕打下物质基础，这是实现共同富裕的基本前提，也是社会主义优越性的根本体现。

二 全体人民共同富裕必须坚持按生产要素贡献分配

（一）现阶段坚持按生产要素贡献分配有合理性

目前发展阶段和生产力条件下，采取按生产要素贡献分配具有合理性。根据前文分析，经典著作中关于按劳分配的理论主张，有一系列严格的社会制度和发展水平的条件前提。在这些社会条件与前提得以满足的情况下，纯粹的按劳分配就是一个自然而然的结果。这些条件中，比较重要的是市场、商品与货币关系的消亡。此时，生产资料公有制是唯一的所有制存在形式，全体劳动者共同占有生产资料。个人劳动不需要经由市场与货币的手段衡量和转化为社会劳动，而直接体现为社会劳动，个人的生产直接表现为社会全体的自由联合的生产。按劳分配，也体现为对劳动产品的实物分配。然而，实践已经表明，由于生产力水平尚不充分等一系列历史、社会因素，我国目前仍处于社会主义初级阶段。此时，采取纯粹的按劳分配制度，缺少经典理论分析框架下的物质基础前提。如果不顾这些客观条件的限制生搬硬套相关理论，不仅不能实现按劳分配的主观愿望，最终还可能导致平均主义的结果，损害劳动者的生产积极性，不利于推动生产力的发展和社会进步，也无法实现扎实推动共同富裕的目标。

自社会主义制度建立以来，适应我国发展阶段和发展状况的中国特色社会主义市场经济体制在我国从无到有，不断完善。一方面，社会主义本质要求公有制为主体，进而从法权角度消除私有制条件下劳动者与生产资料的大面积分离及其产生的剥削的合法性；另一方面，计划经济制度在我国发展实践中的逐步退出及市场、货币与商品经济的存在又客观上表明，纯粹的按劳分配并不可行，私人劳动还需要通过市场和货币的手段转化为社会劳动，且这种转化在生产实践中又面临一定的风险和阻碍，在理论上不满足经典著作中关于按劳分配的基本条件，包括不同种劳动时间的精确转换问题，等等，理论上无法得到经典著作中刻画的结果。这一系列挑战，都使得单一的按劳分配原则在市场经济的现实中不可行，无法直接指导实践。现实与经典理论间的差别之一是，从经典理论看，按劳分配是将全社会的劳动产品划归为全体劳动者所有的分配方式，这种制度安排下，要素集体所有，不直接参与私人分配。分配制度本身不直接创造新的价值，从而倾向于一种分配已有产品的方式，是法权意义和分配领域的概念。实践中，如果不能看到按生产要素分配的合理性，全面推行"理论意义"上的按劳分配，必然导致"大锅饭"和平均主义，从而背离经典著作所描述的现象和政策初衷。

上述分析讨论表明，现阶段经典理论中纯粹全面的按劳分配难以付诸实践。市场经济中，按生产要素分配在社会主义初级阶段有其合理性与必然性。所谓按生产要素分配，可以理解为"按照生产过程中，生产要素对生产贡献的相对大小对要素所有者进行分配"。在资产阶级经济学家让·巴蒂斯特·萨伊（Jean-Baptiste Say）提出的著名"三位一体"分配公式"劳动—工资、资本—利息、土地—地租"中，就体现了按生产要素分配的思想。在这一分配公式中，工资被视作劳动力要素的回报，利息被视作资本要素的回报，地租被视作土地要素的回报。当然，在生产力尚不发达的资本主义早期，上述三种生产要素是最为主要和典型的。目前，随着生产的发展和技术的进步，生产要素的表现形式日趋多样，但在市场经济环境下，对"按生产要素分配"这一术语的理解，上述基本逻辑和框架仍然成立。

市场经济条件下，按生产要素贡献分配是一种必然选择，其概念、机理与市场经济的内在逻辑相符。或者说，按生产要素贡献分配是市场经济的必然结果。按生产要素贡献分配以生产要素的私有为前提，这正是市场经济的核心要件。市场本身是一种配置资源的方式，并不直接创造价值。它通过价格的信号激励市场主体参与市场活动并筛选出效率主体，这就是市场配置资源的过程。根据价格释放出的价值信号，市场主体在利益的驱动下，合理合法地进行交易、买卖等经济行为。因更高效率的生产主体足以在高成本条件下实现盈利（企业所面临的成本就是要素所有者获得的报酬，企业面临的高成本意味着要素所有者面临的高报酬），这样就使效率主体在要素市场中拥有足够的买方竞争力。最终，随着交易的不断进行，资源和要素将逐渐集中在使用效率较高的生产者手中，相对缺少市场竞争力的生产主体在要素市场上被淘汰，最终实现优胜劣汰和效率改进。上述过程，宏观表现为社会经济的发展和生产力的不断进步。在理性人假设下，该生产者是能够较大限度发挥出要素生产效率的主体——如若不然，该生产者就无法弥补其高昂的成本即要素回报，最终失去要素的使用权而被迫退出市场。

市场配置资源的过程及微观机理清楚地表明，市场环境下，要素所有者通过所拥有的要素在不同生产主体处参与生产获得报酬的过程，就是市场配置资源的过程，也就是要素使用（权）在不同市场主体之间流转的过程，后者对应和诠释了"配置"这一动态过程。市场配置资源，表现为市场中的交换（易）行为并以之为实现形式，暗含了要素所有者获得报酬的事实与前提。所以，市场经济环境中，按要素贡献获得分配的过程，在生产者的视角下，就是市场配置要素（资源）的过程，二者本质上是一回事。也就意味着，只要存在市场经济，就必然存在按要素分配的事实，对市场经济的肯定暗含了按要素分配的合理性。

那么，有一个问题就必须予以回应，那就是按要素分配与剥削之间的关系。或者更为直接地说，按要素分配，意味着剥削吗？根据《资本论》中相关理论，资本家正是凭借对生产资料的所有权，将剩余价值以利润的形式实现并无偿占有，从而实质上对产业工人进行剥削。根据劳动价值论，劳动是创造价值的唯一源泉，新创造价值自然应由劳动者所得。如若不然，就似乎产生了"不公平"及"剥削"的事实。这个问题前文已经简单描述，这里做详细回答。笔者的观点是，从概念范畴看，上述理解可能并不正确：劳动价值论与按生产要素贡献分配，二者不相悖；后者也不必然产生剥削。

劳动价值论与按劳分配并不在同一理论框架和逻辑体系之下，因而前者并不能直接推导出与后者直接相关的结论。在经典著作中，按劳分配是指，在商品与货币都已经消亡的社会发展阶段，全体劳动者共同拥有生产资料，共同计划进行联合生产，每个人的私人劳动直接体现为社会劳动。此时，商品、价值等市场经济中重要的社会关系已经不复存在。商品退化为产品，只具有使用价值而不再具有价值。既然没有价值的概念，自然也就不存在"劳动价值论"的概念和说法。从概念上看，马克思的"劳动价值论"，是关于劳动创造价值的理论。但价值本身是一个历史和社会范畴，反映的是一定的历史和社会条件下，人与人之间的劳动生产关系。它随着生产力的发展与历史的进步而产生，也最终随着历史的演进和社会的发展而走向消亡。按劳分配语境下的社会制度阶段，恰是价值、市场和商品概念消亡的阶段，两者语境是不同的。所以劳动价值论并不能为按劳分配提供理论逻辑的支持。在劳动价值论的语境下，某种程度上，按劳分配只具有道德和价值观念方面的意义。这也就意味着，通过"按劳分配"的基本原则来反驳按照生产要素分配的合理性，站不住脚。

也就是说，价值的创造与社会分配实践是两码事——前者是历史和社会的范畴，而后者在任何社会形态下都存在，故二者不应混为一谈。对其进行评价，也不应简单从道德道义或字面意思的角度进行展开。根据马克思的基本观点，生产力决定生产关系，生产关系反作用于生产力。生产力总是要向前发展的，如果不恰当的生产关系阻碍了它，那么就客观存在生产力发展的要求与制约生产力发展的生产关系之间的矛盾。这种矛盾的激化，最终将毁灭这种阻碍它的生产关系和上层建筑。上述过程，就是唯物史观视角下，社会形态变迁的历史过程。以资本主义社会为例，马克思在《资本论》中这样写道："生产资料的集中和劳动的社会化，达到了同它们的资本主义外壳不能相容的地步。这个外壳就要炸毁了。资本主义私有制的丧钟就要响了。剥夺者就要被剥夺了。"[11]从这个角度看，土地所有者获得地租、商品所有者获得利润、资本获得利息，即按要素贡献分配的制度安排，在当时的社会条件下，都有助于进一步解放和发展生产力，其存在于资本主义社会的发展中具有一定的合理性。在生产力尚不发达的社会主义初级阶段市场经济中，这种分配制度有利于调动生产要素投入生产从而解放和发展生产力，同样有其合理性。

这里还需要指出的是，价值是一个抽象的概念，使用价值是其依托的实体。没有使用价值的商品，不会有交换的意义，从而也不会有价值，简单地说，价值依赖于使用价值。这是马克思主义政治经济学的基本结论。而使用价值的产生过程，受到客观的物理、化学和生物即自然规律等的支配，需要各种技术、设备、原材料等诸多生产要素的参与，绝不是只有劳动力就可以实现的。也就是说，生产过程需要生产资料和劳动力的结合。可以这样设想：假如将生产中价值新增所得全部分配给劳动者，而要素所有者不得任何新增价值的分配，那么他们就没有动力提供自己的土地、资本等生产要素，也没有动力去提高自己的生产技术。在现实中，这不仅有失公平，更为重要的是，生产活动无法高效率开展，产品无法被顺利制造出来，同样不利于生产力的发展。另外，在财富的物质激励下，要素所有者将发挥自己的智慧与才能，通过要素参与生产获得收入，这也将促进生产，反之则反是。归结起来就是，价值的产生以使用价值为前提，而后者依托于生产资料和生产要素的参与，这就意味着，必须通过一定的分配制度安排，让要素所有者获得一定的物质财富分配，来激励他们将所拥有的要素投入生产，从而不断发展生产力，提高整体的社会生产水平。从这个角度看，肯定按生产要素分配的合理性是解放和发展生产力的必然要求。换句话说，按照生产要素分配，是有助于发展生产力的制度安排，有助于为共同富裕提供物质基础。由此，党的十六大明确指出："确立劳动、资本、技术和管理等生产要素按贡献参与分配的原则。"[12] 相关论断和观点的提出，无论是对理论界还是实务界，在澄清误区、厘清思想、统一认识方面都有着极强的指导作用。这一重要论断某种程度上将价值创造与财富分配的概念和区别进行了界定，廓清了两个范畴之间的关系。

根据马克思主义唯物辩证法的基本原理，生产决定分配，分配反作用于生产，从而分配的社会属性由生产的社会属性决定。马克思指出：消费资料的任何一种分配，都不过是生产条件本身分配的结果；而生产条件的分配，则表现在生产方式本身的性质。例如，资本主义生产方式的基础是：生产的物质条件以资本和地产的形式掌握在非劳动者手中，而人民大众所有的只是生产的人身条件，即劳动力。既然生产的要素是这样分配的，那么自然就产生现在这样的消费资料的分配。这里的分析逻辑十分清楚，分配制度是生产制度的自然结果。因此，要理解分配，就要从生产的领域寻找原因。从经典原理和具体实践看，是生产资料所有权在各阶级的分配决定了劳动成果在各阶级的分配。先有生产资料在各阶级的分配，而后才有依靠这些生产资料获得收入的分配结果。这表明，按要素分配与劳动价值论没有必然矛盾，这只是生产资料本身的分配制度安排——"公有制为主体、多种所有制共存"的自然结果。总之，现阶段我国采用按生产要素贡献分配，是合理且必要的。同时，这与劳动价值论在理论和逻辑上没有必然矛盾，从而也不能因此断定按生产要素贡献分配将导致剥削与不合理的收入差异。

目前理论界对共同富裕范畴的理解，同样为按生产要素贡献分配提供了理论上合理的支持，或者说，按生产要素贡献分配与共同富裕在逻辑上是一致的。这些分析表明当下阶段，按生产要素分配有助于推进共同富裕。社会主义要求解放生产力、消灭剥削、消除两极分化，最终达到共同富裕。从而实现共同富裕，至少需要两个条件作为前提。其一是解放和发展生产力，"做大蛋糕"，为共同富裕打下物质基础；其二是消灭剥削和两极分化。但从上述目标的实现形式看，在历史和时间维度方面，无论是解放和发展生产力还是消灭剥削和两极分化，都是一个漫长的历史过程，不可能一蹴而就。这就意味着，实现共同富裕同样是一个漫长的历史过程，共同富裕是这一过程的终点。在这样一个过程中，在达到共同富裕这一社会状态之前，必然存在社会个体之间收入分配的差距（从历史过程的角度看，这种收入差距是合理的；从动态视角看，这一差距应当是逐渐缩小的）。没有这个存在个体收入差距的过程，就没有共同富裕的最终结果。换句话说，合理的收入分配差距，是实现共同富裕的必由之路，有助于促进和实现共同富裕。"我们允许一部分人先好起来，一部分地区先好起来，目的是更快地实现共同富裕"。[13]这实际上构成了逐步推进和实现共同富裕的实践路径。这一路径默认了在历史进程中，一定范围内收入差距的合理性。这一过程中，解放和发展生产力的目标客观要求从制度层面肯定按生产要素分配的合法性。从而，按生产要素贡献分配承担了解放和发展生产力，以及实现"先富"的历史任务，这无疑在为带动后富、推进共同富裕提供条件和前提。

最后需要补充说明的是，按照生产要素分配本身不必然导致收入差距的扩大和社会矛盾。关键在于实践中，生产要素本身在各阶层和个体中的分配，以及最终劳动产品分配的规则。也就是，要素所有者应该获得劳动产品中比重的问题，即最终劳动产品的价值在资本回报和劳动回报间分配的问题。资本与劳动所得报酬的差距，最终也就表现为资本所有者与劳动（所有）者的收入差距。在市场经济条件下，这一比例由市场确定。这就可能产生一些不利于缩小收入差距的因素。譬如，无论是劳动还是资本，其回报都表现为市场价格。而后者受到供求大小、所有制度等各种因素的影响。更为重要的是，劳动力要素参与市场，可能并非自愿，这就使得在现实中，按照生产要素分配可能出现收入差距扩大的情况。这些问题需要通过生产要素（服务）的再配置，或税收等政府手段进行调节。

（二）现阶段坚持按生产要素贡献分配有利于促进共同富裕

因历史和现实的原因，生产实践中，生产要素在个体间的分配并不均衡。每个社会个体所拥有的生产要素无论是数量还是质量、种类，都千差万别。在市场经济环境下，按生产要素分配导致分配与劳动一定程度上脱钩，可能打破"多劳多得、少劳少得"的分配规则，存在部分不直接参加劳动的高收入者，从而客观上存在扩大收入差距的可能。那么，一个需要在理论上回应和澄清的问题是，按照生产要素贡献分配会产生贫富悬殊、阶层分化和社会矛盾等社会问题吗？从我国实践看，在目前的发展阶段和社会条件下，严格按照生产要素贡献分配，可能不仅不会产生十分严重的贫富差距，而且有利于生产发展和社会进步，还会在一定程度上促进共同富裕。下面具体讨论这个问题。

首先，在社会主义初级阶段条件下，坚持按照生产要素贡献分配，并不是孤立和唯一的分配政策。在我国当下现实，对按照生产要素贡献分配这一制度安排的评价，应当置于"按劳分配为主体"的前提下进行讨论。也即，按生产要素贡献分配作为我国收入分配体系中的组成部分，其前提是坚持按劳分配为主体。根据"生产决定分配"的马克思主义基本原理，按劳分配为主体是生产领域坚持生产资料公有制为主体的必然结果。这两个条件客观上将个体收入的差距限定在一定范围内，避免收入差距的极端分化。同时，生产资料公有制为主体，使得国有经济在量上占主要比重，可以保证党和政府有足够的能力干预经济和进行收入分配再调节，从而进一步增强对收入差距的调控。因此，现实条件下，我国采取按生产要素贡献分配的制度安排，不会产生极端的贫富。

按生产要素贡献分配，其内涵包括公平分配和缩小收入差距、推进共同富裕的逻辑机理。原因在于，如果希望真正实现按生产要素贡献分配，最重要的是保证各类生产要素在进入市场时面对公平的市场机会和公正的市场竞争，以消除由不正当竞争等因素导致的生产要素回报差异，以及由此导致的要素所有者收入差距。也就是说，按生产要素贡献分配，本质上是按市场经济规律分配，客观上对完备的市场建设和完善的市场机制提出了要求。从收入分配的现实逻辑看，要素进入市场的机会与其所得收入密切相关，前者是后者的前提条件。如因不当的制度性等其他因素，部分要素所有者失去进入市场或在市场中公平竞争的机会（一般表现为各市场主体面临不同的市场进入门槛和成本），那么市场配置资源的效率就会面临损失，也就不可能真正做到按生产要素的贡献分配。由此必然产生要素回报带来的收入差距。从这个角度看，要素在市场中的机会平等是收入平等的前提。市场进入和竞争机会的均等公平，将消除由所有权、寻租等因素导致的机会不均等带来的收入不均等，从而有助于实现共同富裕。

其次，在严格的机会公平和按照要素贡献分配的前提下，收入的差距由要素贡献的差距决定。如果要素所有者希望获得更多的收入分配，就必须为社会生产做出更大的贡献。较长一段时间以来，因城乡二元分割的市场体系与户籍制度等各种门槛因素，劳动力等要素市场呈现碎片化的分割状态，在城乡、地区间的流动面临阻碍，不利于市场发挥优胜劣汰及资源配置效应。农村劳动力在城市务工面临市场进入困难、劳动保障缺失以及"同工不同酬"等不公平待遇，抑制了劳动力市场的竞争和配置效应，造成一定的效率损失和资源误置。从收入角度看，上述因素不利于改善进城务工人员的实际收入，一定程度上阻碍了城乡收入差距的弥合，不利于低收入群体获得更高收入和推进共同富裕。

应当看到，严格按照要素贡献分配的制度安排与整个社会的生产效率挂钩，能够激励个体发展生产，有助于进一步解放和发展生产力，从而是一种适应生产力发展的制度安排。当然，这里的要素包括劳动力要素，进一步扩大了上述分析适用的范围。反之，如果背离了按照生产要素贡献分配这一原则，就可能出现"要素贡献更多的主体分配了更少的报酬，而要素贡献更少的主体分配了更多的报酬"等倒挂的不合理现象，相当于将一部分市场主体的生产成果无偿转移给另一部分主体。这是一种吃大锅饭的平均主义，会极大挫伤劳动者的生产积极性。其结果就是，要素所有者可能失去利用其要素参与生产的积极性，这样就会抑制生产力，出现产出的绝对减少，对于发展生产力、推动共同富裕是不利的。上述分析强调的是，共同富裕不是平均主义，也不是均贫富。后者不会带来共同富裕，只会导致普遍的贫穷，因此有必要澄清思想认识方面的误区。

共同富裕的实现路径同样清晰地表明，按要素贡献分配是实现共同富裕的内在要求。1978 年 12 月，邓小平在《解放思想，实事求是，团结一致向前看》的讲话中对共同富裕的实现路径做了具体的概括。他指出："在经济政策上，我认为要允许一部分地区、一部分企业、一部分工人农民，由于辛勤努力成绩大而收入先多一些，生活先好起来。一部分人生活先好起来，就必然产生极大的示范力量，影响左邻右舍，带动其他地区、其他单位的人们向他们学习。这样，就会使整个国民经济不断地波浪式地向前发展，使全国各族人民都能比较快地富裕起来。"[14]从内容上看，上述论断可以简单地概括为"先富带后富，共奔富裕路"。这一观点对促进共同富裕至少提出两个要求。其一是，共同富裕不是同步富裕。在实现共同富裕的过程中，必然有先后之分。这也就提出了另一个要求，那就是从总体生产力发展水平的角度看，共同富裕也一定是普遍的富裕而非贫穷。

那么，在实践中的政策安排方面，如何激励部分人先富？从原则上说，应当是鼓励他们通过诚实劳动和合法经营来实现。在社会主义市场经济条件下，通过生产要素参与生产和为社会做出贡献来获得收入，就是其中的一个重要渠道。另外，这些"先富"者也为带动后富提供了一定的物质条件。总之，先富带后富这一战略构想，是一个实践中可行（甚至是唯一可行）的推进共同富裕的路径。上述路径客观上要求以生产力的发展作为支持，要求在"做大蛋糕"中"分好蛋糕"，提高各主体的收入，也就肯定了按生产要素贡献分配的合理性。

在社会主义市场经济条件下，如果希望通过按生产要素贡献分配来推动共同富裕，还有一个前提条件，那就是允许广大劳动者拥有属于自己的生产资料和生产要素。否则，就不存在所谓的"按照生产要素贡献分配"，或者按照要素分配的比重远远超出按劳分配的比重，带来收入差距扩大。就目前中国而言，已经实现了一定程度上生产的社会化。这种条件下，市场经济中，允许劳动者拥有一定的生产资料成为"有产者"，就从另一个角度为消灭剥削提供了保障：有产者有选择是否出卖自己劳动力的自由。在此基础上，按生产要素贡献分配将有助于"有产者"增收。如果劳动者普遍拥有生产要素，不妨举个极端的例子，每位劳动者都拥有属于自己的生产要素（除自身劳动外的生产资料），那么按生产要素贡献分配的制度无疑将有助于每位劳动者提高收入，这对实现共同富裕当然是有利的。

当然，需要说明的是，这里的劳动者有产，与资本主义社会中的私有制有本质的区别。这里讨论的是社会主义市场经济中,生产社会化一定程度条件下的有产,是劳动者自由选择、自主联合下的有产。这样,不仅可以避免大量生产资料集中在少数人手中,从而消除劳动者与生产资料的脱离从而遭遇贫穷的可能,同时还有助于有产的劳动者借助市场的手段进一步解放、发展生产力和实现收入的改善。更为重要的是,这一切都是在"公有制为主体"的大前提下进行讨论的。因此,社会主义市场经济环境下的劳动者有产,是与资本主义环境下生产资料私有制有着本质的不同的。从收入差距的角度看:前者有助于劳动者提高收入从而缩小收入差距、推进共同富裕;后者将生产资料逐步集中在极少数资本家手中,劳动者被迫成为无产者而出卖劳动力和被剥削,将产生贫富悬殊和社会矛盾尖锐的后果。

最后,一个在理论上值得讨论的话题是,现阶段我国按劳分配与按生产要素分配之间的关系。党的十九届四中全会通过《中共中央关于坚持和完善中国特色社会主义制度 推进国家治理体系和治理能力现代化若干重大问题的决定》,明确提出"公有制为主体、多种所有制经济共同发展,按劳分配为主体、多种分配方式并存,社会主义市场经济体制等社会主义基本经济制度,既体现了社会主义制度优越性,又同我国社会主义初级阶段社会生产力发展水平相适应,是党和人民的伟大创造"[15]。根据相应表述,按劳分配与按照生产要素分配应当是主次关系,后者为前者的有益补充。但是这里对"按劳分配"的理解,可能需要做一些说明。

前文已经强调,在马克思主义政治经济学中,"按劳分配"这一术语,并非简单基于其字面意思,而是有着严格的社会生产条件,这里不再赘述。而目前一般政策文献语境中所谓"按劳分配",多数仅指其字面意思,以劳动量作为分配的主要标准,没有充分考察理论推导要求的社会条件，这已经与经典理论中的术语存在差异。考虑到在市场经济中，劳动力本身也是一种生产要素，从而按劳分配，一定程度上，或者说一定范围内，应当归入按生产要素分配的框架中加以分析。从这个角度看，按劳分配与按生产要素分配是统一的。这一论断，符合现实中的状况。但是，这与经典理论中的"按劳分配"不是一回事。现实的市场中，劳动本身也将通过市场、价值等手段衡量其数量，最终转化为社会劳动，并给予劳动者相应的价值回报。

这样，按生产要素分配就可以理解为在经典理论中的按劳分配条件不满足而无法实现的情况下，在市场经济环境中所取得的一种更为适宜的表现形式。其本质仍可还原为劳动成果的交换，因此仍属于按劳分配。总之，现阶段按生产要素分配，并没有背离社会主义本质，是有助于适应和促进社会生产发展的分配方式，也是有助于促进共同富裕的分配方式。于是，更为重要的问题就是，如何通过各种手段和政策渠道，实现生产资料本身更为公平合理的分配。

三 全体人民共同富裕必须完善"再分配制度"

再分配制度的概念内涵。所谓再分配制度，指在按劳分配为主体的初次分配基础上，通过税收、社会保障等政策措施，对居民收入进行再调节的制度。从执行手段看，二者的区别在于，初次分配主要借助市场实现，再分配更多依靠各级政府，由行政手段完成。改革开放以来，按劳分配为主体的初次分配制度，极大促进了生产力的解放和发展。尤其是，在生产实践中肯定按生产要素分配的合法性，对市场主体形成物质财富激励，充分发挥了市场的竞争效率和资源配置效率，推动我国经济快速发展，体现了"生产决定分配、分配反作用于生产"的马克思主义唯物论和辩证法。但是，因历史因素和现实原因，伴随着经济社会快速发展，一段时期内，我国居民收入分配差距较大。根据中央财办的数据，2021 年我国基尼系数为 0.466，城乡居民人均可支配收入之比为 2.5∶1[16]。众多学者基于国际公认的研究工具量化测度指出，我国不同程度存在地区、行业、城乡等多维度收入不平等。收入的差距直接体现在消费的差异上。大量研究表明，尽管绝对维度方面，我国整体收入水平不断提高，消费数量和结构不断优化，但城乡之间、区域之间和城市内部的不同群体间，消费结构和总量的分化正在加剧。同时，部分炫耀性消费、攀比性消费等异化消费行为逐渐显现，不利于经济的持续增长，并引致社会矛盾，产生诸多负面影响。消费领域内这些现象的发生，都与收入差距的演化和加剧有着密切的逻辑关联。2015 年 10 月 29 日，习近平在党的十八届五中全会第二次全体会议上鲜明提出了"创新、协调、绿色、开放、共享"的发展理念。其中，"共享"发展理念要求全体社会成员共享发展成果，这是社会主义本质要求和优越性的集中体现。践行共享发展理念的最主要渠道和最直接方式是千方百计增加社会各阶层人民收入，通过各种手段缩小收入差距、推动共同富裕。

实践表明，以市场为主要手段的初次分配，因其优胜劣汰的效应，必然产生收入差距的扩大，不利于实现共同富裕，对各级政府、部门通过财政、税收等再分配手段进一步调节居民收入、消解社会矛盾和保障社会稳定提出了更高的要求。党的十九届四中全会通过的《中共中央关于坚持和完善中国特色社会主义制度 推进国家治理体系和治理能力现代化若干重大问题的决定》指出："健全以税收、社会保障、转移支付等为主要手段的再分配调节机制，强化税收调节，完善直接税制度并逐步提高其比重。完善相关制度和政策，合理调节城乡、区域、不同群体间分配关系。"[17]上述决定，为我国更好实现再分配，扎实推进共同富裕提供了根本遵循。从分配政策体系的结构看，再分配制度是其组成部分和相对独立的层级，丰富了我国社会分配政策体系，有利于进一步克服可能存在的社会不公平，在社会中发挥分配调节器的作用。可以说，再分配制度安排是社会主义初级阶段分配政策中必不可少的组成部分，对扎实推动共同富裕至关重要。我国现阶段的实践中，再分配的主要形式有两种。其一是包括针对个体的个人所得税和社会保障（保险）等措施；其二是针对缩小地区间差距的转移支付政策安排。本质上，对地区的帮扶，目的同样在于使受帮扶地区的居民获得更好的物质生活和发展条件。对地区层面的发展帮扶和资源转移，最终也会以各种形式体现在对个体的收入、消费和公共服务等方面的改善上。因此，二者在逻辑上是内在统一的。

个人所得税、收入差距与共同富裕。现阶段扎实推动共同富裕，首要的是通过各种政策工具调节极端收入，将总体收入差距控制在一定范围内。在这些方面，税收扮演重要角色。一般来说，税收是政府通过课征手段将财富收入从个体转移到国家财政的统称。这个过程发挥两个作用。一是税收是国家财政收入的重要来源，是各级政府发挥社会治理功能、维持正常运转的重要物质保障和通过转移支付等财政支出实现治理目标的基本前提。二是对处于不同收入水平的个体征收不同数量的税赋还有着调节个体间相对收入，从而影响收入差距的重要功能。

税收的收入调节功能主要是通过对不同收入类型和收入水平的社会个体课以差异化赋税标准来实现的。考虑到资本的收入相对劳动来说具有更稳定、低成本和高水平等特征，为了体现社会公平，一般对资本收入课收相对较重的税赋，对劳动所得课收相对较轻的税赋，从而一定程度上缓解劳动与资本之间的矛盾，将收入差距控制在合理范围内。另外一种方式是对不同收入水平的个体课收不同税率的税额。这种主张同样有利于限制个人收入极端化。以收入水平为依据进行差异化课税，是税收发挥调节相对收入功能、防止收入差距极端化最主要的渠道。需要指出的是，随着经济社会的发展，居民收入水平普遍提高，收入分配格局不断出现新变化、新情况。这就要求税收标准、政策及时跟进，做出相应调整，从而更好发挥调节收入政策工具、体现收入分配的水平和格局的功能。否则，就可能"帮倒忙"，一定程度上扩大收入差距，不利于推动实现共同富裕。譬如，如果课收标准的调整迟滞于实际收入水平的变化，随着居民收入的整体提高，必然有越来越多的个体进入课征范围。税收范围的扩大导致部分低收入群体承担赋税，这将一定程度上限制其生活水平的提高，从而扩大实质上的收入差距，不利于社会的和谐稳定，税收实际上也就失去了调节个体相对收入差异的功能。这同样不利于社会公平的实现和经济的长期健康稳定增长。

促进区域协调发展，是扎实推动共同富裕的另一个重要宏观政策。改革开放以来，因历史原因与客观条件，我国采取了城乡二元分割的发展体系和工业优先的发展战略。劳动力相对充裕和资本相对稀缺的要素禀赋特征使得刘易斯二元结构理论框架所描述的增长特征长期以来客观存在，产生农村劳动力丰富、边际产出相对偏低，以及工业和农业产品间价格的剪刀差等问题。这些都客观造成了城乡间的要素回报差异，拉大了城乡居民的收入差距。实践中，城市优先的总体发展策略，还使得城市和乡村在教育、医疗、基础设施等公共服务方面存在较大差距。改革从沿海省份开始，逐步延伸到内陆省份。产品、资本等要素市场化的进程，其差异同样显示出类似的变化趋势，最终造成东部沿海与中西部内陆各省份间明显的发展水平差距及相应居民收入差距较大的格局。不同发展阶段和发展水平地区的居民，同样面临个体发展、市场进入、信息获取、报酬获得等方面的不平等，这些都最终导致收入差距扩大。从共同富裕的角度看，这种发展差距是"先富带后富"中的"先富"在区域维度的体现。发展进入新时代，高质量发展的任务目标要求各地区将缩小区域差距、实现区域协调发展摆在更为重要的位置上。在"新发展理念"中，协调发展作为其中的重要组成部分，要求各部门对我国地区间发展存在的不平衡、不充分问题给予更多关注。

为了缩小地区发展差异和协调区域发展，推进共同富裕，1999年9月，党的十五届四中全会通过的《中共中央关于国有企业改革和发展若干重大问题的决定》明确提出实施西部大开发战略。1999年11月，中共中央、国务院召开经济工作会议，指出要把实施西部大开发战略作为2000年工作中的重要任务。《中共中央关于制定国民经济和社会发展第十个五年计划的建议》中强调："实施西部大开发战略，加快中西部地区发展，关系经济发展、民族团结、社会稳定，关系地区协调发展和最终实现共同富裕，是实现第三步战略目标的重大举措。"[18]2006年12月8日，国务院常务会议审议并原则通过《西部大开发"十一五"规划》。目标是努力实现西部地区经济又好又快发展，人民生活水平持续稳定提高，基础设施和生态环境建设取得新突破，重点区域和重点产业的发展达到新水平，教育、卫生等基本公共服务均等化取得新成效，构建社会主义和谐社会迈出扎实步伐。根据安排，西电东送、西气东输、青藏铁路及机场、公路建设等一系列项目相继上马，极大改变了中西部欠发达省份的经济社会发展面貌。生态环境、产业结构、科技教育、医疗卫生等方面取得长足进展，实现共同富裕、加强民族团结、保持社会稳定和边疆安全的战略目标已见成效。

除西部大开发外，常规性转移支付同样是缩小地区发展水平、促进区域协调发展的重要制度安排，在帮扶相对落后地区和推动共同富裕方面发挥重要作用。1994年我国实行分税制改革以来，确定了根据税种实现分权、分税和分管的要求，厘清了中央和地方在财政收入方面的权责关系，极大调动了地方发展的积极性。在此基础上，中央政府逐步推动地方政府间转移支付。一般来说，转移支付分为三个部分，分别是税收返还、财力性转移支付和专项转移支付，分别对应中央财政按核定的各地所得税基数对地方净上划中央收入实行基数返还、上级政府对下级政府补助性支出、中央对各地方政府代理性事务进行补偿的专项补助资金三类。通过转移支付，欠发达省份有能力为辖区提供医疗卫生、教育、交通、生态环境等基本公共服务与产品，基本保障辖区居民的生活水平，为地区协调发展和共同富裕提供基本条件与物质基础。根据财政部提供的数据，2019~2020年，31个省（自治区、直辖市）中，对国家财政有净财力贡献的为9个省份，分别为北京、广东、上海、江苏、浙江、天津、山东、福建、辽宁，不足省级单位总数的1/3。仅从财政收支角度看，上述事实至少有两点值得注意。首先，目前我国各地区间发展水平仍然存在较大差距，为实现区域协调发展和全国范围内的共同富裕仍有大量工作要做。其次，这同时表明，以转移支付为代表的财政手段在保障各地区协调发展和缩小发展差距方面发挥着重要作用，是扎实推动共同富裕重要的财政制度保障。

除西部大开发和转移支付等跨区域的再分配手段外，作为"兜底"的社会保障体系，同样发挥着再分配的功能，为共同富裕提供"底线"保障。党的十九大报告明确指出，"增进民生福祉是发展的根本目的。必须多谋民生之利、多解民生之忧，在发展中补齐民生短板、促进社会公平正义，在幼有所育、学有所教、劳有所得、病有所医、老有所养、住有所居、弱有所扶上不断取得新进展"。[19] 按照兜底线、织密网、建机制的要求，全面建成覆盖全民、城乡统筹、权责清晰、保障适度、可持续的多层次社会保障体系。从现阶段发展现实看，为了实现上述目标，应优先发展教育，促进教育公平；扩大就业，为劳动者创造就业机会；建立覆盖城乡居民的社会保障体系；建设覆盖城乡居民的公共卫生服务体系；通过住房制度改革改善群众居住条件。上述种种，虽然没有直接影响居民收入分配，但均与群众生活息息相关，实际上属于再分配的领域。这些措施从民生角度为彰显社会主义制度优越性、扎实推动共同富裕提供了基础保障，应当不断坚持、完善。

四　全体人民共同富裕必须鼓励和规范"第三次分配"

所谓第三次分配，是指在初次分配（市场配置）和再分配（税收、社会保障等政府行为）基础上的分配制度，一般指社会个体在道德和内在情感的驱动下，通过慈善、公益活动及相关渠道进行个人捐赠从而实现的收入再分配渠道。作为收入分配政策体系的重要组成部分，第三次分配是对初次分配和再分配的有益补充。2019 年 10 月，党的十九届四中全会首次提出重视发挥第三次分配作用，发展慈善等社会公益事业的要求。2020 年 10 月，党的十九届五中全会进一步明确要发挥第三次分配作用，发展慈善事业，改善收入和财富分配格局。相关论断和表述以党的文件的形式发布，表明党已经认识到慈善等公益事业在我国经济社会发展大局中的重要地位，释放出大力发展慈善公益事业，进一步调整收入分配格局和推进共同富裕的重要信号，为发展完善中国特色公益慈善事业提供了指导和遵循。尽管目前我国第三次分配配套制度尚不健全，法律、规章和制度等方面仍需不断完善，但相关实践在社会生活中已经存在且有一定的普遍性。中国特色的公益慈善事业发展模式逐渐形成，成为重要的收入分配调节手段。可以预计，第三次分配将在更好处理效率与公平之间的关系、调节收入差距和推进共同富裕中发挥重要作用。

目前，我国已经完成全面脱贫攻坚目标。从绝对维度看，低收入群体的生产生活条件已经得到较大改善。但整体看，收入差距仍处于高位，与实现共同富裕的目标还有较大距离。从收入分配逻辑和政策体系架构看，因我国社会主义市场经济本质上要求市场在资源配置中起决定作用，市场竞争与优胜劣汰是其内在条件，这就决定初次分配制度下，客观上存在产生收入差距的内在机理，仅靠市场调节不可能实现共同富裕。另外，由于我国仍处于社会主义初级阶段，总体生产力发展尚不够充分，税收和社会保障体系有待完善，各级政府尚无充足财力通过税收和社会保障等手段进一步调节分配来实现共同富裕。在基本民生目标"兜底"的基础上，收入分配的再调节仍存在持续和健全的空间。简单来说就是，因历史和现实等原因，以市场和政府主导的初次、再次分配，尚不能完全实现缩小收入差距和推进共同富裕的社会治理目标，第三次分配存在必要性与合理性。从而，构建初次分配、再分配、第三次分配协调配套的收入分配政策体系，对于扩大中等收入群体比重、增加低收入群体收入、合理调节高收入，形成中间大、两头小的橄榄形分配结构，维系社会稳定具有基础性作用。

一般来说，学界认为，第三次分配的基本概念在我国较早由厉以宁提出。其《股份制与现代市场经济》一书中提及，"在两次收入分配之外，还存在着第三次分配——基于道德信念而进行的收入分配"。[20]根据相关表述，第三次分配是社会个体出于善念、情感等动机，以无偿捐赠为主要手段进行的社会个体间收入再分配行为。这一概念表明，第三次分配的本质是公益、慈善活动，一般由非营利组织推动展开，以道德彰显和个人自愿为基本原则。从理论上看，第三次分配已经脱离了历史和社会形态的制约，可能先于市场和政府而存在。早在原始社会，就可能存在"第三次分配"的简单实践。也就是说，事实上，第三次分配可能先于初次、再次分配而存在，在社会中有着更为深远的历史和思想基础。相较于初次、再次收入分配，第三次分配有着相对主观的色彩，更强调社会个体的主观意愿。作为一种实际意义上的收入调节工具，第三次分配客观弥补了初次、再次分配的不足。此外，第三次分配秉持自愿原则，一定程度上缓和了目前社会上存在的社会矛盾和贫富对立情绪，有助于社会稳定。第三次分配对共同富裕有着重要的促进作用。从实践看，依赖市场和政府的初次、再次分配，有效抑制了我国收入差距不断扩大的趋势。但近年来，数据表明，我国收入差距的下降趋势并不明显，处于相对平稳波动的阶段。这就表明，初次、再次分配在有效改善我国的收入分配状况方面尚显不足，需要第三次分配进一步缩小收入差距，推动共同富裕。

从概念和范畴看，相较于初次、再次分配，目前我国社会中倡导第三次分配有独特优势，对推动共同富裕发挥重要作用。首先，总体看，目前我国经济体量已经达到世界第二位，处于较高水平，第三次分配有充足的物质基础。其次，第三次分配由社会主体的善念、道德感和责任感等内心情感驱动，较少受到政府政策和市场环境的影响制约。最后，第三次分配来自社会个体内心的互助、互帮的心理，通过第三次分配可以一定程度上避免政府、市场等手段在再分配过程中由政策设计不当造成的效率损失。第三次分配一定程度上表现出"去中心化"的特征。相较于初次、再次分配中依赖市场和政府的逻辑机制，第三次分配门槛较低，更多体现出个体为主、"多点开花"、"船小好掉头"的优势。每个拥有爱心、自愿奉献的人都可以通过慈善组织捐赠自己的财产进行第三次分配，为共同富裕贡献力量。

当下我国发展慈善等第三次分配相关事业，有一定的思想和文化基础。根据马斯洛需求层次理论，社会中生存的个体，其需要按照重要性排序，依次是生理需要、安全需要、归属需要等。随着整体物质收入水平的不断提高，在满足了一系列基本物质生活需求后，富者更多关注自己的内心世界，其个体内心存在对尊重和实现自我价值的需要。作为获得满足感与被需要感的重要方式，慈善和帮助活动能使施助者获得内心深处的快乐，并获得成就感和价值感。参与慈善活动获得的这种美好感受，将驱动其持续从事捐赠等慈善活动，客观上产生调节收入分配的功能。此外，我国自古就有"扶危救困""扶倾济弱"的道义传统，慈善观念是我国风俗传统和文化基因中重要的组成部分，深深刻入社会主流价值观。出于这种内心价值的渴望，个体也可以直接找到受助人员，对其进行定向帮扶。这种手段更为直接，免去了政府、市场在从事社会帮扶活动中的相关程序和时间成本，效率更高。因此，有理由认为，这种手段对促进共同富裕的效率也更为显著。随着社会的发展和技术的进步，社区建设不断改善，慈善组织管理效能不断提高和通信技术的进步使得精准定位受助者成为可能，人们互助愿望的实现门槛更低，这样就更加有利于第三次分配的发展和规范。

　　除财物捐赠外，第三次分配还包括志愿者活动，即社会个体通过社会组织无偿对其他社会个体提供服务及其他的直接帮扶活动。这就涉及现代社会治理中的一个重要概念和主体：非政府组织（NGO）。20 世纪 80 年代以来，非政府组织与非营利组织（NPO）已经成为公共管理领域日益重要的新兴组织和治理渠道。依托非政府组织，可以一定程度上弥补政府在针对性保障妇女、儿童、残疾人等社会弱势群体权益方面面临的公共服务不足，在精准识别、精准施助等方面有独特优势。这些实际意义上的帮扶，体现着调节收入分配的功能。随着市场经济的发展，政府行为的边界逐渐合理和明晰。政府行为的规范伴随着职责和行为的调整，部分本应由社会承担的职能将重新由政府转回社会承担。在这样一个政府职能转换的过程中，短时间内，在第三次分配的相关领域内，就可能出现一个在组织管理方面的真空。这个问题上，非政府组织有着巨大的发挥空间。一般来说，非政府组织规模较小，在帮扶事业中有点对点的性质，效率较高。另外，非政府组织活动由成员内心道德、情感的感召驱动，因此一般来说社会付出的经济等额外成本较低。基于社区组织的 NGO 在现实中对生活困难者的帮扶门槛和成本更低，体现"远亲不如近邻"的现代社会生活观念。因此，按照"富者—非政府组织—贫者"这样一个传导路径实现收入再分配，使得 NGO 成为实践中推进第三次分配的重要组织依托。

　　通过第三次分配推进共同富裕有重要意义。从实践看，目前我国第三次分配相关事业已经取得较大进步。根据《中国慈善发展报告（2011）》[21]，2010 年，我国捐赠总额为 700 亿元人民币，而在 2019 年，仅社会捐赠额度就已经达到 1330 亿元人民币，是前者的近两倍[22]。但需要指出，2010 年该指标占 GDP 比重为 0.17%；这一比重在 2019 年不升反降，仅为 0.13%。这意味着捐赠事业的发展速度低于总体经济发展速度。各种因素，无论是总量还是占总产值的比重，我国第三次分配事业仍处于起步阶段，慈善捐赠数额还有较大提高空间。另外，基于笔者测算，从捐赠方式和来源看，在过去一段时间内，相较于企业和组织，个人捐赠的比例较低，2019 年仅为 26.4%[23]。考虑到企业捐赠数额受到企业自身经营状况及市场环境等外部宏观经济因素的影响，企业捐赠占比较高意味着第三次分配的物质基础具有相对不稳定的特征。

第三次分配依托非政府组织和非营利组织展开。在我国实践中，相关组织的合法性和存在方式、管理归属仍需要政府的规范与肯定。相关业务的审批制度也有诸多不完善之处。这些组织自身在活动、管理等方面，效率仍待提高。已有案例表明，在处理非政府组织相关纠纷的过程中，往往面对缺少规范的法律条文和依据的掣肘，这无疑不利于第三次分配事业的发展。不断法制化和规范化第三次分配的相关事务及制度建设，对于推进共同富裕有着重要价值。

（执笔：解　晋）

第六章　有效市场和有为政府相结合
　　　　配置全体人民共同富裕的要素资源

实现全体人民共同富裕，在本质上是一个关于发展的命题。实现全体人民共同富裕，首先要保持和巩固经济持续增长的能力，为个体创造持续收入提供坚实的物质和制度支撑。在此基础上，准确把握"政府与市场关系"与"共同富裕"的理论逻辑，特别是要辩证看待和兼顾好"做大蛋糕"和"分好蛋糕"的关系。实现全体人民共同富裕，不仅要建立在"市场在资源配置中起决定性作用"这个基础条件之上，还需要"更好发挥政府作用"，弥补市场在初次分配领域难以自我克服的收入差距过大等缺陷。在收入分配格局、分配秩序等需要完善再分配机制的领域，进一步强化政府职能，用好宏观经济治理这一实现共同富裕的重要手段，为实现共同富裕提供稳固基础和制度保障。归根到底，从实现全体人民共同富裕的机制保障来看，就是要实现有效市场和有为政府相结合。

一　准确把握"政府和市场关系"与"共同富裕"的理论逻辑

从政府和市场的关系这一范畴认识实现共同富裕问题，一直以来存在一些亟待澄清的认识误区。第一个认识误区，是将市场职能和政府职能完全分割开来，认为市场的职能是负责财富创造，政府的职能只是负责财富分配。按照这个逻辑，达到"富裕"要靠市场，而实现"共同"则要靠政府。第二个认识误区，是将财富创造和财富分配分割开来，认为从顺序上先有财富创造后有财富分配。按照这个逻辑，政策着力点要先聚焦"做大蛋糕"，然后再"分好蛋糕"。第三个认识误区，是将"收入差距"完全等同于"分配不公"，认为市场机制内生收入差距是难以容忍的，需要政府进一步缩小这个差距。从理论上走出这些认识误区，是理解政府和市场在促进共同富裕中发挥作用的关键。

（一）实现共同富裕需要有效市场和有为政府相结合

经济学一直以来有一个流行看法，即只有私人经济部门才能创造财富，政府本身不创造财富，其只是消耗财富和分配财富的部门。具体到实现共同富裕这个问题上，此分析逻辑的一个推论，就是应由市场创造财富而由政府分配财富，好像市场和政府职能是可以清晰分离出来的。尽管古典经济理论曾为经济上的自由放任政策做过辩护，但纵观世界各国历史发展进程，即便是对经济运行管制最少的国家，也从来没有出现过"完全离开政府的市场"。事实上，政府与市场，两者的关系和职能并非对立的。任何市场创造财富机制的高效运行，都离不开政府提供基础的制度保障。通俗地理解，如果没有政府提供法律保障，稀缺资源的配置通过抢夺即可完成，根本不需要通过复杂的市场交易形式。就算是存在"市场创造财富、政府不创造财富"这一逻辑，政府为市场机制运行提供什么样的制度支撑，也在很大程度上影响财富的创造能力。因此，财富的创造，不可能离开政府而实现。

正确认识政府与市场关系在财富创造和分配中的作用，是实现全体人民共同富裕的关键。逻辑表明，市场是创造财富的核心动力，但市场运行过程也同时决定了财富的初次分配，也就是说，市场事关财富的创造和分配；而政府提供的法制、营商等环节，极大地影响市场创造财富的能力，政府同时也拥有以法定税收调节财富分配的能力。这意味着，政府也事关财富的创造和分配。

但市场与政府在财富创造和分配中的作用是迥然不同的。市场在资源配置中起决定性作用，意味着生产要素的初次分配，要遵循市场原则。资本、劳动、土地、技术等要素，根据各自对经济的贡献，在市场上取得报酬形成收入。这一市场过程，不仅是财富创造的过程，也是财富初次分配的过程。当然，市场的分配过程，可能会导致收入差距过大问题。而更好发挥政府作用，一方面意味着政府减少对市场的干预，提供更完善的市场与法律制度，为市场创造财富提供更好的制度环境，使市场创造财富的机制更有效率。另一方面意味着政府要建立一套健全完善的公共服务和社会保障体系，完善收入再分配机制以缩小不合理的收入差距。实现共同富裕，政府和市场要"双管齐下"。

（二）实现共同富裕要辩证看待"做大蛋糕"和"分好蛋糕"

另一误区是将财富创造和财富分配分割开来，认为从顺序上先有财富创造后有财富分配，强调政策的着力点要首先聚焦"做大蛋糕"，然后再"分好蛋糕"。之所以说这是一个认识误区，是因为这种认识既违背"生产和分配"之间的理论逻辑，又偏离了现实逻辑。

从"生产和分配"的理论逻辑来看，马克思主义经典著作认为，社会再生产过程由生产、分配、交换和消费四个环节构成。从物质资料生产活动的全过程来看：生产是起点，产品被生产出来后，在各社会成员之间分配；"分配决定产品归个人的比例"；交换是把分配得到的产品让渡给其他社会成员，以换回自己所需要的产品；消费是把交换得到的产品进行使用和消耗，用来满足自己的生活需要，消费是全过程的终点。其逻辑关系是"生产决定着分配、交换和消费"，仅从这个关系出发，一部分人误认为先有生产后有分配，存在先"做大蛋糕"再"分好蛋糕"的可能。但这种认识，忽略了社会再生产理论也同时强调"分配、交换和消费会反作用于生产"。恩格斯曾指出，"最能促进生产的是能使一切社会成员尽可能全面地发展、保持和施展自己能力的那种分配方式"[1]，言下之意，分配方式也会影响生产力水平。

从"生产和分配"的现实逻辑来看，"如何分蛋糕"的确在很大程度上决定了"蛋糕能做多大"。新中国成立之后的人民公社时期，在集体经济制度下分配遵循平均主义，政策上采取"一平二调"的方式，在人民公社范围内试图把贫富拉平，并对生产队的生产资料、劳动力、产品以及其他财产采取无代价上调的方式。这种分配方式，从分配结果和分配的公平性角度来说，可以说"分好了蛋糕"。但众所周知，人民公社时期平均主义导致"做多做少一个样，做好做坏一个样"，不利于激发劳动者个体的活力，因此难以"做大蛋糕"。改革开放初期，邓小平提出"允许一部分人先富起来"，但由于政策设计并非让"特定的一部分人"富起来，而是为普通人群提供一个"富起来"的机会，尽管"蛋糕分配出现不均"，但可观察的事实是，"蛋糕越做越大"。因此，要用好市场机制"做大蛋糕"的功能，客观上需要容许一定程度的初次分配不均。

从市场经济运行过程来看，先有生产再有分配的看法，也是站不住脚的。企业组织是市场经济中最重要的微观主体，现实中的企业在雇佣工人时，往往也是企业提供"分配标准"在先，工人参与企业生产在后。工人首先比较不同企业提供的工资福利等收入水平，然后才选择在收入相对较高的企业就业。即便是企业雇佣那些不拿固定工资的高层管理人员，也会事先以契约的形式商定"盈余分配"或"股权结构"方案。不确定工资水平、不讨论"分配方案"，任何企业组织都不可能只靠愿景和热情吸引工人和管理人员参与生产。在这个意义上，分配方式更多地决定了生产结果。

（三）实现共同富裕要合理区分"收入差距"和"分配不公"

缩小收入差距是实现共同富裕的一个重要途径，但并非所有的收入差距都需要缩小，原因在于收入差距不等于分配不公。有必要区分有益的"收入差距"和有害的"收入差距"。从学理上看，有益和有害的界限，就在于收入的形成是否尊重了个人产权。

有益的"收入差距"建立在尊重个人产权基础之上，并能够以此激发调动个体行为积极性。正如前述分析，市场机制本身会内生收入差距，这种收入差距却有益于市场调动稀缺资源创造财富。由于人的资源禀赋天生不同，后期的职业选择有差异，个体利用自身禀赋和比较优势赚取收入无疑会带来收入差距。同时，处在不同年龄段、不同工作阶段的人群，客观上也会存在收入差距。但这种收入差距并不是分配不公平。相反，它恰恰体现了个体在人力资本积累等方面的差异，是市场对稀缺资源的回报。反对这种收入差距，在某种意义上就是拒绝承认个人的人力资本产权。

有害的"收入差距"立足于破坏个人产权基础之上，同时扭曲了个体行为的努力和积极性。如垄断行业高收入一直以来都是舆论关注的话题，有研究表明，垄断行业的过高收入水平，导致我国行业收入差距上升了 27.2%，而行政垄断是导致行业收入差距扩大的主要因素[2]。公众之所以觉得这类收入差距没有体现出分配公平，主要是因为个体经营权受行政权力约束，行业收入的溢价在一定程度上来源于行政权力授予的特许经营。行业存在的政策性准入限制，同时限制了个体进入某一行业的经营权。许多本可以投入企业经营的个人努力，被更多转移到处理政府关系上来。近年来，随着行业准入负面清单制度的建立实施，行业进入壁垒不断降低，行业间收入差距开始呈现缩小趋势。

综上来看，实现全体人民共同富裕，要发挥市场在资源配置中的决定性作用，更好发挥政府作用。第一，有为政府是有效市场运行的前提，要依靠市场机制创造财富并为市场运行提供更好的制度环境。第二，用好市场机制"做大蛋糕"的功能，客观上需要容许一定程度的初次分配不均。"如何分蛋糕"在很大程度上决定了"蛋糕能做多大"。第三，收入差距不等于分配不公，共同富裕并不是简单地缩小收入差距，确保收入建立在尊重个人产权基础之上，应是政府政策聚焦的着力点。

二 实现全体人民共同富裕需让市场在资源配置中起决定性作用

提高稀缺要素资源的配置效率，是最大限度地创造物质财富的基本前提。因此，实现全体人民共同富裕，必须建立在"市场在资源配置中起决定性作用"这个基础条件之上。因为，"理论和实践都证明，市场配置资源是最有效率的形式"。[3] 从理论逻辑来看，各类市场主体在公平竞争的市场环境下，按照市场原则投入生产要素，产品市场上的价值实现遵循供求规律，生产要素的初次分配则根据各自对财富创造的边际贡献，在市场上获取报酬。从现实问题来看，缩小城乡之间持续存在的收入差距，是当下实现共同富裕的重要内容。地方实践也证明，将农村生产要素特别是土地要素引入市场体系，有助于从制度上缓解城乡收入差距，从而为实现共同富裕奠定制度基础。

（一）市场经济条件下实现共同富裕的理论逻辑

1. 市场为共同富裕创造条件但缺乏自动实现机制

市场经济是能够有效实现人民共同富裕的一种经济组织方式，市场机制是解决稀缺资源配置的高效组织形式，经济学理论和现实实践不断证实着这一命题。共同富裕要在市场经济条件下实现，对此，学界也达成了共识。我国自改革开放以来取得巨大成就，很大程度上源于从计划经济转轨到中国特色社会主义市场经济体制。至今，我国的经济总量跃居世界第二，社会物质财富出现了较快增长。特别是由于中国经济社会迅速发展，以及政府实施一系列减贫举措，中国减贫事业取得巨大成就[4]。据世界银行统计，按照每人每天1美元的国际贫困标准，1981～2015年，中国贫困人口累计减少约7.28亿人，而同期世界其他地区脱贫人口仅1.52亿人。根据国家统计局《中国农村贫困监测报告》数据，按照每人每年2300元的现行农村贫困标准测算，1978年中国农村贫困人口有77039万人，贫困发生率达97.5%[5]，2020年中国农村贫困人口全部脱贫，历史性地解决了绝对贫困问题。经济发展带来丰富的物质基础，为"富裕"提供了基础。

但与我国经济快速增长伴随的现象是，各个行业、区域以及不同群体间的收入差距也出现增大的趋势。比如，从行业收入差距来看[6]，全国高校毕业生就业调查数据显示：2009～2017年，最高行业收入和最低行业收入的比值经历了先下降再上升的变化趋势：先从2009年的2.08下降至最低点——2011年的1.52，然后再上升至2015年的1.89，2017年又降至1.85。行业收入差距成为收入差距的重要表现。而从区域收入差距来看[7]，我国东部地区2013年的人均可支配收入已达到23658.4元，与中部地区2018年的数额相近，甚至高于西部地区2018年的居民人均可支配收入。

经济学上通常用基尼系数衡量收入差距，尽管收入差距有一定的客观性，但收入差距仍然是观察共同富裕的一个重要窗口。国家统计局数据显示，我国的基尼系数一直高位运行。如图6-1所示，我国的基尼系数2008年达到最高点0.491，随后收入差距有所缓解，至2015年基尼系数降至最低点0.462，但2021年这一指标仍达0.466，而国际上公认的基尼系数警戒线是0.4。

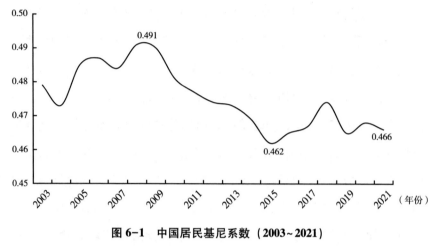

图 6-1 中国居民基尼系数（2003~2021）

资料来源：国家统计局。

那么，该如何看待市场经济促进收入增长同时伴随收入差距扩大的现象，收入差距根源是否在于市场经济？现实中，许多人把收入差距扩大归咎于市场经济本身，事实上这种认识并不全面。从可观察的现象看，市场化以及企业民营化程度较高的地区，往往也是收入差距相对较小、基尼系数较低的地区，而市场化以及企业民营化程度较低的地区，往往也是收入差距相对较大、基尼系数较高的地区。但事实也表明，市场经济本身也不会自动带来一个共同富裕的结果。市场机制的一次分配，从机制上来看，是通过产品市场实现价值增值，然后回溯到要素市场，再按照要素的贡献进行分配。由于人们的要素禀赋天然是不同的，收入差距自然而然地会存在。但从政策设计上系统缩小由市场带来的收入差距，要尽可能建立在不损害市场机制创造财富和收入的基础之上，保护市场将资源禀赋转化为持续收入的能力。

2. 保护市场将资源禀赋转化为持续收入的能力

在财富创造中，市场机制最重要的作用，是将资源禀赋转化为能够形成持续收入的资本。经济理论表明，一切收入产自资本财富[8]，也就是说资本是形成收入的基础，凡是可以产生收益的都是资本。从这个意义上来说，劳动力等生产要素都可以归纳到广义的资本范畴。但资产转化为资本，高度依赖市场体系，离开发现资产价值的市场体系，大量的资源和资产就难以变成资本。这点在我国的农村表现得最为明显：随着城镇化快速推进，农村产生了大量的闲置资源，而愿意为这些闲置资源付费的群体，又往往因制度限制被排除在市场交易体系之外。如农村宅基地的交易，在当前政策下被限制在本村集体组织成员范围之内，可交易的市场规模因制度限制变得狭小，资产的价值就不能很好地利用市场体系表达出来。资源变为资产进而转化为收入的能力，相应地就弱化了。我国城乡之间的收入差距，很大一部分来自城乡之间的财产性收入差距。有研究表明，作为居民收入重要组成部分的财产性收入，近年来城乡之间的差距依然居高不下。城乡居民财产性收入比在 2013 年达到 13.09 的高位后，此后年份一直保持在 11 以上[9]。

从这个意义上来说，保护市场机制有效运行，在市场经济条件下实现共同富裕，就需要保护市场将资源禀赋转化为收入流的能力。现实中，我国市场化改革仍然任重道远，特别是要素市场化改革还有很长的路要走。许多要素并不能在市场上获得与其稀缺程度相匹配的收入。而资本与权力的结合，在一定程度上干预了市场运行，进一步恶化了收入分配格局。习近平 2016 年 12 月在中央经济工作会议上的讲话中特别提到，"因为缺乏回报，增加的货币资金很多没有进入实体经济领域，而是在金融系统自我循环，大量游资寻求一夜暴富，再加上监督人员同'金融大鳄'内外勾结，去年发生的股市异常波动就与此有关"。[10]因此，依靠权力的特殊利益群体得利，严重恶化了收入分配状况。防范市场化改革过程中资本与权力的结合以及由此带来的无序扩张，对形成全体人民共同富裕的格局至关重要。

因此，在市场经济条件下逐步实现共同富裕，在用好市场机制创造财富的同时，要维护一个公平的市场体系，提升市场将稀缺的资源禀赋转化为合法收入流的能力，防范权力对市场功能和市场机制运行的干预。在当前特别重要的是，需识别出影响共同富裕实现的主要因素，更好引入和利用市场机制，为特定群体提高收入扩展市场交易范畴并提供有利条件。下面将以制约共同富裕的城乡收入差距这一关键因素为切入点，讨论利用市场机制缩小城乡收入差距的地方实践及其启示性意义。

（二）用好市场机制缩小城乡差距的实践逻辑

为何我国基尼系数持续超警戒线，影响共同富裕实现的主要因素是什么？学界对这个问题进行了深入研究，虽然导致基尼系数高位运行的原因错综复杂，但城乡基尼系数及其贡献成为总体基尼系数的首要影响因素，在学界形成了较为一致的看法。若从体制机制上缓解城乡收入差距，在很大程度上就为实现全体人民共同富裕提供了保障。而从深层次的原因分析，我国城乡之间持续存在的收入差距，很大程度上源于农村土地产权制度不健全，特别是非市场化的土地制度安排，制约了农业人口从市场获取收入的能力。

1. 城乡收入差距源于非市场化土地制度安排

与我国快速的城镇化进程相比，城乡收入呈现非平衡增长态势。我国的城镇化率从 1978 年的 17.9% 快速升至 2021 年的

64.72%，但由于土地制度特别是城乡建设用地市场存在的系统性差异，城镇化进程也带来了典型的城乡收入非平衡增长问题：许多地方城市发展非常快，农村发展却没有同步。而纵观我国经济发展史，若要快速缩小城乡收入差距，让农村分享快速城镇化发展的红利，显然是最直接有效的。然而数据显示，我国城镇居民人均可支配收入与农村居民人均纯收入之间的比值，从 1980 年的 2.5 上升到 2010 年的 2.99，尽管近年来城乡居民人均收入比值有所下降，至 2021 年这一比值仍有 2.5。值得考察的问题是，到底该如何解释城乡之间存在的收入差距？为什么快速的城镇化进程没有带来城乡收入平衡增长？回答这些问题，可以从城镇化进程中的土地权利是否进入市场体系进行考察。

从经验上看，过去城镇化的典型特征之一，就是"土地农转非"要比"人口农转非"快得多。学界常说的土地的城镇化率比人口的城镇化率要快，指的就是这个典型现象，这已经是个不争的事实。要问的是，为什么会出现土地的城镇化率快于人口的城镇化率？这个现象出现的制度基础是什么？最简单的答案是，土地财政占地方财力比重较高，地方政府有"以地生财"的冲动。

但有一个问题要思考，既然地方靠土地出让可以支撑财政，那么出让国有土地使用权的同时，为什么地方政府又进一步把土地出让延伸到农村领域呢？最主要的原因，在于城市国有土地特别是建设用地指标的稀缺性。从 2000 年中共中央、国务院《关于促进小城镇健康发展的若干意见》开始，城乡建设用地增减挂钩政策初具雏形。自此之后，地方政府在出让土地使用权时，要增加使用 1 平方米建设用地指标，就要同步新增 1 平方米耕地。2004 年 10 月《国务院关于深化改革严格土地管理的决定》出台后，整理农村土地以增加城镇建设用地，逐步成为地方政府最优的策略选择。在农村，耕地、宅基地、公益性建设用地使用确实非常粗放，地方政府进行土地整理大有空间可为。

农村土地征收过程中，如何对待农村土地发展权利，是城乡收入能否平衡增长的关键。过去 20 多年，地方政府土地收入增长了 100 多倍，农村是功不可没的，它们贡献了城市里迫切需要的建设用地指标。把农村建设用地指标或者占用农村耕地转化为城市建设用地指标，土地"农转非"带来系统性差价。从全国来看，城乡土地差价普遍较大这个现象背后，有着制度基础。1988 年《宪法修正案》明确土地使用权可以依照法律的规定转让，随后 1990 年国务院颁布《中华人民共和国城镇国有土地使用权出让和转让暂行条例》，明确了城市建设用地出让和转让的细节问题。自此之后，城市土地如何招、拍、挂，有了比较明确的规范。但时至今日，农村建设用地到底如何入市，国务院都没有出台明确的规范。当前各地执行的许多规范，大多是地方政府出台的，全国范围内没有统一方案。

长期以来，对农地征收的补贴都是按照 2021 年修改之前的《中华人民共和国土地管理法》实施的，其中对土地使用权交易及补偿有几个重要的限制。第一，所有农村建设用地要入市，都不能直接和城市用地的主体见面，双方不能直接谈价格。农村土地要变更性质入市，必须要通过地方政府征地这个唯一渠道。所以建设用地市场这时就变成了一个双边垄断市场，征地的时候只有地方政府是唯一合法用地主体，卖地的时候地方政府又是唯一合法出让土地的主体。当前这个制度已经开始有了一些突破。第二，关于土地补偿问题，之前的法律规定了一个补偿上限，土地补偿、青苗补偿、安置补偿，当时规定按照土地原用途价值的 30 倍为上限。这意味着，一亩农用地若种小麦、玉米，一年收入假定有 3000 元，30 倍的补偿上限也只有 9 万元钱，很多地方甚至还没有达到补偿上限。

问题的关键在于，这样的补偿方式，相当于对农民进行一次性"包干"，失地农民拿到补偿款"一次性收益"之后，城市未来如何发展与他们不再有直接利益关系。也就是说，农村集体并不具有土地用途转换后的工商业开发权利。这些年来，城镇化"高速列车"启动得快，但是这趟列车就在刚刚启动的时候，许多地方却把农民留在了"站台"上，这是许多地方城镇化进程中城乡收入呈现非平衡增长的根本制度诱因。

2. 以土地权利市场化缩小收入差距的地方实践

那么，从制度设计上，如何能够让农村更可持续地共享城市快速发展的红利？地方实践经验表明，土地发展权利的重新界定及市场化，是解决问题的关键。这里，以城乡收入差距相对较小的浙江省温州市龙湾区为案例进行解读。总体来看，该地区抓住城市化快速推进的历史契机，以村集体经济为纽带，通过土地权利再界定，依靠市场将农民带上了城镇化"高速列车"。其城镇化率，按常住人口计算高达 90.98%，但依户籍计算，仅有不到 62% 的水平，属于城镇化快速推进的典型城郊接合部，有两个特征特别值得关注。一是城乡收入比较低。2020 年该地区城镇居民人均可支配收入为63938 元，农村居民人均可支配收入为 40281 元，分别是全国水平的 1.46 倍和 2.35 倍；其城镇居民人均可支配收入和农村居民人均可支配收入比只有 1.59，浙江全省这一比是 1.96，而全国水平则为 2.56。二是村集体经济活跃。该地区只有 52 个行政村，但经济合作社却多达 96 个，城镇化进程中部分行政村消失但经济合作社予以保留。所有村经营性收入均超 50 万元，村均集体经济收入高达 500 万元以上。从这些数据看，可以说该地区依靠村集体经济，实现了城乡收入的相对均衡增长。

逻辑上看，当前城乡收入分配格局的形成，一定是城乡不同的收入"川流"不断累积的结果。不同的土地权利界定，以及不同的权利入市制度安排，无疑会带来差异性的收入"川流"。在这里，土地发展权利是收入的基础，接入市场体系并利用权利觅价更为关键。其自身经济基础非常好：一是有比较现代的市场体系，陆、海、空交通发达，处在交通枢纽的位置上，可以便利地接入全国乃至全球市场体系；二是有比较完整的农业基础体系，虽然体量相对小，但农业、观光业、渔业发展都有基础。更为关键的是，由于历史原因，该地区的农户与海外温州人联系依然紧密。只要给农村、农民和农地一个容许其工业和商业发展的权利，他们进入市场体系的制度性交易成本是非常低的。有观点认为，农村衰弱主要是因为农民素质低，其实农民素质并不低，只要给他们发展权利，他们是知道如何在市场中用好这些权利的。

自 2015 年开始启动新一轮城中村改造后，该地拆迁村数占了总村数的 50%。对当地来说，"50%村被拆迁"，既是压力，更是用好城市化红利、缩小城乡差距的历史契机。一方面，大规模拆迁和城中村改造，重构了村集体经济发展的市场环境，有必要重新思考如何将村集体经济纳入更高水平的"市场化"中去；另一方面，大规模拆迁和城中村改造，也改变了村集体经济发展的权利基础，有必要重新厘定村集体经济的自主发展权利。

该地区把传统上集中于上一级地方政府的土地发展权利，重新界定给了农村和农民，为村集体资产"还权赋能"，壮大村集体经济，构建提供持续收入的"蓄水池"。主要做法如下。

一是"赋权"。在城中村改造村集体资产补偿安置中，更多赋予村集体土地商业开发权。这种做法，事实上把原来由上一级政府掌握的土地发展权利，重新赋权给农民，而且重点放给农村集体经济组织。对比地看，其他地区对征地补偿给予一次性"包干"，实际上相当于削弱甚至剥夺了农村改变土地用途进一步发展的权利。实践回答了学术上的一个关键问题：到底谁有权利把这一块农用地转为建设用地，以及这块地增值收益到底该怎么分配？一些地区的实践是，土地补偿款给农户个体，增值收益多数归地方政府。但地方的实践是，把一部分土地工商业发展的权利也界定给农村集体，由此共享城镇化发展的红利。比如，该地区给所有 44 个被拆的村都安置了 3500 平方米左右的商业楼、办公楼。商业大楼可以出租，可以自己建商贸物流场地、停车场，等等。无论是给村集体二产还是三产的发展指标，无疑都是把农村集体带入城镇化发展增值的共享路径中。

二是"让权"。本来从政策上就已经给了村集体商业用房、办公用房的配套指标，被征收土地剩余的工商业开发权利，就应该属于被征用以后的地方政府；但是地方政府选择让权给村集体经济比较薄弱的村，将创造未来潜在收入的权利，向经济相对薄弱村和项目匮乏村定向出让。比如区政府将黄金商铺拿出来出让，这些黄金商铺本可以按照市场化机制拍卖从而"价高者得"的，但是地方政府选择了村集体经济非常薄弱、项目又比较匮乏的村，将黄金商铺优先出售给他们，并采取"一事一议"商定优惠价格。这种做法，为进一步缩小村集体经济之间的收入差距，奠定了基础。

三是"强权"。村集体虽然被赋予土地工商业发展权利，但是由于指标规模有限，一个村社可能单独用不好这些二产或三产指标，但联合起来就可能产生规模效应。因此，政策上鼓励村集体联合发展，依靠项目带动促进增收。比如，其中 13 个行政村利用土地征收过程中的第二产业返回指标，联合开发了温州首家小微创业园，吸引 150 多家企业入驻，全年租金收入超过 2800 万元。至 2019 年，参与项目村的村均总收入高达 660 万元。

四是"扩权"。村社被赋予的单一土地发展权，一旦借用外部市场力量，可以使得这项权利不断放大。因为在资本市场中，权利本身就有市价。比如一商业综合体的开发，就是通过村集体的商业开发权撬动了海外投资。投资过亿元的这个项目，双方约定由村集体投资 7200 万元，但村集体当时并没有足够的初始资本投入，于是选择用商业开发权进行合作，与投资方在合同中明确村集体拟投 7200 万元，但资金由合作企业垫付，再从未来的收益中逐年归还。项目年租金和分红达 500 多万元。这种灵活合作的方式，有效提升了村级产业发展的能力。

通过"还权赋能"，以及一系列不同的赋权、让权、强权、扩权的方式，有效地保障了农村集体享受城市发展权利的过程，实现了村级集体经济高速增长和高质量发展。数据证实，这些做法取得了较好的成效。第一，全区村集体经济总收入，从 2016 年的 2.5 亿元增长到 2019 年的 4.71 亿元，3 年增长 88.4%，环比年均增长 23.5%。第二，村集体经济总收入 100 万元的村从 2016 年的 73 个增加到 2019 年的 86 个，村集体经济总收入 500 万元的村从 2016 年的 12 个增加到 2019 年的 26 个，村集体经济总收入 1000 万元的村从 2016 年的 1 个增长到 2019 年的 13 个。

3. 依靠市场是缩小城乡收入差距的内生动力

作为快速城镇化进程中的城乡接合区域，许多地方用好政府和市场"两只手"，在缩小城乡收入差距、壮大村集体经济领域创造收入"蓄水池"等方面，初步探索出了一些可复制、可推广的经验做法。总体来看，主要经验是：抓住城市化快速推进的历史契机，让乡村共享城市化发展红利；通过保障和强化村集体经济发展权，把传统上集中于上级政府的村集体经济发展权，"还权"给村集体经济组织，为集体财产权利市场化"赋能"，将村集体经济带入"依靠市场、自我造血"的良性发展轨道。这些地区的发展历程，对缩小城乡收入差距，有效推动当下实施的乡村振兴战略落地，有着重要的政策启示。

保障村集体土地发展权利是缩小城乡收入差距的制度关键。乡村振兴战略的实施、乡村治理体系的完善、乡村公共服务设施建设，都要有经济基础支撑。只有壮大村集体经济，促进集体资产收益增加，才能走出私人产权下由于"搭便车"而公共产品难以提供的困境。当前，我国许多地区仍处在快速的城镇化进程中，农村集体通过引入工商资本，保留住主动发展工业和开展商业的权利，才能为创造可持续的收入提供制度基础。拥有相对独立的发展权，对振兴和繁荣乡村的意义重大，它已经成为村集体资产形成和资本积累、缩小城乡收入差距最核心的内容。

有学者认为，实现乡村振兴、缩小城乡收入差距，需要彻底突破城乡二元土地所有制的制度基础。显然这一看法是与现实经验不符的。无论从有效率的产权制度理论看，还是从地方的实践看，在不改变产权集体所有属性的前提下，给予它们充分的发展权利，鼓励和允许工业商业资本下乡带动农村发展，仍是一条可取的路径。

对当下实施的乡村振兴战略来说，地方实践的启示在于，要跳出"乡村振兴就要政府主导整村拆建"的思维窠臼，也要逐步丢掉政府对乡村产业发展的"父爱主义"和"婆婆式"监管，更广泛地赋予农村集体对农村土地、资金等各种生产要素工业化、商业化的使用权利。以农为本固然重要，但面临如温州"七山二水一分田"式的现实约束，也应认识到"工商皆本"的客观理性。一言以蔽之，还权于民，才能造福于民。

三 全体人民共同富裕需更好发挥政府作用

实现全体人民共同富裕，需要"更好发挥政府作用"，特别是要弥补市场在初次分配领域难以自我克服的收入差距过大等缺陷，在收入分配格局、分配秩序等需要完善再分配机制的领域进一步强化政府职能，促进基本公共服务均等化，为实现共同富裕提供稳固基础和制度保障。

（一）矫正市场分配偏差：优化收入分配格局和秩序

虽然市场在初次分配领域出现的收入差距不同于分配不公，且在一定程度上有利于激发市场活力，但市场初次分配导致的收入差距——即便是合法的收入差距——超过一定界限后产生的高度不平等，也将对经济效率和社会稳定带来较大的影响。收入不平等是会产生较大代价的，西方经济社会发展的历史，已经表现出这样的特征[11]。同时，近年来随着经济生产和需求结构的转型，资本收入在国民收入分配中所占比重提高，劳动收入在国民收入分配中所占比重降低。因此，有必要通过更好发挥政府作用，进一步优化收入分配格局和秩序。

第一，拓展居民收入增长渠道，提高劳动报酬份额。坚持多劳多得，鼓励勤劳致富。市场机制发挥作用的一个原则就是"鼓励先进，惩罚落后"，因此勤劳致富是推进共同富裕的基础性原则。劳动者通过劳动在初次分配中获得报酬是共同富裕的基础，是劳动力市场对劳动者的正向激励，有效的市场通过报酬高低体现出劳动力的异质性，因此勤劳致富原则又是劳动力市场效率的表现，体现的是效率与公平的统一。从这个意义上来说，要着重保护劳动所得，增加劳动者特别是一线劳动者的报酬，提高劳动报酬在初次分配中的比重。要进一步完善反映市场供求和经济效益的工资决定机制、合理增长机制和支付保障机制，提高一线职工工资待遇，积极推进工资集体协商。

第二，着力扩大中等收入群体规模，为经济可持续增长提供基础。中等收入群体是支撑社会消费需求的中坚力量，目前我国中等收入群体规模超过 4 亿人，中等收入群体既有消费意愿又有支付能力，能够形成社会有效需求拉动宏观经济实现持续增长。政府应积极完善按要素分配政策制度，协助低收入群体实现更多财产性收入，健全各类生产要素由市场决定报酬的机制，探索通过土地、资本等要素使用权、收益权增加中低收入群体要素收入。

第三，保护合法收入、调节过高收入、取缔非法收入，是优化分配秩序的重要保障。由于市场分配天然存在收入差距，在任何社会，合理调节个人收入分配，都被认为是必须由政府提供的公共物品。托马斯·皮凯蒂（Thomas Piketty）在《21 世纪资本论》中通过研究比库兹涅茨更长的历史阶段发现，长期来看资本的收益率始终高于劳动的收益率，不加制约的资本主义加剧了财富不平等现象，而且将继续恶化下去，如果不对收入分配进行干预，收入差距将会持续扩大甚至出现两极分化，而改变这一现象的主要手段是完善政府主导的再分配政策。保护合法收入、调节过高收入、取缔非法收入有助于从制度上改善分配格局。市场经济的有效运转必须以完善的法治体系作为保障，明确、保护和提高要素所有者的合法收入其实也是保护了生产力，保障了市场创造财富的能力。调节过高收入，需要限制资本无序扩张，特别是要限制资本与权力结合以及随之而来的因垄断产生的高收入，要完善个人所得税制度，规范资本性所得管理。取缔非法收入，要通过阻断、破除套利和寻租行为，遏制和消除灰色地带。清理不合理收入，加强对垄断行业和国有企业的收入分配管理，整顿收入分配秩序。坚决取缔非法收入，坚决遏制权钱交易，坚决打击内幕交易、操纵股市、财务造假、偷税漏税等获取非法收入行为。

（二）完善财政税收体制：为共同富裕提供制度保障

在再次分配甚至第三次分配领域，需要进一步强化政府财政税收调节和引导，为实现共同富裕提供制度保障。通过政府再分配缩小收入差距，是国际上通行的一种做法。从结果来看，我国收入差距居高不下的一个重要原因是收入再分配政策的调节力度不够。调查数据显示，大多数 OECD 国家在初次分配阶段的收入差距与中国相差不大，但是经过再分配环节后我国的基尼系数下降只有 8% 左右，相比而言，OECD 国家的基尼系数平均降幅为 30% 左右[12]，这表明我国政府应在完善再分配机制中发挥更大作用。

第一，可以在税负不提高的情况下，以税种结构改革提高税收对再分配的调节力度，特别是要调整税制设计以约束资本利得。税收是政府调节收入分配的重要手段，由于直接税的税收负担不容易转嫁，因此，形成以直接税为主体的税制结构，降低间接税的比重，从理论上看更有利于调节收入差距。同时，当下资本呈无序扩张态势，资本收益率又系统性高于劳动的收益率，而我国现行税制对劳动收入征税的税率还比较高，并且没有专设资本利得税，对财产收入特别是资本增值收益实际上征税偏低。比如对股票交易所得，实行免征个人所得税的政策优惠。对于那些财产性收益本来就比较低的低收入群体来说，这样的政策设计在事实上扩大了收入差距。近年来，金融投机资本随资产价格上涨快速增值，但是按照增值税或企业所得税的框架进行征税，征税比例相对偏低。金融投机资本由此表现出"高增值、低税负、高收益"特征，资金更容易"脱实向虚"被引导到"不合意"的领域[13]。按照资本利得的逻辑对资本投机行为进行税制约束，可以从制度上缓解收入差距不断扩大的困境。

第二，要优化政府的财政支出结构，为地方政府更多增加民生支出比例提供制度激励。政府的财政支出结构，实际上也受到体制机制约束。在当前的政绩考核体系和政府官员任职短期化背景下，地方政府倾向于把有限的财政资金优先投入对自身经济效益性价比最高的部门。如农林水支出、交通支出、商业服务业支出以及资源勘探信息等支出这类生产性建设支出项目资金回报率高且资金回流周期短，在短时期能够拉动地区经济的增长。而像医疗卫生支出、住房保障支出等非生产性民生支出，在短时期难以得到经济效益。目前，政治晋升考核评价体系是推动地方政府提高自身在支出结构上努力的最主要激励因素，要进一步改变唯经济增量和经济增速论英雄的考核体系，更多将民生改善、社会进步、生态效益等指标和实绩作为重要考核内容，提高地方政府在民生支出上的努力程度。

第三，长期来看需要通过政府职能转变，改善营商环境，将经济发展型政府转变为公共服务型政府。要真简政、放实权，重点规范和限制地方政府干预生产要素市场的权力。对要素市场进行干预的政策，是要素无法形成合意收入分配的问题所在。在竞争性招商引资压力下，地方政府曾为企业开出过许多程度有别、形式各异的优惠条件。这些优惠条件主要集中在对要素成本的补偿方面，典型的如零地价供应、政府贴息贷款、税收免减和返还等。在共同富裕的新导向下，需要加快要素市场化改革，通过取消和限制部分行政权力，逐步矫正地方政府扭曲要素市场的行为，为实现全体人民共同富裕提供制度基础。

第四，进一步运用政策性优惠，以系统性制度安排鼓励引导和推动社会第三次分配。第三次分配更多强调收入分配调整的自愿性，并非采取强制性措施，这种方式是对初次分配和政府税收再分配的有益补充。从形式上来看，第三次分配主要是以自愿捐赠、个人或企业资助等慈善公益方式对社会资源和社会财富进行的分配。这种慈善行为能否更多地发生，从行为经济学的角度来看，也取决于实施慈善行为的成本大小。虽然慈善行为与个体的怜悯之心有关，但不可否认的是，若实施一项慈善行为的成本或代价更低，无疑会系统性鼓励更多的慈善行为出现。为此，可进一步完善公益性捐赠的税收优惠政策，完善慈善褒奖的系统性制度安排，形成社会各界积极从事社会公益的激励机制。

（执笔：杨　振）

第七章　以"高水平对外开放"畅通
全体人民共同富裕必由之路

对外开放是国家繁荣发展、全体人民共同富裕的必由之路。以开放促改革、促发展，是我国现代化建设不断取得新成就的重要法宝。党的十一届三中全会以来，我国本着向世界学习的理念，不断提升对外开放水平，对外开放为国内改革和制度创新输入了源源不断的外生动力。兴办经济特区、实施国际大循环经济发展战略和加入世界贸易组织，使我国全面融入世界经济体系，抓住经济全球化机遇，进而实行"引进来"和"走出去"并进，实施"一带一路"倡议、参与全球经济治理，形成全方位、多层次、宽领域的高水平对外开放新格局，从而为实现全体人民共同富裕提供了强大的外在动力和国际环境保障。

一　依托经济特区"试验田"积累对外开放经验

兴办经济特区是党和国家推进改革开放和社会主义现代化建设的重大决策，也是探索中国特色社会主义道路的伟大创举。它不仅是中国向世界学习和引进外资的"窗口"，而且是经济体制市场化改革的

"试验田"。改革开放 40 多年来，深圳、珠海、汕头、厦门、海南 5 个经济特区，实行特殊政策和灵活措施，充分发挥了经济体制改革的"试验田"和对外开放的"窗口"作用，为全国的改革开放和社会主义现代化建设做出了巨大贡献。

党的十一届三中全会做出改革开放的伟大决策后，经济领域如何贯彻落实对外开放政策，需要一块"试验田"。党中央放眼世界经济特区的发展，特别是从出口加工区的成功经验中获得启发，认为中国可以开辟一个"试验田"，与世界市场对接，吸引外资、技术，发展外向产业，学习境外管理经验，由此逐渐推进全国的改革开放。

对外开放的"试验田"设在哪里为好？中央的决心很重要，但更需要地方配合。在地方层面，广东、福建两省对于创办经济特区尤为积极。以广东毗邻港澳的地理优势，在对外经济活动中如果拥有更多自主权，采取灵活的措施，实行特殊政策，定能加速当地经济发展，也能解决广东人口向香港大量流动的突出问题。因此，广东省向中央提出"先走一步"，把宝安县、珠海县分别升级为深圳市、珠海市并在深圳、珠海、汕头建立贸易合作区的构想。1979 年 4 月 5~28 日，时任广东省委书记习仲勋提出："广东邻近港澳，华侨众多，应充分利用这个有利条件，积极开展对外经济技术交流。我们省委讨论过，这次来开会，希望中央给点权，让广东先走一步，放手干。"[1] 之后他又向邓小平讲："广东要是一个'独立国'的话，现在会超过香港。"[2] "现在中央权力过于集中，地方感到办事难，没有权，很难办。"[3] "希望中央下放若干权力，让广东在对外经济活动中有必要的自主权，允许在毗邻港澳的深圳市、珠海市和重要侨乡汕头市举办出口加工区。"[4] 邓小平回应说："广东、福建有这个条件，搞特殊省，利用华侨资金、技术，包括设厂。只要不出大杠杠，不几年就可以上去。如果广东这样搞，每人收入搞到 1000 至 2000 元，起码不用向中央要钱嘛。广东、福建两省 8000 万人，等于一个国家，先富起来没有什么坏处。"[5] 同时他进一步要求说："中央没有钱，可以给些政策，你们自己去搞。杀出一条血路来！"[6] 随后，谷牧向邓小平同志汇报说："广东省委提出要求在改革开放中'先行一步'，划出深圳、珠海、汕头等地区，实行特殊的政策措施，以取得改革开放、发展经济的经验。但是，这些地方该叫什么名称才好？原来有'贸易合作区'、'出口工业区'等等，都觉得不合适，定不下来。"[7] 邓小平回答说："就叫特区嘛！陕甘宁就是特区。"[8] 根据这一提议，会议决定在深圳、珠海、汕头和厦门等划出一定地区试办出口特区。深圳、珠海两地可以先行试办。由此，中央、地方高度一致地达成建立特区。1980 年 8 月 26 日，第五届全国人大常委会第十五次会议通过了国务院提出的《广东省经济特区条例》，宣告了中国第一批经济特区深圳、珠海、汕头的诞生。同年 10 月，国务院批复了福建省设立厦门经济特区的报告。1988 年党中央决定设立海南经济特区，海南成为中国最大的经济特区。中国经济特区的兴办，向世界宣告了中国对外开放迈出了关键一步。

首先，中国经济特区的本质是社会主义制度下改革开放的先行先试区。特区之"特"体现在以下方面：一是中央给予经济特区较多的经济活动自主权，在税收、土地使用费、出入境管理方面，给予投资商特殊优惠和便利；二是经济特区的发展以利用外资为主，以市场调节为主要手段。邓小平把经济特区定位为"技术的窗口，管理的窗口，知识的窗口，也是对外政策的窗口"[9]。其中，深圳的发展最为迅猛。深圳以"时间就是金钱，效率就是生命""空谈误国，实干兴邦"等理念，创造了 3 天盖一层楼的"深圳速度"，深圳将创新作为发展的第一动力，经济总量从 1979 年的 1.96 亿元上升到 2017 年的 22438.39 亿元[10]。2017 年深圳全社会研发投入占 GDP 比重达 4.13%[11]，接近全球领先水平，平均每天就有 51 件发明专利，正向全球创新之都的阶段目标迈进，对改革开放和现代化建设的全局产生了巨大的带动和激励作用。党维持着全面的纪律，鼓励学习与竞争，给予广东和福建的特殊政策、特区所特有的自由空间，使这些地方成了培养人才的孵化器，这些人才在大都市的现代工厂、商店和办公室都有出色的表现。从这些企业学到的知识，很快就从广东扩散到了其他地区。

其次，中国经济特区已成为我国区域经济发展的重要形式。开放广东、福建和其他沿海省份的决定，很快引导了工业从内地向沿海地区的大批转移。从 1966 年到 1975 年，遵照毛泽东要避免边境附近国家安全受到威胁的政策，中国有一半以上的投资被用于"三线建设"，货物和人员都去了基础设施很差的边远地区。在工业发展和国际贸易方面沿海地区占尽天时地利，那里交通便利，有更好的基础设施，拥有大批专家和较低的成本。海关总署广东分署数据显示，1979~2000 年，广东外贸年均增长 23.7%，出口总额于 1987 年突破百亿美元，1994 年广东进出口总额占全国比重达到历史峰值，达 40.9%。[12]邓小平认为，广东和福建有可能先富起来。但是他宣布，这些先富起来的地区以后也要帮助其他地区致富。在中国内地实际上除了深圳、珠海、汕头、厦门、海南五大综合性经济特区和上海浦东、天津滨海两个新区以外，还先后建立了 54 个国家级高新区、15 个保税区、62 个出口加工区、9 个保税物流园区、13 个保税港区和 9 个综合保税区。实际上中国几乎囊括了经济特区的所有主要模式。经济发展遵循从"点"到"线"再到"面"的发展路径，而经济特区是做"点"的最好形式。经济特区是中国利用境外资金、技术、人才和管理经验来发展本国和本地经济的重要手段,在我国工业化、城市化和现代化进程中发挥了重要作用,成为中国实施区域经济发展战略的重要形式。

最后,中国经济特区作为特殊政策的产物,它的主要功能就是在计划经济的体制中率先完成了市场经济的实践,从而促进了社会主义市场经济体制的确立。然而,经济特区作为中国制度变迁的必由之路,它不仅要以自身的实践促进市场经济体系的形成,而且还要以自身的发展来完善市场经济体制,推动中国社会的改革开放向纵深发展。正如邓小平1992年"南方谈话"时说的那样:"到本世纪末,上海浦东和深圳要回答一个问题,姓'社'不姓'资',两个地方都要做标兵。……要用实践来回答。……实践这个标准最硬……实践不会作假。"[13]在审阅党的十四大报告第四稿时,邓小平又说:"赞成使用'社会主义市场经济体制'这个提法。说:实际上我们是在这样做,深圳就是社会主义市场经济。"[14]经济特区作为率先实践市场经济的典范,它的成功将会以路径依赖的方式为中国社会的制度变迁提供一条可仿效的发展道路。应该说,这才是邓小平要求"特区"做好"排头兵"的真正用意。

二 加入世界贸易组织抓住经济全球化机遇

2001年11月10日,世界贸易组织(WTO)第四届部长级会议通过了中国加入世界贸易组织的法律文件。加入世界贸易组织既是中国深入参与经济全球化进程的自身需要,也是世界贸易组织体现多边贸易体制普遍性和公正性的内在需要。1986年7月,中国正式要求恢复在关税与贸易总协定(GATT)中的成员地位,从此,新中国的

"复关"之路走了8年多。1995年1月1日后，随着世界贸易组织的成立，中国在"入世"征途上又走了近7年，中国在经历了长达16年的艰苦谈判之后，才最终成为世界贸易组织的第143个成员。入世以来，中国顺应全球产业分工不断深化的大趋势，充分发挥比较优势，积极承接国际产业转移，大力发展对外贸易、促进双向投资，开放型经济实现了迅猛发展。1978年，中国货物进出口总额仅为206亿美元。[15]2004年中国对外贸易总额突破1万亿美元大关；[16]仅仅3年后就又翻了一番，2007年就突破2万亿美元；[17]在全球金融危机的阴影尚未散去的2011年，中国的进出口总额超过3万亿美元；[18]2013年进出口总额达到了4.16万亿美元，[19]一举超越美国而成为世界最大的货物贸易国。2021年中国货物贸易进出口总值达6.05万亿美元，[20]超过日本全年GDP，继续保持全球最大货物贸易国的地位。加入世贸组织作为我国对外开放进程中的重要里程碑事件，对我国经济社会发展带来了积极的促进作用。

（一）加入世界贸易组织使我国获得多边贸易机制保障和稳定的外部环境，推动了国民经济的快速发展

世贸组织作为与国际货币基金组织、世界银行并列的世界经济"三大支柱"之一，是当今世界唯一处理各经济体之间贸易关系的国际组织。其基本原则是非歧视、透明度和开放市场。加入世贸组织后，我国享有作为世贸成员的基本权利，这实质上是缔约各方相互不歧视、维系正常贸易关系的一种公平待遇，保障了国际贸易中的"市场机会均等"。以最惠国待遇为例，加入世贸组织前，美国国会每年都对给予中国的最惠国待遇进行审查，且经常与人权等非贸易问

题挂钩，威胁取消对华最惠国待遇，使中美经贸关系长期处于不稳定状态，应对这一局面也耗费了我国大量的外交资源。加入世贸组织后，美国国会通过了给予中国永久正常贸易关系法案，这是我国加入世贸组织谈判取得的一项重要成果，美国国会从此失去了一根敲打中国的"大棒"。再以纺织业为例，2005 年 1 月 1 日纺织品贸易协定生效后，美国、加拿大、欧盟和土耳其按照规定取消了针对我国的 188 个类别的数量限制，我国纺织品服装出口不再受双边纺织品协议规定的配额许可证管理，相关行业迎来快速发展时期。"从 2005 年到 2010 年，我国纺织品服装出口从 1150 亿美元增长到 2065 亿美元，在欧美进口市场的占有率从 15% 提升到 40%。"[21] 加入世贸组织是中国向世界做出的市场开放承诺，具有国际法意义上的约束力。例如，关税下降后，原则上不能再提高；服务业领域承诺开放后，原则上也不能重新加以限制。这就将有关开放的政策用法律的方式固定并规范下来，消除了政策调整和变化给市场主体带来的不稳定风险。以吸收外资为例，加入世贸组织不仅拓展了外资准入的稳定性和可预见性，更重要的是增强了各国工商界对我国贸易和投资环境的信心。加入世贸组织以来，我国稳居发展中国家吸收外商直接投资首位，"在联合国贸发会议开展的'最受欢迎投资目的地'调查中，中国连续几年成为首选"。[22] 截至 2019 年底，世界 500 强企业中有 490 多家已在华开展业务，跨国公司在华设立的研发中心有 2000 多家，民营经济也得到快速发展。长期以来，我国的外贸经营权一直实行严格的审批制度，民营企业很难获得外贸经营权。加入世贸组织后，我国用两年半的时间提前完全放开了外贸经营权，给各类企业提供了平等竞争的机会，促进了我国外贸的长足发展。中国对外贸易形成了国有企业、外资企业、民营企业三大经营主体联动发展、各有侧重的格局。在国有企业和外商投资企业进出口持续增长的同时，民营企业进出口市场份额迅速扩大，成为推动外贸增长的生力军。2001~2019年，我国外贸总额中民营企业比重从6%升至50%。2019年外贸的一个特点，就是民营企业首次超过外资企业成为最大的外贸主体，其中出口占比更是超过了50%。

（二）加入世界贸易组织促进了中国市场竞争环境的改善

根据世界贸易组织透明度原则的要求，在提高立法的公开透明方面，中国实行了大刀阔斧、斩钉截铁的改革。自1999年开始，中央政府部门共清理各种法律法规和部门规章2300多件，地方政府共清理19万多件地方性法规、政府规章和其他政策措施，覆盖了货物贸易、服务贸易、与贸易有关的知识产权保护以及透明度、贸易政策的统一实施等各个方面。这么大规模的法律修改和清理工作，不仅在我国历史上是空前的，在世贸组织成员中也是罕见的。在这一过程中，中国认真借鉴了世贸组织基本原则，系统修订了《中华人民共和国对外贸易法》和外商投资法律，制订实施了《中华人民共和国反垄断法》，健全知识产权保护法律体系，完善了维护市场公平竞争的法律基础。这些原则和规定，正是解决我国经济生活中存在的恶性竞争、地方保护、市场分割、行业垄断等问题所需要的。可见，世贸组织规则对我国经济体制的影响，是通过转化为国内法律法规来实现的，从而促进了我国市场竞争环境的改善。市场意识、开放意识、公平竞争意识、法治精神和知识产权观念等在中国更加深入人心，推动了中国经济进一步开放和市场经济体制进一步完善。

（三）加入世界贸易组织提升了中国企业的国际竞争力

加入世贸组织后，我国关税总水平由 2001 年的 15.3% 降至 2021 年的 7.5%，自 2005 年起全部取消对 424 个税号产品的进口配额、进口许可证和特定招标等非关税措施，开放了 100 个服务分部门，市场开放程度大大提高。当时，不少人担心"狼来了"。中国企业不仅没有因入世冲击而出现大面积倒闭，反而在激烈的国内外市场竞争中越战越勇。1999 年，进入世界 500 强的中国内地企业只有 9 家，而 2017 年上榜的中国内地企业数量已经达到了 109 家。在入世前被普遍认为岌岌可危的中国汽车工业中，2017 年有 6 家中国汽车企业跻身世界 500 强，占上榜的全球 23 家汽车企业的 1/4 强。我国紧跟全球产业发展潮流，积极开拓国际市场。我国在 1997 年就做出了加入世贸组织《信息技术产品协议》的决定，承诺逐步取消相关产品关税。当时该协议只有三十几个成员签署，目前已扩展到 73 个成员，覆盖了世界信息技术产品贸易的 95% 以上。《信息技术产品协议》的出台，极大地促进了全球信息技术的发展和产业转移。我国抓住这一机遇迅速进入全球生产价值链，巩固和扩大了产业制造基地的比较优势，技术、管理、人才和市场全方位得到提升，逐步涌现出一批具有国际竞争力的企业集团。根据中国工业和信息化部 2016 年 2 月发布的《2015 年电子信息产业统计公报》：电子信息产品进出口总额达 13088 亿美元，同比下降 1.1%。其中，出口 7811 亿美元，同比下降 1.1%，占全国外贸出口比重为 34.3%；进口 5277 亿美元，同比下降 1.2%，占全国外贸进口比重为 31.4%；贸易顺差 2534 亿美元，与上年基本持平，占全国外贸顺差的 42.7%。软件业实现出口 545 亿美元，同比增长 5.3%，增速比上年提高 1.6 个百分点。其中外包服务出口额与上年同期基本持平，嵌入式系统软件出口增长 4.2%。[23]

（四）加入世界贸易组织提高了中国与贸易伙伴的国民福利

随着加速融入世界分工体系，中国依靠劳动力成本优势、较强的产业配套和加工制造能力、不断提高的劳动生产率，逐渐发展成为世界工业品的主要生产国和出口国，成为名副其实的"世界工厂"。一方面，极大地推动了中国市场化改革进程，促进了中国经济发展和国家综合实力的增强，更为中国人民生活改善和共同富裕创造了重要条件。正如习近平指出："改革开放特别是加入世贸组织后，我国加入国际大循环，形成了市场和资源（如矿产资源）'两头在外'、形成'世界工厂'的发展模式，对我国抓住经济全球化机遇、快速提升经济实力、改善人民生活发挥了重要作用。"[24]另一方面，为世界各国和地区提供了物美价廉的商品，满足了国际市场多种多样的需求。中国在全球制造业环节的规模经济优势和加工成本优势，部分地消化了上游生产要素的价格上涨，起到了抑制全球通货膨胀、提高贸易伙伴消费者实际购买力的作用。在全球消费者的眼中，"中国产品"等同于价廉物美，会带给大家更多的实惠。几年前，美国一名负责商业报道的记者萨拉·邦焦尔尼（Sara Bongiorni），从美国商业部门的数据中了解到美国每年从中国大量进口商品后，决定说服其家人从 2005 年 1 月 1 日开始体验一年没有"中国制造"的生活。在这之后的一年里，邦焦尔尼发现原本方便的日常生活突然变得艰难了。先是给两个孩子买运动鞋，不买中国制造的，买了美国制造和意大利制造的，各花了她 60 美元，相比中国制造，这真是一笔不小的开销。紧接着丈夫过生日需要蜡烛，发现蜡烛基本都是中国制造，在超市几乎买不到非中国制造的蜡烛，只好将就使用抽屉中剩下的半根蜡烛。由于不能购买中国商品，咖啡壶坏了后不得不烧开水冲泡咖啡，搅拌机坏了也无法修理，因为更换的刀片是中国制造的。为了寻找非中国制造的商品，她要花费大量时间和精力，最让她不情愿的是要付出高得多的费用。一年后（她把自己的体验及感受写成《离开"中国制造"的一年》一书，在书中她表示自己以后再也不会这样做了），她承认中国商品占据了美国日常消费品的主要市场，但她更明确地指出，"中国制造"令普通美国人受益很多，尤其是对于那些中低收入者而言。

当前世界贸易组织谈判停滞不前，而区域经贸合作机制加快建立，新一轮国际经贸规则正在重塑。中国可以在世界贸易组织改革的进程中积极作为，以诸边主义协作，推动多边主义合作。中国可以就加入《全面与进步跨太平洋伙伴关系协定》（CPTPP）进程与成员国进行更多沟通，推动区域经济一体化，形成对世界贸易组织改革自下而上的推动。中国加入 CPTPP 也将进一步推进亚太区域经济一体化进程，为中国和亚太地区国家带来巨大商机。

三 "引进来"与"走出去"并重提升中国开放型经济水平

在 20 世纪 80 年代，中国企业海外投资的规模很小，主要是一些大型外贸企业在国外设立分支机构并开展相关业务。1991 年国家计委递交给国务院的《关于加强海外投资项目管理的意见》，仍然认为当时"中国不具备大规模到海外投资的条件"。但随着中国企业竞争力增强，企业"走出去"的条件逐渐成熟。1997 年 12 月 24 日，江泽民在会见全国外资工作会议代表时提出："要积极引导和组织国内有实力的企业走出去，到国外去投资办厂，利用当地的市场和资源。……'引进来'和'走出去'，是我国对外开放基本国策两个紧密联系、相互促进的方面，缺一不可。"[25]

改革开放以来，中国吸引的外商直接投资一直稳步增长。根据全球化智库（CCG）与西南财经大学发展研究院共同研究编著的《中国企业全球化报告（2021～2022）》蓝皮书，2020年，中国实际使用外资实现逆势增长，实现了引资总量、增长幅度、全球占比"三提升"，达到1493.4亿美元，同比增长5.7%，占全球比重达到了创纪录的15.0%。截至2020年12月，中国累计设立外商投资企业104万余家，累计实际使用外资金额达2.44万亿美元。2021年，外商投资中国实现了大幅增长。据中国商务部数据，2021年中国实际使用外资首次突破1万亿元人民币，达到1.15万亿元，为近10年来首次实现两位数增长，增速达到14.9%，高技术产业吸引外资占比首次超过30%。[26]一些落地的重点项目反映了中国吸引外资的势头。实践证明，外商企业在中国的投资经营实现了双赢。外商企业投资中国，是一个双赢的过程。一方面，外商企业充分享受了中国市场的红利，不仅赚得巨额利润，还实现了多方面战略目标。一是在营收方面，中国市场营收占据外商企业全球重要份额。例如，"从2020财年年报来看，必和必拓集团在中国市场的营收达265.8亿美元，占其全球营收的61%"。[27]二是在利润方面，大量跨国公司在华投资收益率高于其全球平均水平。例如，"即使在全球经济下行，中美贸易摩擦升级的2018年，美国企业在华投资收益率仍达到11.2%，较其全球8.9%的投资收益率高出2.3个百分点"。[28]另一方面，"外商企业对中国经济社会发展做出了独特贡献，成为中国市场主体的重要组成部分，外商企业以占市场主体2%的比重，带动了约4000万人的就业，占中国城镇就业人口的1/10，贡献了中国1/6的税收和2/5的进出口总额"。[29]

进入21世纪以来，中国企业对外直接投资开始明显加速。2005年突破了100亿美元，2013年超过1000亿美元，2016年对外直接投资流量达到1961.5亿美元，占全球当年流量的13.5%，位列全球第二；2016年中国对外直接投资存量达13573.9亿美元，位居全球第六。[30]从2015年开始，中国对外投资的规模连续两年大于引进外资的规模，这标志着中国利用外资从最初的"引进来"为主进入当前的"引进来"与"走出去"共同发展的阶段。在引进外资与对外投资的过程中，中国双向投资驱动经济发展的格局已经形成。根据全球化智库（CCG）与西南财经大学发展研究院共同研究编著的《中国企业全球化报告（2021~2022）》蓝皮书，2020年，全球外国直接投资（FDI）流入量下降35%，从2019年的1.5万亿美元降至1万亿美元，为2005年以来的最低水平，甚至比2009年全球金融危机后的低谷还低20%。但中国对外直接投资流量逆势增长，首次位居全球第一，达到1537亿美元，同比增长12.3%，占全球份额的比重达到20.2%，占比较上年提高9.8个百分点。2021年，对外投资增长势头持续，对外全行业直接投资达1451.9亿美元，同比增长9.2%。[31]同时，中国企业对外投资领域广泛，越来越倾向科技领域的对外投资，银行业"走出去"步伐加快。中国加入世贸组织20年来，国际经贸合作迅猛发展。"2020年中国对外直接投资流量已达到2002年的57倍，年均增长速度为25.2%。在全球位次也从2002年的第26位上升到第1位。中国企业对外投资不仅带动中国产品出口，还促进了投资所在地税收收入和就业机会增加。2020年中国对外投资带动出口 1737 亿美元，同比增长 48.8%，占中国货物出口总值的 6.7%。2020 年境外企业向投资所在国家（地区）缴纳各种税金总额达 445 亿美元，年末境外企业从业员工总数达 361.3 万人，其中雇用外方员工 218.8 万人，占 60.6%。"[32]

2013 年"一带一路"倡议提出和开始实施自贸区发展战略后，我国开始试行负面清单管理模式，我国的对外开放进入以制度创新为核心的新一轮改革开放历程。由于以法律的形式促进、保护和管理外商投资，持续推进投资自由化便利化政策落地实施，中国引进外资的环境准入门槛更低，也更加符合国际规则。2020 年 1 月 1 日，《中华人民共和国外商投资法》开始实施，改革开放初期出台的"外资三法"废止，标志着中国迈进了制度型开放的新阶段。中国以实施负面清单制度为核心推进投资自由，不断缩减外资准入负面清单。2021 年版《外商投资准入特别管理措施（负面清单）》和《自由贸易试验区外商投资准入特别管理措施（负面清单）》进一步将全国和自贸试验区的负面清单缩减至 31 条和 27 条。进一步扩大制造业开放，自贸试验区的外资准入负面清单制造业条目已清零。在自贸试验区探索持续扩大服务业领域开放。负面清单管理成为新一轮吸引 FDI 进入我国的强有力的推进器，引进外资的水平也进一步提高，外资结构进一步优化，外资更多地流向高技术产业。同时，针对境外直接投资监管，修订了《境外投资管理办法》，确立了"备案为主、核准为辅"的审核模式，极大地简化了中小企业"走出去"的流程。随着我国企业国际竞争力的提高以及"一带一路"建设的推动，"走出去"进入快速发展阶段，投资领域和地区更加广泛，我国企业遍布亚洲、拉丁美洲、北美洲、欧洲、大洋洲、非洲。特别需要指出的是，"一带一路"倡议诞生八年多以来，一直以双边合作为主，应该考虑推动

"一带一路"多边化机制化发展，鼓励第三方甚至更多参与者跨国参与"一带一路"项目，进而把"一带一路"多边机制打造成促进广大发展中国家乃至世界经济发展的"新引擎"。

四 构建高水平全面开放的新格局

党的十九大报告提出："中国开放的大门不会关闭，只会越开越大。要以'一带一路'建设为重点，坚持引进来和走出去并重，遵循共商共建共享原则，加强创新能力开放合作，形成陆海内外联动、东西双向互济的开放格局。"[33]党的十九届五中全会提出："坚持实施更大范围、更宽领域、更深层次对外开放，依托我国大市场优势，促进国际合作，实现互利共赢。"[34]这是以习近平同志为核心的党中央适应经济全球化新趋势、准确判断国际形势新变化、深刻把握国内改革发展新要求做出的重大战略部署，必将为决胜全面建成小康社会，夺取新时代中国特色社会主义伟大胜利提供有力支撑，为实现第二个百年奋斗目标和实现中华民族伟大复兴的中国梦注入强大动力，为推动构建人类命运共同体贡献正能量。

（一）建设更高水平开放型经济新体制

全面提高对外开放水平，推动贸易和投资自由化便利化，推进贸易创新发展，增强对外贸易综合竞争力。完善外商投资准入前国民待遇加负面清单管理制度，有序扩大服务业对外开放，依法保护外资企业合法权益，健全促进和保障境外投资的法律、政策和服务体系，坚定维护中国企业海外合法权益，实现高质量"引进来"和高水平"走出去"。完善自由贸易试验区布局，赋予其更大改革自主权，稳步推进海南自由贸易港建设，建设对外开放新高地。稳慎推进人民币国际化，坚持市场驱动和企业自主选择，营造以人民币自由使用为基础的新型互利合作关系。发挥好中国国际进口博览会等重要展会平台作用。

（二）推动共建"一带一路"高质量发展

坚持共商共建共享原则，秉持绿色、开放、廉洁理念，深化务实合作，加强安全保障，促进共同发展。推进基础设施互联互通，拓展第三方市场合作。构筑互利共赢的产业链供应链合作体系，深化国际产能合作，扩大双向贸易和投资。坚持以企业为主体、以市场为导向，遵循国际惯例和债务可持续原则，健全多元化投融资体系。推进战略、规划、机制对接，加强政策、规则、标准联通。深化公共卫生、数字经济、绿色发展、科技教育合作，促进人文交流。

（三）坚持"引进来"与"走出去"并重，深化双向投资合作

"一带一路"建设是一项系统工程，"引进来"和"走出去"同等重要，不能把"一带一路"建设等同于"走出去"。"引进来"和"走出去"是"一带一路"国际合作的重要内容，如同车之双轮、鸟之两翼。预计未来 5 年，中国将从沿线国家进口 2 万亿美元商品，对沿线国家投资 1500 亿美元。[35] 新形势下，坚持"引进来"与"走出去"并重，就是要进一步挖掘双向投资潜力，促进要素自由流动、

资源高效配置和市场深度融合，为发展开放型世界经济注入新动能。充分发挥市场在资源配置中的决定性作用，以企业为主体、市场为导向扩大对共建国家投资。积极开展产能合作，引导我国企业到共建国家投资设厂，与有条件、有意愿的共建国家建设经贸合作区，帮助东道国提升工业化水平。充分发挥我国装备制造业优势，引导企业参与共建国家基础设施建设。加强共建国家能源资源和农业合作开发，延伸产业链。

鼓励共建国家来华投资。积极开展"一带一路"投资促进工作，发挥好国家级经济技术开发区、边境经济合作区、跨境经济合作区等平台作用，吸引共建国家企业到我国投资兴业，特别是投向高新技术产业、先进制造业和现代服务业，支持国内实体经济发展。营造投资合作良好环境。提升政府公共服务水平，及时发布投资环境、产业合作和国别指南等信息。推动与共建国家商签或修订双边投资、领事保护、司法协助、人员往来便利化等条约和协定，为企业投资创造有利条件。

实施更加积极的进口政策，扩大先进技术设备、关键零部件和优质消费品等进口，促进进出口平衡发展。办好中国国际进口博览会，打造世界各国展示国家形象、开展国际贸易的开放型合作平台。

（四）加强创新能力开放合作，增强发展新动力

"一带一路"建设本身就是一个创举，搞好"一带一路"建设也要向创新要动力。加强技术创新开放合作。加强在数字经济、人工智能、纳米技术、量子计算机等前沿领域合作，推动大数据、云计算、智慧城市建设，连接成 21 世纪的数字丝绸之路。促进科技同产业、

科技同金融深度融合，优化创新环境，集聚创新资源。加强理论创新交流互鉴。要增进各国发展理念和战略的沟通，建设好智库联盟和合作网络，为各国开辟发展新路径提供智力支持。积极探索建立"一带一路"国家合作创新治理机制，打造"一带一路"国际开放创新合作网络。

加强创新人才资源交流合作。要实施更加开放的人才政策，积极引进高端人才来华工作和创业，为高层次留学人才回国创业提供绿色通道。加强与共建国家科技人才交流，扩大互派留学生规模，为互联网时代的各国青年打造创业空间、创业工厂，成就未来一代的青春梦想。

（五）积极参与全球经济治理体系重构

2021 年 4 月 20 日，习近平在博鳌亚洲论坛 2021 年年会开幕式上以视频方式发表题为《同舟共济克时艰，命运与共创未来》的主旨演讲时指出："全球治理应该符合变化了的世界政治经济格局，顺应和平发展合作共赢的历史趋势，满足应对全球性挑战的现实需要。我们应该秉持共商共建共享原则，坚持真正的多边主义，推动全球治理体系朝着更加公正合理的方向发展。"[36]党的十八大以来，中国始终积极参与全球治理，推进全球治理体制变革，推动全球治理体系朝着更加公正合理的方向发展。特别是在推动全球经济治理体系改革方面，作为世界第二大经济体，我国坚持走开放发展、互利共赢之路，共同做大世界经济的"蛋糕"。早在 2015 年，党的十八届五中全会就提出"积极参与全球经济治理和公共产品供给，提高我国在全球经济治理中的制度性话语权，构建广泛的利益共同体"[37]；2020 年

10 月 29 日，党的十九届五中全会再次提出要"推动共建'一带一路'高质量发展，积极参与全球经济治理体系改革"[38]。

"十三五"期间，我国积极参与全球经济治理体系改革的具体实践包括：积极参与和引领 G20 议程，将绿色金融引入议程，推动 G20 相关国际规则磋商和制定；积极参与 IMF、世界银行、世界贸易组织以及巴塞尔银行监管委员会等机构进行的国际经济金融政策协调，稳步推动与经合组织磋商合作；人民币加入特别提款权货币篮子，开创性发行 SDR 债券，改变了全球储备货币构成；共同建立金砖国家新开发银行、"一带一路"丝路基金和亚洲基础设施投资银行等，有力补充了国际货币体系；支持 WTO 继续加强贸易政策监督机制、完善争端解决机制，反对保护主义，促进多边贸易体制包容性发展；与 25 个国家和地区签署了 17 个自贸区协定。"十四五"期间，基于 2021 年 3 月公布的《中华人民共和国国民经济和社会发展第十四个五年规划和 2035 年远景目标纲要》，我国在积极参与全球治理体系改革过程中的实践目标包括维护和完善多边经济治理机制、构建高标准自由贸易区网络、积极营造良好外部环境。2021 年 4 月 20 日，在博鳌亚洲论坛上，习近平又强调"中国将积极参与贸易和投资领域多边合作，全面实施《外商投资法》和相关配套法规，继续缩减外资准入负面清单，推进海南自由贸易港建设，推动建设更高水平开放型经济新体制"[39]，进而为"十四五"及今后一个时期我国参与全球经济治理体系改革擘画了蓝图、指明了方向。首先，继续维护和完善多边经济治理机制，进一步推动区域和双边自由贸易协定。一方面，要继续积极推动世界贸易组织多边贸易体制谈判，推动贸易和投资自由化便利化，积极参与 WTO 改革，推进贸易创新发展，做全球自由贸易体系的维护者；另一方面，要继续大力推进区域和双边自由贸易协定，以提升 RCEP 贸易投资自由化便利化为契机，加快构建一个要素流动一体化大市场，以此发挥中国在推动全球经济治理体系改革中的积极作用。其次，要积极构建高标准自由贸易区网络，助力构建双循环新发展格局。一方面，我国要实施更大范围、更宽领域和更深层次的全面开放，积极构建面向全球的高标准自由贸易区网络来积极参与国际经济规则谈判和改革；另一方面，要全面落实外商投资准入负面清单，深化国内自由贸易试验区和自由贸易港改革，增强对外贸易投资自由化便利化，多头并举掌握外贸外资政策制定的自主权，以构建高标准自由贸易区网络来助力构建以国内大循环为主体、国内国际双循环相互促进的新发展格局，进而进一步深度参与全球经济治理体系改革。最后，要布局和试行央行数字货币，推动人民币在国际贸易和结算中发挥更重要的作用。一要发挥人民币作为特别提款权篮子货币的特殊作用，提升中国在国际货币体系中的话语权和影响力。二要发挥好新建的区域性国际金融机构参与国际金融治理的能力。尤其要大力提升亚洲基础设施投资银行和金砖国家新开发银行等机构参与国际金融机构规则磋商和制定的能力，履行其特殊定位功能，切实维护好多边投资利益，规避对外投资风险。三要稳步扩大数字人民币的试点范围，进一步打造数字人民币的生态系统，包括它的技术基础设施，同时也要进一步提升系统的安全性和可靠性，建立一套相应的法律和监管框架来监管数字人民币。

（执笔：韩保江）

第八章　以"多层次社会保障体系"织造全体人民共同富裕的"保障网"

改革开放以来，我国的社会保障体系同经济体制改革和国家经济社会发展相适应，经历了从政府包办到社会保障，从城镇为主到城乡统筹，从制度缺失到制度全覆盖，从覆盖面非常狭窄到全体人民共同享有等多方面的改革和转变。特别是党的十八大以来，在新发展理念的指引下，多层次的社会保障体系的发展进入了完善阶段，制度设计和实施更加体现社会公平正义和可持续。人民对社会保障事业的满意度不断提高，"看病难、看病贵""因病致贫、因病返贫"等问题得到了很大程度的解决，社会保障体系建设取得了历史性成就，创造了为世界瞩目的成就。未来，按照扎实推动共同富裕的要求，社会保障体系还将进一步完善，在保障体系的多层次性、保障内容的丰富性、保障管理的科学性、保障经费的可持续性以及保障力度的公平性等方面继续努力，为实现全体人民共同富裕织造更加紧密、更加牢靠的"安全网"。

一 社会保障制度体系的历史演变

（一）社会保障制度发展历程

在人类社会的发展进程中，社会保障制度是随着社会经济的发展而产生和发展的，社会保障体系的完备程度是一个国家社会治理现代化成熟性的标志之一。社会保障体系建立在经济发展提供的物质基础之上，但是，经济基础和社会保障体系的完备程度不是线性的关系，经济发展成果能否为社会成员所共同享有的经济社会建设的价值取向才是社会保障体系的最终决定因素。只有坚持以人民为中心的核心理念和价值取向，坚持以共同富裕为发展的最终目标，才能真正实现整个社会的稳定和可持续。从这个意义上说，社会保障制度体系是以国家立法形式存在的，惠及全体国民的最广泛的社会制度安排。

1. 社会保险制度的产生与发展

19 世纪 80 年代，德国在世界范围内率先建立起社会保险制度。社会保险是以就业作为参保条件，劳动者和雇主共同出资建立的一种社会化的保险制度。其参保由国家以立法的形式给予明确，具有强制性。社会保险主要保障失业、患病、年老、生育等情况下的基本收入。

社会保险制度产生的背景是，工业革命带来就业形式的重大变化，农民离开土地进入城市，成为市民。在农业社会中，国民在患病、年老、生育等特定条件下暂时或永久丧失劳动能力可以凭借土地等获得一定的保障。但是，在工业社会，市民没有土地保障，如果没有能力参与社会劳动就会面临很大的风险。当所有的社会从业人员都面临年老、患病、失业的风险时，这样的风险就不再是个人风险、家庭风险而发展成普遍存在的社会风险。为了回应国民对免除收入下降风险的管理要求，政府和社会就必须给予相应的制度安排，社会保险制度应运而生。

社会保险制度首先在德国诞生。当时，德国的生产力发展水平和工业化发展程度并非欧洲国家中最先进的。探究德国社会保险制度的发展历史，我们会发现，政府的政策主张起到很关键的作用。当时，德国处于俾斯麦执政时期。俾斯麦有"铁血宰相"之称，对内对外政策都很强硬。俾斯麦认为，德国的崛起关键在工业化，而工业化的关键是要在工人运动风起云涌的背景下尽最大努力安抚好工人。因此，他顶着政敌指责他是在发展社会主义的压力，强力推出了社会保险制度。当然，他作为资本主义的代言人并不会真心实意地为工人谋福利，俾斯麦的社会保险制度的保障条件非常苛刻，比如，规定工人要年满70岁才能领取到养老金。尽管如此，俾斯麦还是为社会保险制度的发展开辟了先河，为德国在战后发展起更加完善的社会保障制度提供了基础。与此同时，德国的工业化正像俾斯麦预期的那样快速发展起来，时至今日，德国的工业特别是制造业仍然居于世界领先地位。

1881~1889年，德国先后制定了疾病保险法、工伤保险法和老年与残疾保险法，并于1911年将上述三部法律定为德意志帝国统一的法律文本，同时增加了孤儿寡妇保险法从而成为著名的社会保险法典，史称帝国社会保险法。1923年和1927年，德国又先后制定了帝国矿工保险法与职业介绍和失业保险法，至此，德国建立了基本完整的社会保险制度[1]。

以社会保险为主要内容的社会保障体系适应了工业化机器大生产和经济周期性波动对劳动力市场的影响，成为免除雇主与从业者后顾之忧的社会安全网和在经济萧条和失业率高涨时期的社会稳定器，其一经产生就受到工业化国家的广泛关注。在德国推行社会保险制度后不久，法国、英国等国家也纷纷建立了适应本国国情的社会保险制度。

考察社会保险制度的产生历程，可以看出其相对于传统社会的救灾济贫活动在保障社会成员共享社会发展成果方面有了根本性的进步。其制度的先进性具体体现在四个方面。一是保障覆盖面广，全体劳动者都可以参加社会保险，在有工作的条件下缴费，在没有工作或者退出工作岗位时获得保险金。二是权利和义务相一致。社会保险的保险费用主要来自雇主和从业者，政府财政起托底作用。缴纳社会保险费是享受社会保险金的前提条件。社会保险体现了劳动者在全生命周期的收入平衡和不同代际的劳动者之间的收入平衡，相对于单方面的慈善救济是一种进步。三是制度的法律强制力保证了制度执行的严谨性。社会保险制度是通过国家立法的形式确定下来的，对参保要求、缴费率和保险费偿付都有明确的规定，其强制性对雇主和从业者都有效，政府以财政收入为社会保险金的支付提供兜底责任。四是管理风险从事后转向事前。社会保险同商业保险一样，都是对未来可能发生的影响收入的风险因素进行事前的管理，是一种风险在人群中和代际中的分担。这相比于救灾济贫的事后风险补偿是一种进步。

2. 社会保障制度的产生与发展

1935 年，美国通过了社会保障法，标志着社会保障体系从仅仅覆盖城镇从业者的社会保险制度发展为覆盖全体国民的社会保障制度，现代社会保障制度体系的发展进入了新纪元。第二次世界大战后，英国宣布建立了世界上第一个福利国家，政府承诺对国民的生存和发展提供保障义务。国民享受社会福利同缴费无关，是一种国民待遇。随后，瑞典、挪威等北欧国家也宣布建立福利国家，为国民提供"从摇篮到坟墓"的福利保障。美国在20世纪60年代的福利保障范围和水平也不断扩大。70年代，美国和欧洲的发达国家经济发展速度下降，人口老龄化程度加深，过于慷慨和优厚的福利待遇让国家财政背上了沉重的负担，养老保险、医疗保险基金收不抵支，可持续性受到严重挑战。在此背景下，这些国家对社会保障制度进行了改革和调整，社会保障制度进入了发展与完善的时期。改革的重点主要在三个方面。一是如何应对老龄化的挑战，在保证老年人福利待遇的同时降低在职职工的缴费压力。政策调整的方向有的采取了强制储蓄性的多缴多得、少缴少得的方式；有的是通过推迟退休年龄，降低养老金的替代率；还有的是发展职业年金、个人免税的商业养老保险等补充养老保险来充实养老基金。二是如何应对医疗健康成本增长的挑战。随着医疗技术的发展，人类在保障医疗健康方面的技术和手段越来越先进，这一方面延长了患者的生命，提高了治愈的希望，但另一方面越是先进的医疗器械和药物成本也越高。从发达国家的数据看，医疗费用的增长一直快于国民收入的增长。为了能够提供高质量同时费用可以负担的医疗保障，各国政策调整的方向是同步提高医疗体系对质量和成本两个维度的重视程度，医疗保障机构同医疗服务机构密切合作，在确保医疗质量的同时不断寻找更低成本的医疗方案。三是如何应对就业方式灵活化的挑战。在现代社会，大量的从业者是灵活就业人员，他们没有固定的工作单位，自雇者和非全职工作人员数量越来越多。雇主和从业者共同负担的社会保险制度安排对灵活就业人员来说或者缴费成本过高，或者保险待遇过低。因此，灵活就业人员参加社会保险的意愿不强是一个普遍的现象。这方面的政策调整方向是适应灵活用工的需求，对社会保险的缴费率给出更加灵活的设计，遵循多缴多得的原则，让灵活就业人员有更低的门槛进入社会保险覆盖范围，同时有更多的缴费标准可以选择。

（二）社会保障制度的主要模式

社会保障制度安排最核心的内容是调整国民收入，提供经济和物质保障，涉及国民收入的初次分配、再分配甚至是三次分配。在社会保障制度模式选择上：一方面要考虑特定国家的历史文化传统、经济发展水平、社会价值共识等因素，选择适合国情和人民意愿的制度模式；另一方面要考虑社会生活的公平性与激励性的平衡，在为国民免除生存和发展焦虑，提供安全网的同时也能够激励国民依靠个人奋斗实现自身梦想。如何在国民无限的保障需求和有限的保障资源供给中找到平衡，如何在国家、社会和个人之间分担责任，协调好国家保障、社会组织和个人奋斗的关系，考验着一个现代国家的社会共识和治理能力。选择一个符合国家经济发展水平、文化历史传统、社会价值取向以及政治生活要求的社会保障制度模式就显得尤为重要。

从世界发达经济体的实践经验看，进入工业化阶段后，各个国家无一例外地建立了与市场经济相配套的社会保障制度。但由于经济、社会、政治、文化等因素的差异，制度模式并不相同。总体上看，典型的社会保障制度可以归纳为三类：一是以美国为代表的补缺型制度；二是以北欧、西欧为代表的普惠型制度；三是以东亚为代表的发展型制度。在这三种制度体系中，国家、社会、个人的关系有不同，经济政策和社会政策也有差异。

1. 补缺型制度模式

补缺型制度模式强调培养公民的个人责任，支持非营利性组织参与民生事业，强调充分利用市场机制满足多层次的民生需求，而政府为特定人群提供有限的社会保护。这类制度模式的思想基础是，机会平等和分配正义会内生于互利的市场交易过程中，只要遵守交易的公正，市场机制会自然而然地实现分配的正义。其经济机理是"涓滴效应"（trick-down effect）理论，即经济增长所产生的利益可以自动地从高收入阶层向低收入阶层渗透，最终惠及社会各个阶层。

20 世纪 90 年代以后，众多国家的经验表明，虽然经济增长对增进国民福祉提供了强有力的支撑，但是市场并不能很好地解决公平的问题，市场扭曲、财富两极分化、环境污染、政治腐败盛行等问题普遍存在。补缺型民生制度无法弥合社会不公，实际上已经给欧美等西方发达国家造成了深深的伤害。美国经济学家斯蒂格利茨（J. E. Stiglitz）指出，不平等的积累导致了金融危机，使美国经济无法恢复到自然增长率。正是过于相信市场，相信市场的效率自动地带来公平的结果，让整个经济和社会体制成为制造不平等的根源。在不少发展中国家中，社会不公正在侵蚀经济增长的成果，导致国民经济陷入"有增长无发展"的境地，社会矛盾激化。

2. 普惠型制度模式

普惠型制度模式强调社会的公平正义，特别是在国民发展的起点不可能公平的前提下，政府和社会有义务通过国民收入的二次分配，筹集更多的社会保障资金，提供保障范围更广泛和保障水平更高的社会福利。普惠型的社会保障制度模式赞成政府广泛参与经济和社会事务，实施覆盖全民的社会福利保障，为每一位公民提供福利和社会服务。普惠型制度模式强调通过政府干预，实现社会公平。根据世界银行研究报告的计算，目前欧洲国家政府支出占 GDP 的比重，平均比其他地区同等收入国家高出 7~10 个百分点。[2] 从公共社会支出的效果看，一个国家的公共支出越高，基尼系数越低。[3] 普惠型制度模式的财务可持续性建立在充分就业的基础上，但在经济全球化、人口老龄化和社会异质化的背景下，该模式受到挑战，福利制度的刚性正在损害国家竞争力、推高政府债务、破坏社会共识。

3. 发展型制度模式

从新型工业化国家特别是东亚国家和地区的实践经验看，一些学者提出了不同于补缺型和普惠型制度模式的新模式——发展型制度模式。发展型制度模式倡导社会保障制度设计既要有利于经济发展和个人参与，同时要有助于国民福祉的改善。发展型制度模式承认基于公共资源转移的补缺型政策选择的必要性，但反对简单地关注收入补贴，强调要通过政策设计实现经济政策和社会政策的协调，强调国家通过在教育、医疗卫生、住房、职业教育等方面的投资，增强个人适应不断变化的社会环境和就业市场的能力。其主要的制度设计包括三个方面：一是促进就业的制度，保持较低税收、较高的就业率和净工资收入；二是基本公共服务均等化，保障在教育、医疗卫生和住房方面的平等权利；三是水平适当的社会保障和福利承诺。制度设计的目标是实现经济增长与社会的可持续发展。

从我国的现实条件来看，在扎实推动共同富裕的过程中，选择遵循发展型社会保障制度的逻辑思路比较可行。一方面，发展型制度模式重视社会保障与经济发展的相互促进，符合中国在社会主义初级阶段贯彻共建共享理念的要求，有利于解决好"做蛋糕"和"分蛋糕"的关系；另一方面，发展型制度模式体现了保障基本，同时为逐步提高保障水平留有空间，比较好地解决了保障需求的无限性和保障资源的有限性之间的矛盾。按照发展型社会保障制度的逻辑思路，制度设计应重点发展社会保险制度，体现参保责任和权利相一致。同时，做好社会救助制度的内容设计，对低收入阶层给予更多的照顾。在社会福利制度上考虑根据人民对美好生活的需要，逐步增加保障内容，提高保障水平。

二 "老有所养"，建立更加公平、更可持续的养老保障体系

根据第七次全国人口普查的数据：我国 60 岁及以上人口达到 26402 万人，在总人口中占比为 18.70%；65 岁及以上人口达到 19064 万人，占比为 13.50%[4]。按照国际通行的人口老龄化划分标准：当一个国家或地区 65 岁及以上人口占比超过 7% 时，意味着进入老龄化；达到 14%，为深度老龄化。我国是从 2000 年进入老龄化社会的，"十四五"期间会进入深度老龄化社会，只用了 20 多年就进入深度老龄化，从国际比较来看，中国老龄化明显快于其他发达经济体以及世界平均水平。老有所养，成为重要的民生底线目标。

　　我国社会化养老保障制度改革从 20 世纪 80 年代起步，经过几十年的探索和发展，已经建成了保障人群全覆盖的世界上最大的养老保障体系，城镇职工、城乡居民都有相应的养老保险制度覆盖，人人享有养老保障成为现实。同时，养老保障体系的完善还面临一系列的问题和挑战：一是基本养老保障的公平性还不足，城乡之间、地区之间、行业之间的养老保障水平差异还比较大；二是养老保障体系的发育还不均衡，社会基本养老保险"一枝独秀"，补充养老保险和商业养老保险发展不充分；三是基本养老金的财务可持续性面临挑战，一些老龄化程度更高的地区出现养老金的缴纳和支出中"收不抵支"的情况，需要财政资金持续补充；四是养老服务发展滞后，社会化养老机构数量不足、质量不高。

（一）我国养老保险体系的发展历程

1. 劳动保险阶段（1984~1992 年）

　　新中国成立之初，我国就建立了以劳动保险为制度安排的退休养老保障体制。这一体系的特点是保障范围集中在城镇就业人员，通过参加劳动保险的方式获得退休保障资格，退休经费的筹集和发放实行全国统筹。在"文化大革命"期间，这一统筹制度遭到破坏，改由企业以营业外支出来支付退休职工的退休金。这样，国家主导的退休养老保障制度实际上就退化成为以企业为保障单元的单位保障制度。20 世纪 80 年代，随着经济体制改革的深入推进，在企业中实行了以承包制为主的多种经济责任制，企业的工资总额、奖金总额同企业的经济效益直接挂钩。单位保障式的养老制度妨碍了国家对企业经济效益的考核，比如，有些老企业，虽然经营管理水平不错，可是由于退休费用负担太重，经济效益却不如经营管理水平低的新企业。四川省自贡市劳动局的调查显示：盐业系统、搬运公司中的一些老企业退休费用占工资总额的60%以上，全市盐业系统支付的退休费用从1964年的52万元，直线上升到1983年的812.6万元，利润增长的速度慢于退休费用的增长速度[5]。不同企业在退休人员负担上畸轻畸重的矛盾越来越突出，社会化养老保险制度建设被提上日程。

　　1982年以后，中共中央、国务院的领导同志多次指出，为适应经济体制改革的需要，要改革退休制度，实行社会保险。这为养老保障制度从单位保障转型为社会保障指明了方向。社会养老保险建设是从单项制度建立起步，由点到面逐步推开的。1984年，国家在全民和集体所有制企业开始了退休费用社会统筹的试点，以地市县为统筹单位，对国有企业按照"以支定收、略有结余"的原则，实行保险费的统一收缴、养老金的统一发放。到1988年底，全国实行企业退休费用统筹的市县达到2200个，占全国市县总数的93%。[6]同时，省、市、县三级都建立了社会保险的专门机构。1986年出台的《国营企业实行劳动合同制暂行规定》要求由企业和工人按期缴纳养老保险基金，企业按合同制工人工资总额的15%左右缴纳，在缴纳所得税前列支，合同制工人按本人标准工资的3%缴纳。这项养老保险工作，由劳动行政主管部门所属的社会保险专门机构负责管理。

　　1991年，国务院在总结各地社会化养老保险改革经验的基础上，出台了《关于企业职工养老保险制度改革的决定》（以下简称《决定》）。这一年，全国已有退休职工2300多万人，另有1000多万名职工将要退休。《决定》是小康社会建设过程中我国就社会养老保险制度做出的重大决定，标志着我国将逐步建立起由国家主导的基本养老保险与企业牵头的补充养老保险，以及职工个人承担的储蓄性养老保险相结合的多层次社会化养老保险制度。其中，社会基本养老保险是整个体系的主体，目标是为全体国民提供"老有所养"的基本养老保障，其保险费用实行国家、企业和个人三方责任共担，职工个人通过参保缴纳一定的费用。基本养老保险费用实行社会统筹，从县市级统筹起步，逐步向省级、全国统筹过渡。基本养老保险基金按照"以支定收、略有结余、留有部分积累"的原则筹集。

2. 社会保险制度探索时期（1993~2004 年）

1992 年，党的十四大提出经济体制改革的目标是建立社会主义市场经济体制。1993 年，党的十四届三中全会通过的《中共中央关于建立社会主义市场经济体制若干问题的决定》，把建立社会保障制度作为社会主义市场经济基本框架的五个组成部分之一，明确了建立广泛的社会养老保障制度的改革目标。

1992 年，全国城镇职工总人数为 14792 万人，仅有 8500 多万名职工和 1700 万名离退休人员参加养老保险社会统筹，覆盖率不足 60%。[7] 多数外商投资企业、私营企业的职工没有参加基本养老保险，他们的权益无法得到保障。国务院于 1997 年发布了《关于建立统一的企业职工基本养老保险制度的决定》，把各种所有制企业职工基本养老保险统一起来，扩大了养老保险的覆盖范围。

1998 年，国有企业进入三年改革脱困期。为了配合国企改革，妥善处理下岗分流人员的安置问题，我国建立了"两个确保、三条保障线"[8] 的政策体系。社会养老保险制度建设进入"快车道"。为了确保基本养老金按时足额发放，面对养老金发放的巨大压力，1999

年起中央财政通过转移支付，对财政确有困难的中西部地区和老工业基地给予补助。据统计，中央财政对企业职工基本养老保险的补助支出从 1998 年的 20 亿元增长至 2005 年的 545 亿元。[9]财政补助机制的建立，进一步明确了各级政府的社会保障责任，有效弥补了基本养老保险资金缺口，为基本养老保险扩大覆盖面提供了有力支持。

1998 年，国务院进行政府机构改革，成立劳动和社会保障部，实现了社会保障工作的统一管理。从 1998 年 9 月 1 日起，电力、水利、铁道等 11 个行业的基本养老保险移交地方，并实行省级统筹，按地方的统一办法计发养老金。行业和地方基本养老保险的统一，有效缩小了地方与行业在基本养老保险缴费率、退休待遇上的差距；同时，增强了地方的养老保险基金支撑能力，为省级统筹创造了条件。调查数据显示，1998 年，企业离退休职工的养老金社会化发放率只有 35%；而到 2002 年，已经基本实现了社会化发放。[10]

2000 年我国设立全国社会保障基金，作为专门用于人口老龄化的国家储备基金，以及高峰时期的养老保险等社会保障支出的补充和调剂。同时，成立全国社会保障基金理事会负责管理全国社会保障基金。截至 2019 年末，全国社保基金资产总额为 2.6 万亿元，累计投资收益额达 1.25 万亿元，年均投资率 8.15%。[11]

3. 城乡统筹的社会保险扩面时期（2005~2011 年）

城乡统筹，首先是解决农民工养老保险的参保问题。2005 年，中共中央、国务院发布《关于推进社会主义新农村建设的若干意见》，提出要逐步建立务工农民社会保障制度。截至 2008 年底，全国参加城镇企业职工基本养老保险的农民工 2416 万人，仅占在城镇就业农民工的 17%。[12]当时，农民工参保积极性低主要原因有两点：一是缴费率高，用人单位缴纳工资总额的 20%，个人缴纳工资的 8%，很多农民工和使用农民工集中的企业感到难以承受；二是转移接续手续难，农民工就业的流动性和间断性强，一旦跨地区流动，很难接续养老保险，甚至个人账户的钱也难以领到。2008 年，针对农民工养老保险的办法出台，从三个方面提出系统解决农民工"养老难"的问题：一是制度安排可选择，农民工可以根据工作条件选择参加城镇职工基本养老保险，也可以选择参加新型农村社会养老保险；二是缴费率适当降低，农民工和用人单位缴费均可实行低缴费比例，相应的退休待遇也适当降低，体现权责对等原则；三是转移接续便捷，农民工离开就业城市时，社会保险经办机构为其开具参保缴费凭证，同时保留其权益记录和个人账户，农民工可以回到当地继续参保。

2008 年起，新型农村养老保险在全国范围内推开。随着社会的发展、城镇化的推进，农村家庭养老的保障功能逐步弱化。现代农村家庭趋于小型化，大多数农村青年成家后与老人分开另过。随着农村人均寿命的延长和农民生育子女数的减少，家庭养老负担大大加重。另外，很多农村年轻人在外打工，农村空巢老人现象比较普遍。这些因素使得传统的家庭养老模式难以为继，很多老年农民必须通过务农才能维持生计。农村居民也迫切需要社会养老制度安排作为家庭养老的必要补充。被列为首个全国新型农村社会养老保险试点城市的宝鸡市，从 2007 年开始探索新型农村养老保险，以个人缴费、集体补助、政府补贴为基础，家庭养老、土地保障和社会救助等政策为补充，养老补贴与个人账户相结合。参保农民年满 60 周岁后可以领取养老金，养老金由政府养老补贴和个人账户养老金两部分组成。新农保制度一经推出就受到农民的欢迎，因为参保门槛低，政府补助到位，养老保障实惠。以北京为例，根据《北京市人民政府关于印发北京市新型农村社会养老保险试行办法的通知》（京政发〔2007〕34 号），自 2008 年起，新农保实行个人账户和基础养老金相结合的制度模式。男性年满 60 周岁、女性年满 55 周岁，便可享受每月财政补贴的 280 元基础养老金，再加个人账户的养老金待遇。

4. 迈向共享发展的社会保险完善时期（2012 年至今）

党的十九大报告指出，"必须坚持以人民为中心的发展思想，不断促进人的全面发展、全体人民共同富裕"[13]，阐明了"必须始终把人民利益摆在至高无上的地位，让改革发展成果更多更公平惠及全体人民，朝着实现全体人民共同富裕不断迈进"[14]。我国已经发展成为世界第二大经济体，经济发展从高速增长阶段进入高质量发展阶段。做大社会财富"蛋糕"之后，如何"分蛋糕"的问题逐渐突出，必须从制度层面更好地解决共享发展的问题。

我国已经建立起世界上规模最大的基本养老保险体系。2021 年末，全国参加各项基本养老保险的总人数超过 10 亿人，一张覆盖全国的养老保险网络正在不断完善[15]。退休人员待遇不断提高，2004~2021 年，企业退休人员养老金实现 17 连涨[16]。国家通过多种渠道筹集资金保障退休人员共享经济社会发展成果。一是扩大养老保险覆盖面，资金结余规模保持合理水平。二是加大中央财政补助养老保险基金力度。三是大力推进部分国资划转社保基金。可以依法通过按照一定比例划转国有资本的方式充实养老保险基金。四是拿出部分养老金参与到高收益的投资领域，实现养老金的保值增值。

从 2014 年 10 月开始，国家实施机关事业单位养老保险制度改革，推动机关事业单位也参加基本养老保险。这是国家启动双轨制并轨的第一步。2014 年 10 月以后参加工作的人员，不管是机关事业单位工作人员还是普通企业职工，基本养老金待遇都由基础养老金和个人账户养老金两部分构成。

（二）完善社会养老保险体系的政策措施

1. 推进基本养老保险全国统筹

基本养老保险是政府主导的由个人和单位缴费，由政府专门机构管理的社会化养老保险。基本养老保险制度也是"老有所养"的最基础、最重要的民生制度安排。这一制度从 20 世纪 90 年代起步，最初的制度安排是地方性的，养老保险基金的统筹层次由县级逐步过渡到市级、省级。2020 年，全国 31 个省区市都实现了基本养老保险基金的省级统收统支，解决了省内各地区的养老保险筹资能力和负担责任不均衡的问题。2022 年，我国启动企业职工基本养老保险全国统筹，这标志着养老保障向着更加公平、更可持续迈出坚定步伐。

这一次的基金全国统筹，是对各个省份的基本养老保险基金收支情况做全国范围内的统筹协调，缴费标准和养老金发放标准仍然延续各地的原有标准。对参加城镇职工基本养老保险的个人和单位来说变化不大，但对于各地区的基本养老保险基金管理来说影响深远。一是基本养老保险全国统筹可以在更高层次调节保险资金的收支余缺。我国城镇职工的基本养老保险在制度设计上采取的是现收现付的资金管理制度，即用当年收缴的在职职工的养老保险金来支付退休人员的养老金。现收现付制度的可持续性首先取决于抚养比，即在职职工和退休人员人数的比例关系。在我国人口老龄化不断深化的背景下，在职职工和退休人员的抚养比降低，意味着在养老保险金发放标准不降低的约束条件下，基本养老金的支出增加、收入降低，可能出现基金发放的缺口。从全国层面看，目前我国基本养老金仍然处于收入大于支出的安全区间。人力资源和社会保障部发布数据显示，2021 年末，全国参加城镇职工基本养老保险人数为 48074 万人，比上年末增加 2453 万人。全年城镇职工基本养老保险基金总收入 60455 亿元，基金支出 56481 亿元，年末城镇职工基本养老保险基金累计结存 52574 亿元[17]。但是，地区间的负担很不平衡。由于我国区域经济发展的不平衡，改革开放 40 多年来，大量的劳动力从中西部和东北地区向东南沿海地区流动，东部沿海地区的青壮年劳动力多，缴费人口多，而中西部和东北地区缴费人口少，领取退休金的人口多。其结果是地区间的基本养老保险的资金负担不平衡，东部沿海地区养老保险基金收入超过支出，产生大量结余，而中西部和东北大部分地区则是支出大于收入。这样的不平衡呈现出越是经济欠发达的地区养老保险基金负担越重的逆向调节效果，地方政府很难靠自身能力实现兜底。因此，基本养老保险基金的全国统筹一直是我国社会保险制度完善的重要目标。二是有利于降低基本养老保险实际缴费率。我国的基本养老保险制度是普惠于民的重要民生制度。缴费率的设计一方面关系到养老金的发放标准，影响退休人员的养老待遇水平；另一方面也关系到企业的生产经营成本，过高的缴费率会增加企业的负担，影响企业创造更多就业岗位的积极性。通过基本养老保险金的全国统筹，可以在更大范围内实现保险的"大数法则"，即保险服务的参保人员越多，对风险的抵御能力越强，相应的保险费率越低。三是有利于基本养老保险结余资金的保值增值。基本养老保险基金是老百姓的"幸福钱"，关系到退休人员的生活待遇。对基本养老保险结余基金保值增值，必须在保证资金安全的条件下做好资金的投资管理。实现全国统筹后，就可以用更加专业的投资团队，选择与国民经济长期健康发展相关的、更加稳妥的大项目进行投资，既保证资金安全也能获得相对丰厚的投资回报。四是有利于参保人员在地区间的流动。全国统筹后，跨区域的参保接续手续更加便捷，减少工作地点变动导致的退保、断保情况，简化人员流动时养老关系转移接续手续，也有利于提高基金的管理效率。

基本养老保险全国统筹的推进从职工基本养老保险开始启动，未来会进一步延伸到城乡居民的基本养老保险的全国统筹，让基本养老保障作为基本公共服务的重要组成部分逐步实现均等化，也让共同富裕的社会发展目标在养老保障领域有坚实可靠的制度保障。

全国统筹的工作启动后，在实施阶段还面临一些问题和挑战，需要在实践中不断探索，找到符合我国实际情况的制度安排和发展模式。首先，全国统筹后，基本养老保险基金财务可持续的压力从地方上升到中央，需要通盘考虑用什么样的制度安排来保障基本养老金不出现缺口。借鉴世界其他迈入老龄化的国家的实践情况，人口老龄化程度越高，政府主导的养老保险基金压力越大，存在出现资金缺口的风险。要解决这一挑战，需要多管齐下、多措并举。最有效的措施是适当延长退休年龄，这样就增加了缴费人口，减少了领取养老金的人数。当然，延长退休年龄的制度必须综合考虑其对青年人就业的挤出效应、老年人的工作意愿、社会就业岗位的供应能力等多方面的因素。同时，还要考虑拓宽基本养老金的资金来源，除在职职工缴费外，通过划转部分国有资本充实基本养老金等也正在探索。其次，全国统筹后如何压实地方的基本养老金收缴责任。在执行基本养老金地方统筹时，资金的收支平衡责任在地方，地方就有积极性把职工和企业应缴纳的养老金收缴到位。在全国统筹后，基金财务平衡的责任上移到中央，地方收缴责任必须要压实。一方面是从管理体系上保障责任压实，通过垂直管理来强化管理；另一方面是要依靠现代化的管理手段，通过大数据、区块链等数字经济技术来管理。最后，全国统筹后下一步如何逐步缩小养老金发放标准的地区差异，向着更加公正的制度完善方向发展。基本养老金的待遇不可能是完全相同的，待遇高低同缴费年限、缴费标准等相关，体现权利和责任相统一的社会保险原则。但是，地区间由于经济发展水平和财政补贴能力的不同而产生的待遇差距要统筹考虑，逐步缩小其差距。

2. 发展多支柱的养老保险体系

为了应对全球老龄化危机，2005年底世界银行研究报告《防止老龄危机——保护老年人及促进增长的政策》指出，随着人口老龄化的发展，完全由政府主导的社会养老保险不足以保障老年人的晚年生活。报告建议扩大养老保障的资金来源，联合政府、社会和个人的力量建立"五支柱"模式的养老保障筹资制度：以国家税收为支撑，不需要缴费的"零支柱"，提供最低水平保障；与本人收入水平挂钩的缴费型"第一支柱"；不同形式的个人储蓄账户性质的强制性"第二支柱"；灵活多样的雇主发起的自愿性"第三支柱"；建立家庭成员之间或代与代之间非正规保障形式的所谓"第四支柱"。

我国在养老保障制度的发展过程中，根据我国经济社会发展的实际情况，提出建立多层次的养老保险体系。我国的养老保险体系包括三大支柱：第一支柱也是最重要的支柱，是基本养老保险；第二支柱是企业年金和职业年金；第三支柱是个人自愿参加的个人养老金制度。

2022年4月，国务院办公厅正式印发《关于推动个人养老金发展的意见》（以下简称《意见》），对个人养老金发展做出了部署。根据《意见》中推动个人养老金发展的要求，它具有三大特征：政府政策支持、个人自愿参加和市场化运营。政府政策支持主要体现在税收优惠上，个人每年缴纳个人养老金的上限为 12000 元，个人养老金可以享受个人所得税优惠。个人自愿参加的特征有别于基本养老保险的强制参保，也就是说个人养老金制度中个人可以根据自己的意愿和参保能力决定是否参加，以及每年缴纳的金额。市场化运营是指对个人养老金建立个人账户，实行完全积累制的资金管理办法，个人账户内的资金可以购买符合个人养老金管理规定的银行理财、储蓄存款、商业养老保险、公募基金等金融产品，实现资金的保值增值。参保人退休后其个人账户内的资金转入本人社会保障卡银行账户，可以选择按月分次或者一次性领取个人养老金。

个人养老金制度的建立进一步完善了我国的养老保障体系，是多支柱多层次养老保障体系的重要补充。从第一支柱基本养老保险的发展看，未来提高养老保障待遇的空间有限。从世界各国的发展经验看，政府主导的强制性社会保险要在保险费率和退休待遇上寻找平衡。基本养老保险是现收现付制，是年轻人缴费来供养退休人员。缴费率太高，在职人员的缴费负担重，企业负担重，不利于就业市场创造更多工作岗位。另外，灵活就业人员和自雇佣者在就业大军中的占比越来越大，缴费率太高也不利于这部分人群参加基本养老保险。因此，世界各国的社会化养老保险的替代率，即养老金相当于在职工作时收入的比率，大约为 35%。我国的城镇职工养老保险的退休待遇标准要远高于这个比率。当然，在其他养老保障制度发育还不完善的情况下，基本养老金制度必须承担起养老保障的兜底责任，替代率高一些是必然的，而且养老金每年还要根据国民经济增长情况和物价水平来提高。所以，如果个人养老金制度建立起来，不断发展壮大，就能够减轻基本养老金制度的压力，使降低社会养老保险缴费率有更大的政策回旋余地。

个人养老金制度在建立后能否顺利发展，关键在于市场化运作效率如何。这一制度设计中提出自愿参保，政府的政策支持主要体现在个人所得税的优惠上。那么，人们的参保意愿主要取决于税收优惠敏感性和个人账户的增值能力。在国务院发布的《意见》中对税收优惠如何实施没有做具体的规定，还需要后续出台具体的措施。但是，可以预计高收入群体缴纳个人所得税多，对税收优惠政策更加敏感，中低收入群体本身缴纳个人所得税不多，很可能参保积极性不高。因此，要考虑如何调动4亿人的中等收入群体的参保积极性，让个人养老金这一制度能够成为普惠的社会政策，让更多人受益。个人账户的增值能力问题更为严峻。我国的资本市场还不够发达，金融产品的增值能力甚至是保值能力参差不齐。个人养老金必须要开发出更多高质量的金融产品，让参保人可以根据自己的风险偏好实现资金增值。否则，个人账户的资金增值幅度不大，提取还受到限制，只能在符合退休标准后支取，参保意愿也会不强。

3. 发展城乡养老服务体系

实现"老有所养"，发展养老服务和筹措养老基金同等重要，甚至从老年人的获得感、幸福感上看，服务比资金更重要。我国城乡养老服务在老龄化、少子化、家庭规模小型化、人口流动加速化的背景下面临从家庭养老服务向社区养老、社会养老转型的挑战。

根据国家统计局的数据，截至2021年底，全国共有养老机构4万个，养老服务床位813.5万张[18]。全国失能、半失能老人数量超过4000万人[19]，他们中的大多数人的健康护理和生活照顾还只能依靠家庭提供支持。养老服务机构在数量和质量上同老年人的服务需求相比，还有很大的差距。

发展城乡养老服务需要从我国的经济社会发展水平出发，充分考虑传统文化影响下的老年人服务需求，走有中国特色的养老服务之路。首先，优先发展社区居家养老服务。我国的传统文化中重视家庭的亲情，强调孝道，老年人最愿意选择居家养老。在家庭规模小型化、城市生活节奏快的背景下，儿孙辈要照顾好老人确实存在力不能及的一些具体困难。城乡养老服务体系建设要下力气发展家庭养老和社会养老相结合的社区养老模式，让老年人可以在居家养老的同时享受社区服务，在医疗保健、餐饮服务、交流陪伴等方面给老年人提供更多的服务。其次，壮大专业养老人才队伍。我国的专业养老人才特别是护理人员缺口很大。专业的医疗护理人才、老年服务的社会工作人才、老年事业的管理人才都有很强的市场需求。在大学的专业设置、人才的职业技能认证、职业化道路设计等环节要有具体的举措。同时，要提高老年服务人才的工作报酬和社会地位，让更多的年轻人愿意投身到这一领域。再次，加快提升老年服务体系的智能化水平。在人口老龄化的社会中，单纯依靠青年人来服务老年人成本很高，解决老年服务的最终出路一定是人+机器。比如，为解决老年人的陪伴问题，有公司开发出能够与老年人聊天和交流的 App。再比如，为解决独居老人的安全问题，有公司研发了可以捕捉老年人动作的摄像头，它可以及时发现老年人摔倒等异常动作，通知亲人或者医疗机构。老年服务智能化的发展方向前景广阔。最后，推动"时间银行"等老年人互帮互助的新型养老服务模式。我国传统文化中有"远亲不如近邻""守望相助"等互帮互助的优良传统。60~70 岁的老年人，常常被称为活跃期的老年人。他们的身体情况和心理状态普遍都很好，而且有充裕的时间和丰富的社会经验，更为重要的是他们对其他老年人的服务需求非常了解，可以感同身受。因此，组织动员活跃期的老年人参与到老年服务体系中来，提供力所能及、发挥个人专长的服务项目是低成本高质量的服务模式。目前，全国不少地区已经在试点"时间银行"，老年人在身体条件许可的情况下自愿参加养老服务，把帮助别人的时间"储蓄"起来，由"时间银行"的组织机构登记管理。未来，当自己年龄大了，需要别人的服务时，可以直接用"时间银行"中登记的服务时间来换取服务。从试点的效果来看，这样互助式的服务模式很受老年人的欢迎，满意度很高。

三 "病有所医"，建立基本医疗保障制度

医疗保障是推进共同富裕的重要制度安排，医疗救助制度可以帮助低收入者在患病时免除医疗费用支出带来的生活困难，最大限度防止"因病致贫""因病返贫"；医疗保险制度能够让全体国民通过缴费参保，对门诊、住院诊疗的费用获得报销，降低患病时的个人费用支出，保证国民在患病时生活质量不会降低；针对残疾人、失能老人等群体提供的医疗福利，能够满足国民的个性化医疗服务需求，提高生活质量，延长寿命。

（一）基本医疗保障体系的发展历程

1. 破冰：1994 年"两江试点"

1993 年，党的十四届三中全会通过的《中共中央关于建立社会

主义市场经济体制若干问题的决定》提出了"城镇职工养老和医疗保险金由单位和个人共同负担，实行社会统筹和个人账户相结合"[20]的改革目标。1994 年，职工医疗制度改革在江苏省镇江市和江西省九江市开展试点，后来被称为"两江试点"。

"两江试点"的主要内容是职工医疗保险费用由用人单位和职工共同缴纳，个人缴纳的全部和单位缴纳的一半资金进入个人账户，用于支付个人医疗费用，单位缴纳的另外一半进入社会统筹基金，用于全社会医疗统筹。"两江试点"为职工医保制度的实现形式和具体方法蹚出了一条新路。

1998 年 12 月，在总结包括"两江试点"在内的各地医疗保险制度改革试点经验的基础上，国务院发布了《关于建立城镇职工基本医疗保险制度的决定》，在全国范围内进行城镇职工医疗保险制度改革。建立城镇职工基本医疗保险制度的原则是基本医疗保险的水平要与社会主义初级阶段生产力发展水平相适应，城镇所有用人单位及其职工都要参加基本医疗保险，实行属地管理，基本医疗保险费由用人单位和职工双方共同负担，基本医疗保险基金实行社会统筹和个人账户相结合。

2. 扩面：覆盖全民的基本医疗制度建设

为适应经济发展和就业结构变化，我国城镇职工、城镇居民和农民的医疗保险制度覆盖范围不断扩展，形成一张覆盖全民的医疗筹资"安全网"。

（1）将灵活就业人员纳入医疗保险范围。劳动和社会保障部于2003 年印发《关于城镇灵活就业人员参加基本医疗保险的指导意见》，规定灵活就业人员参加基本医疗保险遵循权利和义务相对应、缴费水平和待遇水平相挂钩的原则，不仅在参保政策和管理方法上同城镇职工基本医疗保险制度衔接，而且能够满足灵活就业人员的参保需求。

（2）解决历史遗留问题，将关停破产国有企业退休人员纳入基本医保。1999 年以后，中共中央、国务院出台一系列文件来解决关停破产国有企业退休人员医疗保险筹资问题。为了从根本上解决这一问题，中央财政专门拨付 500 多亿元，用于帮助地方解决筹资缺口，将尚未参保的退休人员根据情况纳入城镇职工基本医保或者城镇居民基本医保。

（3）建立新型农村合作医疗制度。我国农村合作医疗制度始建于 20 世纪 50 年代，在当时的社会经济发展条件下，用较低的投入解决了农村的基本医疗卫生问题，同农村三级卫生网、赤脚医生队伍一起构建起了农村卫生的"三大支柱"，受到世界卫生组织和很多发展中国家的赞誉。20 世纪 80 年代以后，农村的经济体制和社会状况发生了很大变化，农村合作医疗保障难以为继，医疗保障覆盖率曾一度降低到 5% 左右，农民个人医疗负担加重，"因病致贫""因病返贫"的现象突出。2003 年，国务院办公厅转发卫生部、财政部、农业部《关于建立新型农村合作医疗制度的意见》，提出以"自愿参加、多方筹资、政府组织"的原则开展新型农村合作医疗（以下简称"新农合"）工作的试点。新农合的筹资标准从低水平起步，农民只要每年缴纳 5 元钱就可以参保，通过中央和地方两级财政补贴，报销范围内的住院费用报销率在 50% 左右。新农合制度从农村实际情况出发，政府主导、社会参与，调动了农民的参保积极性，保障面迅速扩大，保障水平稳步提升，有效缓解了农民"看病难、看病贵"的问题。

（4）建立统一的城乡居民基本医疗制度。2016 年，国务院印发《关于整合城乡居民基本医疗保险制度的意见》，就整合城镇居民基本医疗保险和新型农村合作医疗两项制度，建立统一的城乡居民基本医疗保险制度提出明确要求。城乡居民医保制度实现了六个"统一"：一是统一覆盖范围，覆盖除职工基本医疗保险应参保人员以外的其他所有城乡居民；二是统一筹资政策，城乡居民统一筹资标准；三是统一待遇，逐步统一保障范围和支付标准；四是统一医保目录，制定统一的医保药品和医疗服务项目目录；五是统一管理，统一定点机构管理；六是统一制度，执行国家统一的基金财务制度、会计制度和基金预决算管理制度。

（二）完善基本医疗保障体系政策思路

医疗保障体系是非常复杂的系统，要依靠三个系统的协调运作，即医疗费用筹措系统（解决有钱看病的问题）、医疗服务提供系统（解决有钱能看好病的问题）、药品供应系统（解决有药能治好病的问题），三者缺一不可。

中国的医疗改革要走"广覆盖、低成本、可持续"的道路，就必须以较低的成本、可靠的质量满足国民的基本医疗需求。其中，公立医院改革是重中之重，直接决定了改革的成败。坚持公益性、调动积极性是公立医院改革的两个关键点。坚持医院的公益性，让医院失去不合理增加医疗费用支出的动力，转而把关注点放在控制成本和提高服务质量上。调动积极性，要实现医院、医生激励机制的转变，需要建立长效的激励制度，保证好医生有好待遇。让医生的收入阳光化，能够反映出医生的价值，同时加强监管，对违规行为严格查处。

调整医疗资源布局，加大对基层医疗机构和农村医疗机构的投入，建立不同级别医疗机构间的双向转诊。坚持预防为主的全民健康理念，加强基层医疗体系建设。新医改方案中提出对基层卫生服务这个薄弱环节进行改革，加大投入力度，培训基层全科医生，实行社区首诊制等，届时基层卫生服务将比现在有明显改善，社区医院将承担起居民健康"守门人"的作用。通过"医联体""医共体"等组织创新，形成以城市三级医院牵头、基层医疗机构为基础，康复、护理等其他医疗机构参加的城市网络化管理模式。依托"互联网+医疗服务"的远程诊疗方式，让农村地区、边远地区的患者在当地也能得到高质量的诊疗服务。

在药品供应机制上，自 2009 年启动实施国家基本药物制度以来，全国 31 个省区市均实现政府办基层医疗卫生机构配备使用基本药物，基层基本药物价格平均下降 30%左右，307 种药品纳入国家基本药物目录。国家通过产业政策的引导，鼓励优势医药企业兼并重组，走整合发展的道路，提高产业集中度，结束"小、散、弱、乱"的产业格局。对廉价、高效、可靠的常用药通过政府集中采购降低成本，保证基本用药需要。

四 "弱有所扶"，建立消除贫困的社会救助制度

《孟子》中写道："乡田同井，出入相友，守望相助，疾病相扶持。"守望相助自古以来就是中国文化中得到普遍认同的价值理念。在 40 多年的社会主义现代化建设和小康社会建设中，我国社会救助制度实现了长足发展，为实现共同富裕起到了重要的"托底"作用。

（一）雏形：最低生活保障制度

20 世纪 90 年代，随着居民收入差距的扩大以及下岗失业人员的增

多，以最低生活保障为核心的新型城乡居民救助制度应运而生。1999年，国务院颁布《城市居民最低生活保障条例》。这是我国低保制度建立的一个重要标志。城市低保制度建立后，全国低保对象从2000年的403万人增加到2002年的2065万人，基本实现了"应保尽保"。之后，全国城市低保对象人数基本稳定在2200万人左右。城市低保制度的建立，实现了低收入群体救助方式从临时性向制度化的转变，实现了从帮扶原有的"三无"贫困人员到帮扶符合享受城市低保条件的所有贫困人员的转变，既保障了老、幼、病、残、弱等无劳动能力贫困人员的基本生活，又为国有企业改革和经济体制改革提供了制度保障。

2007年，农村最低生活保障制度建立。在农民低保制度建立之前，"五保"供养制度是我国农村唯一的社会福利制度，绝大多数农民没有任何公共财政支持的社会保障安排。全国建立农村最低生活保障制度是继全面取消农业税之后的又一项重大惠农政策。通过在全国范围建立农村最低生活保障制度，将符合条件的农村贫困人口全部纳入保障范围，稳定、持久、有效地解决了全国农村贫困人口的温饱问题。农村低保制度是社会救助体系的重要一环，是保障广大农村困难群众生活的"最后一道防线"。国家以农村低保制度为核心，完善包括农村"五保"制度、医疗救助、灾害救助、教育救助、住房救助等各个方面的社会救助体系。低保制度还与农村扶贫项目相互配合、相互补充，从而形成一个健全、有效的农村社会救助网络，切实解决了农村贫困家庭的各种困难。

（二）完善：涵盖医疗、住房、教育多个领域

进入21世纪后，我国社会救助体系日趋完善，出台了很多相关

文件，如 2003 年发布《关于实施农村医疗救助的意见》、2005 年出台《关于建立城市医疗救助制度试点工作的意见》、2006 年实施新修订的《中华人民共和国农村五保供养工作条例》、2007 年颁布《关于进一步建立健全临时救助制度的通知》、2009 年印发《2009—2011 年廉租住房保障规划》、2010 年颁布《中华人民共和国自然灾害救助条例》等。

党的十八大以来，社会救助发展被纳入深化改革的总体部署中。2014 年 2 月，国务院颁布了《社会救助暂行办法》。我国第一次以行政法规的形式综合构建了社会救助体系，明确社会救助主要包括最低生活保障、特困人员供养、受灾人员救助、医疗救助、教育救助、住房救助、就业救助、临时救助等 8 项制度以及社会力量参与，建立起"8+1"的体系架构。

（执笔：李　蕾）

第九章 以"区域协调发展"打通阻碍全体人民共同富裕的地区梗阻

长期以来，区域发展差距一直是制约我国共同富裕目标顺利实现的重要因素。新中国成立后，中国共产党人始终致力于不断缩小区域发展差距。进入新时代，为了更有效地缩小区域发展差距，以习近平同志为核心的党中央先后实施了一系列区域重大战略并形成了新时代区域协调发展战略，在显著加快区域一体化进程的同时，也极大促进了欠发达地区的发展。党的十九届五中全会提出要推动全体人民共同富裕取得更为明显的实质性进展，标志着我国进入了要实现共同富裕的新发展阶段。区域协调发展是新时代中国缩小区域发展差距进而推动全体人民共同富裕的必然要求，也是打通阻碍全体人民共同富裕区域梗阻的根本途径。

一 区域协调发展对实现共同富裕目标的重要意义

区域协调发展是新时代中国缩小区域发展差距进而推动实现全体人民共同富裕目标的关键举措，具有重要意义。从理论角度看，区域协调发展是推动实现共同富裕目标的必然要求，其能从提升生产力水平和优化生产力空间布局两个方面推动社会经济发展，从而实现共同富裕。从历史角度看，区域协调发展充分体现了新中国区域发展战略与共同富裕目标的长期关联性，从最早的内陆与沿海地区的关系、"两个大局"设想的实践到西部大开发等一系列重大区域发展战略的提出和早期区域协调发展战略的形成，再到新时代区域协调发展不断优化完善，提高区域发展水平与缩小区域发展差距始终是我国实现共同富裕目标的重要举措。从现实角度看，当前我国区域发展不平衡、不充分、不协调的问题突出，区域城乡之间的经济发展差距较大，通过区域协调发展缩小区域经济差距是中国经济实现高质量发展的必然要求。

（一）区域协调发展对实现共同富裕目标的理论意义

人类的社会生产和生活总是在一定的区域空间内进行的，区域经济发展构成了中国经济发展的空间形式。中国是社会主义国家，实现共同富裕，是社会主义的本质要求。在资本主义生产方式下，私人生产的无政府状态必然导致生产力的不平衡发展，而社会主义使社会生产成为一个统一的整体，有计划按比例的原则使生产力的平衡布局成为可能[1]。由此可见，实现区域协调发展是社会主义本质的体现，我国的社会主义制度必然决定了区域协调发展是实现社会主义发展目标的重要组成部分。

一方面，实施区域协调发展战略能够提升生产力水平，为共同富裕奠定经济基础。生产是分配的前提和基础，共同富裕是建立在生产力高度发展基础上的，只有不断提升总体生产力水平才能够真正实现共同富裕，共同富裕需要经济发展作为支撑。当前我国仍处于并将长期处于社会主义初级阶段，仍然是世界上最大的发展中国家，发展依然是新时代中国共产党执政兴国的第一要务，是解决我国所有问题的基础和关键。习近平指出："实现社会公平正义是由多种因素决定的，最主要的还是经济社会发展水平。"[2]新时代的主要矛盾是人民日益增长的美好生活需要与不平衡不充分的发展之间的矛盾。而区域协调发展能够从区域经济发展层面为解决这一主要矛盾提供助力，这也是区域协调发展的内涵之一。从人均经济指标看，当前我国距离发达国家的平均水平仍有较大距离，未来进一步"做大蛋糕"、不断提升我国整体区域经济发展水平仍然是重要任务。与此同时，区域整体发展水平提升也会有助于区域发展差距的缩小，因为只有不断提升整体区域发展水平，区域发展差距的缩小才具备坚实的经济基础，才能在现实经济活动中得以持续推进。

另一方面，实施区域协调发展战略能够优化生产力空间布局。共同富裕是全体人民的富裕，不是少数人的富裕。然而，中国幅员辽阔、人口众多，各地区的历史、地形地貌、自然资源禀赋和区位条件各异，使得区域发展差距大、发展不平衡成为当前我国的基本国情。全面建成小康社会之后，我国区域之间的发展差距已经缩小，但尚未消除。实施区域协调发展战略就可以通过优化生产力的空间布局来缩小区域发展差距，从而缩小人民收入分配差距，促进全体人民共同富裕，这也是区域协调发展的另一重要内涵。就优化区域经济空间格局而言，区域协调发展的贯彻落实要求我国要建立更为有效的区域协调发展新机制，促进各地区人民收入水平和生活质量在不断提高的过程中逐步实现共同富裕。应着力推进西部大开发形成新格局，深入推进东北全面振兴，发挥优势推动中部地区崛起，创新引领率先实现东部地区优先发展，重点实施京津冀协同发展、长江经济带发展、粤港澳大湾区建设、长三角一体化发展和黄河流域生态保护和高质量发展等区域重大战略，加快构建要素有序自由流动、主体功能约束有效、基本公共服务均等、资源环境可承载的区域协调发展新机制，以实现区域协调发展。

（二）区域协调发展对实现共同富裕目标的历史意义

实现全体人民共同富裕，是马克思主义的根本立场，是社会主义的本质要求，更是中国共产党成立 100 多年来矢志不渝的奋斗目标[3]。区域协调发展是区域发展与区域间协调的辩证统一。新中国成立以来，党和国家一直高度重视区域经济的协调发展，党在不同时期的区域经济发展战略构成了中国区域经济发展的根本指导思想。与中国特色社会主义是不断探索、不断前进的过程一致，区域协调发展的中国实践也是不断前进的历史过程。

新中国成立以来，我国的区域经济发展大体经历了低水平协调的均衡发展、不协调的非均衡发展、转型协调发展和高质量协调发展四个历史阶段[4]。具体来看，1949~1978 年是以计划经济为主导的区域均衡发展时期。新中国成立初期，经济发展水平较低，为建立战略防御型经济布局，着力改变近 70% 的工业集聚于沿海地区的局面[5]，中央主要借鉴苏联的计划管理模式，以生产力均衡布局为基础实施区域均衡发展。虽然这一时期内陆地区和沿海地区之间的发展差距有所缩小，但是均衡布局战略难以发挥区域主体的主观能动性，影响了沿海地区的经济发展。1979~1998 年是区域经济非均衡发展理论主导时期。改革开放后，我国逐渐由计划经济向市场经济转变，以政府为主导进行均衡生产力布局的传统模式已无法有效指导资源的空间配置[6]。这一时期，借鉴国内外区域非均衡增长理论，特别是为调动先进地区的发展积极性，我国开始支持东部沿海地区率先发展，政府投资、国家政策和产业布局都向东部沿海地区倾斜，一系列财政和治理体制等领域的分权式改革为区域发展提供了财税基础和政策激励，激发了区域发展主体间的竞争活力，推动了自下而上的改革，有效地解放和发展了生产力[7]。然而，在东部沿海地区快速崛起的同时，沿海地区和内地的区域发展差距也在不断扩大。1999~2011 年是区域经济协调发展理论主导时期，区域协调发展战略开始启动。经过改革开放 20 多年的快速发展，我国沿海地区获得了前所未有的经济快速增长，同时东部与中部、西部地区之间的差距不断加剧，东北地区老工业基地也面临着发展相对滞后的问题。1999 年西部大开发战略的实施，标志着我国的区域经济开始进入转型协调发展阶段，区域发展的重点开始转向加快东西部均衡发展，增强中西部的内生增长能力，以协调互动来实现区域共生发展。之后陆续出台的振兴东北地区等老工业基地、中部地区崛起、东部地区率先发展等重大区域发展战略均延续了这一逻辑，区域协调发展呈现重点区域优先和协调发展并进的特征。2012 年至今是以区域经济高质量发展理论为主导的时期，这一时期的区域经济发展重点是在促进区域协调发展的基础上实现区域经济增长的质量提升。经过了改革开放 30 多年的快速发展，伴随着区域发展从平衡到非平衡再到转型协调导向的不断演进，我国从新中国成立初期的经济落后国家一跃成为世界第二大经济体，但与此同时国内的区域发展差距显著扩大，基尼系数也不断增大，发展不平衡不充分不协调已经成为阻碍中国区域经济高质量发展的关键因素。中国区域经济发展亟待从传统的要素驱动型增长动力模式转向以提高质量和效率为主的新增长模式。党的十八大以来，我国的区域经济理论形成了以促进区域经济高质量发展为整体目标、以有效解决区域经济发展问题为导向的理论体系，呈现出高质量、精准化、创新化的特点。在新型城镇化、城乡一体化发展、乡村振兴和精准扶贫等理论的指导下，我国不断推动要素市场一体化、释放区域发展活力的多极增长，同时发挥欠发达地区基础设施补短板等的追赶效应，形成高质量发展导向的区域协调发展格局，贫困地区脱贫、城乡二元结构和大城市病等一些区域发展中的顽疾在相关理论指导下得到了明显改善。

从新中国区域协调发展的历史性演进过程可以看出，我国的区域协调发展始终是以发展生产力为前提，并在此基础上围绕着推动区域生产力水平提升、区域生产力布局均衡和区域间人民生活水平大体相当这一总体目标迈进。我国区域协调发展的内涵也呈现出从最初一刀切的平均主义到先富带动后富最后实现共同富裕的转向。可以说，以区域协调发展推进全体人民共同富裕始终是党发展区域经济的根本指导思想，只不过在不同的历史阶段其侧重点有所不同，但其根本目标都在于实现全体人民共同富裕这一社会主义本质要求。

（三）区域协调发展对实现共同富裕目标的现实意义

当前，区域经济发展不平衡不充分已经成为中国推动实现共同富裕道路上的一大阻碍。为了更好地建设现代化经济体系、推动经济高质量发展并最终实现共同富裕，推动区域协调发展已经成为我国现代化进程中必须面对的重大课题。基于区域协调发展推动实现共同富裕目标的理论逻辑，区域之间发展差距的缩小与整体区域发展水平的提升是我国实现共同富裕目标的两大必要条件，二者缺一不可。

一方面，实现共同富裕目标要求通过区域协调发展来缩小区域发展差距。共同富裕是社会主义发展的终极目标，是一项系统工程和复杂过程，实现共同富裕肯定要求缩小所有不同类型的发展差距，如区域差距、城乡差距和行业差距等。在这其中，区域差距是影响共同富裕目标顺利实现的关键，这是因为区域是现实经济活动的空间载体，也是影响经济发展效率的主要因素，区域之间的发展差距不仅会直接影响整个国家的共同富裕水平，也会对其他不同类型的发展差距产生重要影响。换言之，如果区域发展差距没有缩小，其他类型的发展差距也很难缩小，最终会导致共同富裕目标难以实现。然而，由于中国地域辽阔、行政区域数量众多，不同区域之间的自然禀赋、区位条件和发展能力各不相同，不同区域的发展难以呈现相同的发展趋势。同时，市场经济的理论与实践都已经证明，区域发展在市场经济机制的作用下往往会呈现马太效应，即区域之间的发展差距会越来越大而不会逐渐缩小。在此背景下，想要通过缩小区域发展差距从而推动实现共同富裕就需要依靠政府的力量，而实施区域协调发展战略就是新时代中国政府缩小区域发展差距的主要举措。从这个角度看，实施区域协调发展战略是实现共同富裕目标的必然要求。

另一方面，实现共同富裕目标要求通过区域协调发展来提高当前中国区域发展水平。缩小区域差距只是实现共同富裕的目标之一。由于共同富裕目标与国家经济发展水平直接相关，国家经济发展水平越高，共同富裕目标实现的可能性才越大，而区域经济作为国家经济发展的主要载体，区域经济发展水平的高低对国家经济发展水平的高低具有直接影响，这就意味着提高区域发展水平是实现共同富裕目标的重要前提之一。某种程度上，相比于缩小区域发展差距这一目标，提高区域发展水平甚至是实现共同富裕目标更为重要的前提条件。进一步地看，由于中国长期实施东部沿海地区率先发展战略，目前东部已经培育出了一大批发展水平较高、发展能力较强的先发地区，这部分地区未来的发展势头将直接影响共同富裕目标的顺利实现。在众多影响先发地区经济发展水平的因素中，市场一体化程度和区域之间的产业分工程度尤为重要。总体而言，市场一体化程度越高、区域间产业分工质量越好，先发地区的发展优势就会发挥得更加充分，区域经济发展水平就越高[8]。因此，通过实施新时代区域协调发展战略，进而提高区域之间的一体化发展程度和加快构建良好的区域间产业分工体系，先发地区就能够享有更大的发展空间和实现更高水平的发展，最终也能为实现共同富裕目标提供更为坚实的经济基础。

二 中国主要区域发展差距的现状分析

由于长期实施非均衡区域发展战略，中国区域发展差距在很长时间内都处于较高水平。虽然党中央先后于1999年、2003年、2006年实施的西部大开发、振兴东北老工业基地和中部地区崛起等旨在加快内陆地区发展的区域发展战略在一定程度上有效缩小了国内区域差距，但整体来看，目前中国区域发展差距仍然处于较高水平。深入贯彻落实区域协调发展战略的过程中需要重点关注以下四个方面的区域发展差距。

（一）中国六大区域之间的发展差距

中国经济区域的划分具有多种不同思路，例如传统的三大地带和四大板块区域划分方法。为了更详细地揭示中国区域发展的差距，本部分按照经典的六分法将中国内陆划分为华北、东北、华东、中南、西南和西北六个经济区域，通过观察六大区域的 GDP 比重变化情况来分析中国区域之间的发展差距演变情况，详见表9-1。

表 9-1 中国六大区域 1999~2020 年的 GDP 比重变化情况

单位：%

地区	1999年	2000年	2001年	2002年	2003年	2004年	2005年	2006年	2007年	2008年	2009年	2010年	2011年	2012年	2013年	2014年	2015年	2016年	2017年	2018年	2019年	2020年
华北	13.0	13.1	13.3	13.5	13.9	14.1	14.1	14.0	14.0	13.9	13.8	13.7	13.6	13.5	13.2	12.8	12.5	12.3	12.3	12.1	12.1	12.0
东北	9.5	9.5	9.2	9.0	8.5	8.0	7.8	7.7	7.6	7.5	7.3	6.9	6.9	6.9	6.8	6.5	6.0	5.7	5.4	5.2	5.1	5.0
华东	37.5	37.4	37.4	37.7	37.8	38.1	38.3	38.4	38.2	37.9	38.2	38.2	37.8	37.5	37.6	37.6	38.1	38.3	38.2	38.2	38.0	38.3
中南	25.8	26.1	26.1	26.0	26.1	26.0	26.3	26.4	26.6	26.6	26.7	26.8	26.7	26.5	26.5	26.8	27.3	27.5	27.6	27.7	27.9	27.5
西南	9.4	9.1	9.0	9.0	8.9	8.8	8.6	8.6	8.7	8.9	9.1	9.2	9.6	10.0	10.2	10.4	10.5	10.7	11.0	11.2	11.4	11.6
西北	4.8	4.9	4.9	4.8	4.9	4.9	4.9	5.0	5.0	5.1	5.1	5.3	5.5	5.6	5.7	5.8	5.5	5.4	5.5	5.6	5.6	5.5

资料来源：根据国家统计局数据，由笔者计算得到。

由表 9-1 可知，一方面，从绝对份额看，六大区域的发展水平差距极大。2020 年华北、东北、华东、中南、西南和西北地区 GDP 占全国经济总量比重分别为 12.0%、5.0%、38.3%、27.5%、11.6% 和 5.5%，华东地区 GDP 占全国经济总量的比重分别是西北和东北地区的 6 倍以上、华北与西南地区的 3 倍以上，可见六大区域之间存在较大的发展差距。另一方面，从 GDP 增速来看，华北、东北、华东、中南、西南和西北地区的 GDP 增速呈现非常明显的分化态势。华北地区 GDP 占全国经济总量的比重从 2005 年的峰值 14.1% 下降至 2020 年的谷值 12.0%；东北地区 GDP 占全国经济总量比重从 1999 年的峰值 9.5% 下降至 2020 年的谷值 5.0%；华东地区 GDP 占全国经济总量的比重从 2006 年的峰值 38.4% 下降至 2012 年的谷值 37.5% 后，又开始逆势上涨至 2020 年的 38.3%；西南地区 GDP 占全国经济总量的比重从 2006 年的谷值 8.6% 上升至 2020 年的 11.6%，增幅达 3 个百分点，是近 20 年 GDP 占比提升幅度最大的地区；中南地区 GDP 占全国经济总量的比重从 1999 年的谷值 25.8% 一直波动上升至 2020 年的 27.5%，提高了 1.7 个百分点，是近 20 年提升幅度第二的地区；西北地区 GDP 占全国经济总量比重从 1999 年的谷值 4.8% 一路波动上升至 2020 年的 5.5%。可见，西南地区、中南地区、华东地区是过去 10 余年里经济增速最快的几个地区，而这三个地区恰恰又都是经济总量较大的地区，这就意味着这些地区不仅经济总量大，而且经济增速快，这无疑会继续拉大区域发展差距。

（二）中国不同省域之间的发展差距

除了六大区域之间的发展差距外，中国省域之间的发展差距也是中国整体区域发展差距的主要组成部分。为了保持分析逻辑一致，仍然选择 31 个省份的 GDP 占全国经济总量比重变化情况来观察区域发展差距的具体特征，详见表 9-2。

表 9-2　1999~2020 年我国 31 个省份 GDP 比重变化情况

单位：%

省份	2015~2020 年均值	2009~2014 年均值	2003~2008 年均值	1999~2002 年均值
北京	3.59	3.56	3.80	3.45
天津	1.48	1.65	1.61	1.62
河北	3.66	4.21	4.56	4.68
山西	1.71	2.07	2.16	1.90
内蒙古	1.79	1.94	1.86	1.58
辽宁	2.64	3.32	3.92	4.68
吉林	1.30	1.56	1.50	1.79
黑龙江	1.48	2.00	2.43	2.83
上海	3.91	4.10	4.82	4.85
江苏	10.21	9.93	9.44	8.76
浙江	6.32	6.39	6.92	6.40
安徽	3.63	3.32	3.02	3.23
福建	4.13	3.69	3.46	3.80
江西	2.47	2.33	2.11	2.05
山东	7.51	8.04	8.33	8.44
河南	5.41	5.38	5.35	5.11
湖北	4.47	4.08	3.46	3.60
湖南	4.08	3.85	3.42	3.57
广东	10.93	10.77	11.61	11.03
广西	2.15	2.08	2.01	2.14
海南	0.54	0.50	0.48	0.54
重庆	2.39	2.08	1.83	1.88
四川	4.59	4.30	3.88	4.01
贵州	1.65	1.22	1.04	1.05
云南	2.27	2.01	1.88	2.05
西藏	0.17	0.13	0.13	0.13
陕西	2.59	2.51	2.04	1.85
甘肃	0.90	0.98	0.99	1.06
青海	0.30	0.28	0.27	0.28
宁夏	0.38	0.38	0.32	0.31
新疆	1.35	1.34	1.33	1.36

资料来源：根据国家统计局数据，由笔者计算得到。

由表9-2可知，一方面，中国省域之间的GDP差距较大。例如，2015~2020年，广东省与江苏省的GDP占全国比重都超过10%，但与此同时中国还有5个省份的GDP占全国经济总量比重低于1%，与广东省和江苏省的差距均在10倍以上。2020年中国所有省份GDP占全国经济总量比重的均值为3.2%，但是包括天津市、山西省、内蒙古自治区、辽宁省、吉林省、黑龙江省、江西省、广西壮族自治区、海南省、重庆市、贵州省、云南省、西藏自治区、陕西省、甘肃省、青海省、宁夏回族自治区和新疆维吾尔自治区在内的18个省份的GDP占全国经济总量的比重都低于这一均值，只有13个省份的GDP占全国经济总量的比重高于这一均值。可见，目前中国的区域发展差距是比较大的。另一方面，中国不同省域之间的GDP增速也存在较大差异。从不同省域的GDP占全国经济总量的比重的变化趋势看，一个最显著的特征是1999~2008年与2009~2020年的变化趋势发生了明显改变。在1999~2008年，很多北方省份的GDP占全国经济总量的比重都出现了一定程度的增长，例如北京市、山西省、内蒙古自治区、河南省、陕西省和宁夏回族自治区的GDP占全国经济总量的比重都有所增长。但是在2009~2020年，除了北京市、河南省、陕西省、青海省、宁夏回族自治区和新疆维吾尔自治区之外，其他北方省份的GDP占全国经济总量的比重均有所下降，其中河北省的GDP占全国经济总量的比重下降了0.55个百分点，辽宁省的GDP占全国经济总量比重下降了0.68个百分点，黑龙江省的GDP占全国经济总量比重下降了0.52个百分点，山东省的GDP占全国经济总量比重下降了0.53个百分点。考虑到南方地区的经济总量原本就要高于北方地区，北方省份的经济增速下滑也意味着中国省域经济发展差距面临继续扩大的压力。

（三）各省域内部的城乡发展差距

除了省域之间的发展差距外，由于长期以来中国的城乡二元经济结构问题突出，各个省域内部的城乡发展差距也是中国区域发展不平衡不充分的重要原因之一。可以用城乡居民可支配收入的比值来分析各省域内部城乡发展差距的演变情况，详见表9-3。

表 9-3　2013~2020 年中国 31 个省份城乡居民可支配收入比值变化情况

省份	2020 年	2019 年	2018 年	2017 年	2016 年	2015 年	2014 年	2013 年
北京	2.510	2.553	2.567	2.575	2.567	2.570	2.572	2.606
天津	1.855	1.859	1.863	1.852	1.848	1.845	1.852	1.888
河北	2.264	2.325	2.350	2.372	2.370	2.366	2.370	2.419
山西	2.507	2.578	2.641	2.700	2.713	2.732	2.732	2.800
内蒙古	2.496	2.668	2.775	2.835	2.840	2.839	2.842	2.894
辽宁	2.314	2.469	2.548	2.546	2.552	2.582	2.599	2.627
吉林	2.079	2.162	2.195	2.187	2.188	2.199	2.154	2.181
黑龙江	1.924	2.065	2.115	2.167	2.175	2.181	2.163	2.225
上海	2.189	2.218	2.240	2.250	2.261	2.282	2.305	2.336
江苏	2.194	2.252	2.264	2.277	2.281	2.287	2.296	2.336
浙江	1.964	2.014	2.036	2.054	2.066	2.069	2.085	2.120
安徽	2.373	2.435	2.457	2.480	2.488	2.489	2.505	2.575
福建	2.259	2.331	2.364	2.388	2.401	2.412	2.429	2.470
江西	2.271	2.314	2.339	2.356	2.362	2.379	2.403	2.434
山东	2.332	2.381	2.427	2.433	2.437	2.440	2.459	2.515
河南	2.157	2.255	2.305	2.324	2.328	2.357	2.375	2.424
湖北	2.251	2.294	2.300	2.309	2.309	2.284	2.291	2.339
湖南	2.514	2.588	2.604	2.624	2.622	2.623	2.641	2.697
广东	2.495	2.557	2.583	2.597	2.597	2.602	2.625	2.669
广西	2.420	2.541	2.608	2.693	2.734	2.790	2.841	2.911
海南	2.279	2.383	2.384	2.389	2.403	2.427	2.470	2.546
重庆	2.445	2.507	2.532	2.547	2.564	2.593	2.650	2.715

续表

省份	2020 年	2019 年	2018 年	2017 年	2016 年	2015 年	2014 年	2013 年
四川	2.401	2.464	2.492	2.513	2.529	2.557	2.592	2.652
贵州	3.100	3.199	3.252	3.279	3.306	3.327	3.380	3.487
云南	2.920	3.045	3.110	3.143	3.172	3.200	3.259	3.340
西藏	2.819	2.889	2.952	2.969	3.057	3.088	2.992	3.112
陕西	2.844	2.929	2.971	3.001	3.027	3.041	3.072	3.151
甘肃	3.270	3.357	3.403	3.438	3.445	3.427	3.474	3.556
青海	2.877	2.942	3.032	3.083	3.088	3.094	3.063	3.149
宁夏	2.572	2.670	2.724	2.745	2.756	2.762	2.769	2.826
新疆	2.479	2.642	2.736	2.786	2.795	2.788	2.661	2.688

注：从 2013 年起，国家统计局开展了城乡一体化住户收支与生活状况调查，2013 年及以后数据来源于此项调查。由于 2013 年之后的调查与 2013 年前的分城镇和农村住户调查的调查范围、调查方法和指标口径均有所不同，从数据可比的角度考虑，本表只选用 2013～2020 年的数据进行分析。

资料来源：根据国家统计局数据，由笔者计算得到。

从表 9-3 看，中国各省域内部的城乡发展差距仍然比较明显，2020 年各省份的城乡居民可支配收入比值的均值为 2.43。2020 年城乡居民可支配收入的比值小于 2 的省份只有天津市、黑龙江省和浙江省，其城乡居民可支配收入的比值分别是 1.855、1.924 和 1.964。此外，贵州省和甘肃省的城乡居民可支配收入的比值超过 3，是城乡发展差距最大的两个省，其他 26 个省市自治区的城乡居民可支配收入的比值则都在 2～3。可见，目前中国的城乡发展差距是比较大的。与此同时，观察各个省份的城乡居民可支配收入差距比值变化可知，近 4 年城乡居民收入差距开始下降，如果考虑到 2020 年的疫情影响，只观察 2016～2019 年的城乡居民可支配收入比值变化，可以发现绝大部分省份的城乡居民可支配收入差距缩小极为缓慢，2016～2019 年的城乡居民可支配收入比值降低幅度超过 0.1 的省份只有山西省、内蒙古自治区、黑龙江省、广西壮族自治区、贵州省、云南省、西藏自治区、青海省和新疆维吾尔自治区，其他22个省份的城乡居民可支配收入比值的缩小幅度都在0.1以内。这也从侧面反映了城乡收入差距缩小的艰巨性。

（四）中国南北地区的发展差距

随着改革开放的全面深入推进，中国南方地区在全国区域经济体系中的地位逐渐提高而北方地区的经济地位逐渐下滑，1999~2020年中国南方地区和北方地区的GDP占全国经济总量比重的变化情况见表9-4。

表9-4　中国南北地区1999~2020年的GDP比重变化情况

单位：%

地区	2015~2020年均值	2009~2014年均值	2003~2008年均值	1999~2002年均值
北方地区	36.09	39.22	40.47	40.94
南方地区	63.91	60.78	59.53	59.06

注：根据许宪春等的划分标准，北方地区包括北京市、天津市、河北省、山西省、内蒙古自治区、辽宁省、吉林省、黑龙江省、山东省、河南省、陕西省、甘肃省、青海省、宁夏回族自治区和新疆维吾尔自治区，南方地区包括上海市、江苏省、浙江省、安徽省、福建省、江西省、湖北省、湖南省、广东省、广西壮族自治区、海南省、重庆市、四川省、贵州省、云南省和西藏自治区。参见许宪春、雷泽坤、窦园园、柳士昌《中国南北平衡发展差距研究——基于"中国平衡发展指数"的综合分析》，《中国工业经济》2021年第2期。

资料来源：根据国家统计局数据，由笔者计算得到。

由表9-4可知，自1999年以来，北方地区的GDP占全国经济总量比重持续下滑。1999~2002年北方地区的GDP占全国经济总量比重的均值为40.94%，2003~2008年下降至40.47%，2009~2014年略微下降至39.22%，2015~2020年则快速下降至36.09%，20多年间，北方地区的GDP占全国经济总量比重的下降幅度已经超过了4.8个百分点。

与此同时，从单个省份的经济发展形势来看，北方省份与南方省份的 GDP 差距也在逐渐扩大。例如，在北方地区中，经济规模排名第一的山东省 1999~2002 年的 GDP 占全国经济总量比重为 8.44%，而 2015~2020 年山东省的 GDP 占全国经济总量比重下降为 7.51%，降幅为 0.93 个百分点。相比之下，作为南方经济规模最大的两个省份，江苏省和广东省的 GDP 占全国经济总量比重分别由 1999~2002 年的 8.76% 和 11.03% 变为 2015~2020 年的 10.21% 和 10.93%，江苏省的 GDP 占全国经济总量比重上升了 1.45 个百分点，而广东省的 GDP 占全国经济总量比重虽然略有下降，但是相比于 2009~2014 年的 10.77% 则实现了占比的重新提高，这与山东省 GDP 比重持续下滑的趋势是完全不同的。因此，南北地区的发展差距问题值得高度重视。

三 中国实施区域重大战略的理论参考与实施现状

党的十八大以来，以习近平同志为核心的党中央高度重视区域协调发展，立足我国经济发展的空间结构正在发生深刻变化的新形势，以解决我国区域发展不平衡不充分问题为导向，部署推动了京津冀协同发展、长江经济带发展、粤港澳大湾区建设、长三角一体化发展、黄河流域生态保护和高质量发展等区域重大战略。实施区域重大战略有效地促进了我国区域协调发展迈向更高层次更高水平，有助于推动经济社会持续健康稳定发展。

（一）实施区域重大战略的理论参考及发展

新时代中国实施区域重大战略的一个重要的区域经济理论借鉴就

是增长极理论。增长极理论的基本思想是：增长并非同时出现在所有的地方，它以不同的强度出现于一些增长点或增长极上，然后通过不同的渠道向外扩散，并对整个经济产生不同的最终影响[9]。这一思想是在空间领域对经济发展不平衡这一事实的经验归纳和总结。增长极理论作为一种政策工具，主要适用于经济发展步入成长阶段或成熟阶段的区域[10]，被当代各国用来解决各种区域发展与规划问题。例如，法国八个平衡大城市的确立，意大利南部巴里-塔兰托-布林迪西工业综合体的组建，美国阿巴拉契亚地区增长中心规划，拉丁美洲次级增长中心的建立，非洲农村增长中心实践，等等[11]。中国也不例外。改革开放后，以增长极理论为代表的区域非均衡发展理论在新中国探索区域经济快速发展的过程中发挥了重要作用。这主要有三个方面的原因：第一，增长极的极化效应为吸引要素资源、推动产业集聚提供了理论依据；第二，增长极理论是基于效率导向下的非均衡发展模式，被广泛应用于中国的区域开发实践，如东部沿海地区优先发展；第三，运用增长极理论解决了改革开放以来有效配置资源的问题，为政府决策提供了理论参考[12]。党的十八大之后，我国陆续出台的京津冀协同发展、长江经济带发展、粤港澳大湾区建设、长三角一体化发展以及黄河流域生态保护和高质量发展五大区域重大战略的主要理论借鉴也是增长极理论。从缩小区域发展差距与实现全体人民共同富裕的关系视角来看，实施区域重大战略对实现共同富裕目标的重要影响作用主要体现在以下三个方面。

第一，增长极地区的辐射带动作用。纵观全世界现代国家发展历程，可以发现无论是发达国家还是欠发达国家，大都呈现由点到面的发展特征，即局部地区率先发展而后其成为增长极引领国家的整体发展。例如美国的东北部地区、日本的东京湾地区、埃及的开罗地区等都是这些国家率先实现发展并对整个国家发展水平的提升发挥了重要带动作用的地区[13]。从实现共同富裕目标来看，培育增长极地区，不断提高增长极地区自身的经济发展水平，对我国的区域经济发展具有极为重要的作用。改革开放后的 20 年里，我国的区域发展战略都是以鼓励东部沿海地区率先发展的非均衡发展为导向。虽然在一定程度上导致了区域差距扩大，但是这一战略举措在客观上极大地释放了东部沿海地区的经济发展潜力。经过短短几十年的发展，东部沿海地区不仅已经成为推动全国经济增长的主要增长极地区，而且更是具备了与全球一流水平的区域经济相竞争的实力。例如，我国粤港澳大湾区的经济总量已经位居全球四大湾区的第二，与排名第一的东京湾区的经济总量相差不远。因此，在以区域协调发展推动实现共同富裕的过程中，我国的增长极地区能否继续保持率先和引领发展的势头并发挥对其他地区的辐射带动作用将成为决定性的关键因素。

第二，增长极地区和欠发达地区之间的区域合作。现代国家崛起和发展的一般规律决定了国家内部增长极地区的出现与形成。而社会主义社会共同富裕目标的提出则必然要求增长极地区能够对欠发达地区发挥溢出效应，辐射带动欠发达地区的经济发展。改革开放之后，我国的区域发展实践有效地培育了一大批增长极地区。然而，随着东部沿海地区发展水平的提高，东部与中西部地区的发展差距也逐渐扩大。鉴于此，想要更好实现以区域协调发展促进共同富裕，不仅要不断提升增长极自身的经济发展实力，还要努力提高增长极地区和欠发达地区的联动发展水平。因此党的十八大以后，中央先后提出京津冀协同发展、长江经济带发展、粤港澳大湾区建设、长三角一体化发展、黄河流域生态保护和高质量发展等旨在加强区域之间协调联动发展的五大重大战略，确保增长极地区和欠发达地区之间能够形成畅通有效的合作交流渠道。一般情况下，增长极地区自身的经济实力越强，增长极地区的辐射带动能力越强，但这种辐射带动作用需要通过有效的传播渠道才能得到充分发挥，增长极地区与欠发达地区之间的区域合作则是保证增长极地区有效发挥辐射带动作用的关键因素。增长极地区和欠发达地区之间的合作渠道数量越多、合作渠道越通畅、合作机制越有效，增长极地区的辐射带动作用就越能充分发挥，这正是我国区域重大战略的实施重点与主要目标之一。

第三，欠发达地区的内生发展能力提升。实现全体人民共同富裕必然要求国内各个区域都能够达到一定的发展水平，而想要推动所有区域都能够达到一定发展水平，仅仅依靠增长极地区对欠发达地区的辐射带动作用显然是不够的。因为在现实中，欠发达地区的数量往往要远多于增长极地区的数量，增长极地区的空间辐射范围不可能覆盖所有欠发达地区。因此，对于很多欠发达地区而言，提升自身区域发展水平的根本动力只能来源于区域内部。对具有区位优势的欠发达地区而言，主动接受增长极地区的辐射是有效提高其发展水平的关键。然而，对其他不具备区位优势的欠发达地区来说，增强其自身的内生发展能力才是实现区域经济发展的根本出路。由于发展过程的原动力总是倾向于经济活动的集聚，在现实世界中，增长极地区的要素集聚效应在发展过程中往往会越来越强，而相应地，欠发达地区的发展资源就会越来越少，这就使得欠发达地区陷入发展困境。欠发达地区想要破解这一发展困境，除了接受增长极地区的辐射带动、国家战略的支持和政府政策的倾斜之外，更重要的是要能够通过准确识别自身的发展优势与劣势、科学制定并有效落实产业与发展规划等方面提升区域内生发展能力，这也是以区域协调发展推动实现共同富裕目标过程中的重中之重。

（二）区域重大战略的基本情况

新时代，我国经济发展中不平衡、不充分、不协调的问题很大程度上都体现在区域之间，而通过深入实施区域重大战略和区域协调发展战略，促进区域板块之间协调发展，促进区域间融合互动、融通补充，是"十四五"期间深入贯彻落实区域发展战略的总体要求。由表9-5可知，近年来，我国正在按照区域协调发展的总基调稳步推动形成了覆盖不同地区的"3+2"区域重大战略格局："3"是指京津冀协同发展、粤港澳大湾区建设和长三角一体化发展，这三大区域发展战略均以着力打造重点城市群为中心；"2"是指长江经济带发展、黄河流域生态保护和高质量发展，这两大区域发展战略着力打造以重要江河为纽带的区域经济系统。

表9-5　我国五大区域重大战略的基本情况

区域重大战略	基本情况
京津冀协同发展	2014年提出；2015年出台《京津冀协同发展规划纲要》；覆盖区域：北京市、天津市、河北省；土地面积：21.6万平方公里；2020年末总人口：1.1亿人
长江经济带发展	2014年提出；2016年出台《长江经济带发展规划纲要》；覆盖区域：上海市、江苏省、浙江省、安徽省、江西省、湖北省、湖南省、重庆市、四川省、云南省、贵州省；土地面积：205.83万平方公里；2020年末总人口：6.06亿人
粤港澳大湾区建设	2016年提出；2019年出台《粤港澳大湾区发展规划纲要》；覆盖区域：珠三角九市（广州市、深圳市、珠海市、佛山市、惠州市、东莞市、中山市、江门市、肇庆市）、香港特别行政区和澳门特别行政区；土地面积：5.6万平方公里；2020年末总人口（珠三角）：0.78亿人

续表

区域重大战略	基本情况
长三角一体化发展	2010 年提出长三角区域规划;2018 年长三角一体化发展上升为国家战略;2019 年出台《长江三角洲区域一体化发展规划纲要》;覆盖区域:上海市、江苏省、浙江省、安徽省;土地面积:35.8 万平方公里;2020 年末总人口:2.35 亿人
黄河流域生态保护和高质量发展	2019 年提出;2021 年出台《黄河流域生态保护和高质量发展规划纲要》;覆盖区域:青海省、四川省、甘肃省、宁夏回族自治区、内蒙古自治区、山西省、陕西省、河南省、山东省;土地面积:130 万平方公里;2020 年末总人口:4.21 亿人

资料来源:年末总人口数据来源于 EPS 数据平台。

　　具体来看,京津冀协同发展战略覆盖北京、天津、河北 3 省市,面积为 21.6 万平方公里,2020 年末常住人口为 1.1 亿人,自 2014 年提出以来在北京非首都功能疏解、生态环境协同治理、交通一体化发展、空间格局优化、基本公共服务均等化等方面均取得了明显成效。2020 年京津冀地区实现地区生产总值 8.64 万亿元,占全国经济总量的 8.5%。粤港澳大湾区建设战略覆盖广州、深圳、珠海、佛山、惠州、东莞、中山、江门和肇庆等珠三角 9 市以及香港和澳门特别行政区,面积为 5.6 万平方公里,珠三角 9 市常住人口为 0.78 亿人,加上港澳常住人口,共近 0.87 亿人。大湾区的建设有力地推进了湾区市场一体化、制度一体化和区域创新一体化,2020 年大湾区实现地区生产总值 8.95 万亿元,占全国经济总量的 8.8%。长三角一体化发展战略覆盖上海、江苏、浙江、安徽三省一市,面积为 35.8 万平方公里,2020 年末常住人口为 2.35 亿人,2020 年长三角地区实现地区生产总值 24.5 万亿元,占全国经济总量的 24.1%。长三角正在成为中国最具影响力和带动力的强劲活跃增长极,有效带动了整个华东地区的发展。长江经济带发展战略覆盖上海、江苏、浙江、安徽、江西、湖北、湖南、重庆、四川、云南和贵州11个省市，包含长三角、长江中游和成渝3个重要城市群，面积达205.83万平方公里，常住人口为6.06亿人。长江经济带横跨中国东部、中部、西部三大区域，是中国总体国土空间布局的重要东西向轴线，也是增强东中西经济互动联系的通道命脉。2020年，长江经济带实现地区生产总值47.16万亿元，占全国经济总量的46.6%，已经成为中国经济最强劲活跃的增长带。黄河流域从西到东横跨青藏高原、内蒙古高原、黄土高原和黄淮海平原四个地貌单元，黄河流域生态保护和高质量发展战略覆盖青海、四川、甘肃、宁夏、内蒙古、陕西、山西、河南和山东9个省区，2020年实现地区生产总值25.4万亿元，占全国经济总量的25.1%。

总体而言，目前"3+2"五大区域重大战略覆盖了我国23个省市区和香港、澳门特别行政区，2020年常住人口共11.4亿人，占全国总人口的80.3%，2020年实现地区生产总值85.28万亿元，占全国生产总值的84.13%。可以说，区域重大战略的推动实施为我国构建全方位、多层次、多形式的区域联动格局，推动形成高质量发展的区域经济布局和国土空间支撑体系，继而推动实现经济社会的可持续发展，促进全体人民共同富裕创造了良好条件。

（三）区域重大战略的实施效果

京津冀协同发展、长江经济带发展、粤港澳大湾区建设、长三角一体化发展和黄河流域生态保护和高质量发展，都是党的十八大以来的重大国家发展战略，是新时代促进区域协调发展、引领全国高质量发展、完善我国改革开放空间布局和打造我国发展强劲活跃增长极的重大举措。从近年来的实施过程看，不断贯彻落实区域重大战略取得了显著的实施效果，这主要体现在区域重大战略的指导规划已经编制完成、区域重大战略覆盖地区的经济发展水平有所提高以及区域重大战略的实施目标均在稳步推进这三个方面。

第一，区域重大战略的指导规划已经编制完成。发展规划是实施区域重大战略的纲领性文件，是区域重大战略不断贯彻落实的根本指导。党的十八大以来，习近平多次强调发展规划对区域发展与城市发展的指导与约束作用。在此背景下，我国区域重大战略的规划编制工作都已经顺利完成。针对京津冀协同发展战略，《京津冀协同发展规划纲要》在 2015 年审议通过；针对长江经济带发展战略，《长江经济带发展规划纲要》在 2016 年审议通过；针对粤港澳大湾区发展战略，《粤港澳大湾区发展规划纲要》在 2019 年审议通过；针对长三角一体化发展战略，《长江三角洲区域一体化发展规划纲要》在 2019 年审议通过；针对黄河流域生态保护和高质量发展战略，《黄河流域生态保护和高质量发展规划纲要》在 2021 年审议通过。可见，目前我国五大区域重大战略的发展规划都已经编制完成并印发实施，为未来深入实施区域重大战略提供了强有力的顶层设计保障。

第二，区域重大战略覆盖地区的经济发展水平有所提高。京津冀地区、长江经济带、粤港澳大湾区、长三角地区和黄河流域正在成为我国区域经济发展的重要增长极地区，深刻影响了我国空间经济格局的演变和区域关系，对我国区域经济发展起到了重要的带动作用。以粤港澳大湾区为例，2021 年粤港澳大湾区的经济总量约为12.6 万亿元人民币，比 2017 年增加约 2.4 万亿元人民币，大湾区内进入世界 500 强的企业有 25 家，比 2017 年增加了 8 家，广东省现有高新技术企业超 6 万家，比 2017 年净增加 2 万多家。[14] 长三角一体化发展战略也不例外，2021 年长三角地区实现经济总量达 27 万亿元，约占全国经济总量的 24.5%，比 2018 年的 21.5 万亿元占全国经济总量的 21.5% 增加了 5.5 万亿元，增长了 3 个百分点。更重要的是，从经济增速来看，2021 年江苏、浙江、安徽三省的 GDP 增速分别为 8.6%、8.5% 和 8.3%，都超过了国内 GDP 平均增速（8.1%），这也说明长三角一体化发展战略有效地促进了战略覆盖区域的经济发展。

第三，区域重大战略的实施目标均在稳步推进。从功能定位看，京津冀协同发展、长江经济带发展、粤港澳大湾区建设、长三角一体化发展、黄河流域生态保护和高质量发展战略都从属于区域协调发展战略，最终目标旨在实现区域一体化发展。但从各个战略的阶段性目标看，这五大区域重大战略也都有自己的操作重点。具体来看，京津冀协同发展战略的实施重点就在于疏解北京非首都功能。2014 年以来，北京已经累计退出一般制造业企业和污染企业约 3000 家，疏解提升区域性批发市场和物流中心累计近 1000 个，严格执行新增产业禁止和限制目录，不予办理新设立或变更登记业务累计近 2.4 万件，中关村企业在天津、河北两地设立分支机构 9000 余家，北京流向津冀的技术合同成交额达 1760 亿元。[15] 长三角一体化发展战略的实施重点在于实现苏浙沪皖的一体化发展。自 2019 年《长江三角洲区域一体化发展规划纲要》出台以来，长三角地区已经形成 32 项具有开创性的制度创新成果，在全国首次实现跨省级行政区域执行统一的产业发展指导目录和产业项目准入，发布国内首个跨省级行政主体共同编制的国土空间规划，长江三角洲区域一体化水平稳步提高。长江经济带发展战略的实施重点在于协同推动生态环境保护和经济发展。自 2016 年《长江经济带发展规划纲要》出台之后，长江经济带沿线地区坚持以生态优先、绿色发展为引领，以共抓大保护、不搞大开发为导向，从生态系统性和流域整体性着眼，把修复长江生态环境摆在压倒性位置，长江流域全面禁捕开启"十年禁渔"，《长江保护法》从 2021 年 3 月 1 日开始施行，《长江保护修复攻坚战行动计划》明确的劣 V 类（GB 3838-2002《地表水环境质量标准》）国控断面已实现动态清零。粤港澳大湾区建设战略的实施重点在于从国家政策层面推动粤、港、澳三地合作，建设国际一流湾区和世界级城市群。相比于旧金山湾区、纽约湾区和东京湾区等世界主要大湾区，粤港澳大湾区有着同属一个国家，实行两种制度，覆盖三个关税区，拥有四个核心城市和五个万亿级城市，包括香港、澳门两个特别行政区以及中国经济第一省的独一无二的发展优势。自 2019 年规划纲要颁布以来，粤港澳大湾区不断以创新驱动推进科技、产业、金融等方面的深度合作，搭建国际化法律服务平台推动三地法制融合，深化金融对外开放助力大湾区金融业的互联互通，吸引国内外人才助推科创高地加速形成。黄河流域生态保护和高质量发展战略的实施重点也在于生态保护和高质量发展。战略实施两年多来，流域地区在着力提升防洪减灾能力和水平、着力推动生态系统保护和治理、着力加强水资源节约集约利用、着力提升水安全保障能力、着力推动经济高质量发展、着力保护传承弘扬黄河文化等方面都取得了重要进展。整体而言，我国区域重大战略的各自重点工作都进展顺利，取得了明显成效。

（四）深入实施区域重大战略面临的挑战

区域重大发展战略的实施显著加速了区域经济发展，但从相关数据和已有研究来看，在实现共同富裕目标上，通过深入实施区域重大战略来缩小区域差距仍然面临如下挑战。

第一，缩小区域重大战略覆盖区域的内部发展差距的难度在增加。从已有区域重大战略的实施效果看，部分区域发展战略并没有完全实现缩小战略区域内部发展差距的目标，甚至局部地区的发展差距仍在扩大。以京津冀地区为例，2014 年是京津冀协同发展战略提出的第一年，该年京、津、冀三地的人均地区生产总值分别是 10.8 万元、7.1 万元和 3.4 万元，北京市的人均地区生产总值分别约为天津市和河北省的 1.5 倍和 3.2 倍。而到了 2020 年，京、津、冀三地的人均地区生产总值分别是 16.5 万元、10.2 万元和 4.9 万元，北京市的人均地区生产总值分别约为天津市和河北省的 1.6 倍和 3.4 倍。可以发现，京津冀协同发展战略实施以来，京、津、冀三地的经济发展水平的绝对差距和相对差距都没有完全缩小，反而有所扩大。这也充分证明实现区域协调发展目标并非易事。

第二，区域重大战略龙头区域的经济增速在下降。从不同区域重大战略的空间经济发展格局来看，这些重点区域内部的龙头区域的经济增速正在下降，这不仅会直接影响到龙头区域对周边区域的辐射带动能力，也会间接冲击这些战略区域的一体化发展进程。由表 9-6 可知，2016 年、2019 年，只有属于长江经济带上游成渝城市群的成都市的经济增速略有提升，我国主要重大区域发展战略的龙头城市的经济增速都出现了明显下滑。具体来看，与 2016 年经济增速相比北京市 2019 年经济增速下降 0.6 个百分点，天津市 2019 年经济增速下降 4.2 个百分点，上海市 2019 年经济增速下降 0.8 个百分点，南京市 2019 年经济增速下降 0.2 个百分点，杭州市 2019 年经济增速下降 2.7 个百分点，深圳市 2019 年经济增速下降 2.3 个百分点，广州市 2019 年经济增速下降 1.4 个百分点，重庆市 2019 年经济增速下降

4.4 个百分点。其中，以天津市和重庆市经济增速下降最为明显，降幅均超过 4 个百分点。考虑到我国区域重大战略的实施时间并不长，当前这些重大战略涉及区域正处于需要作为区域增长极的核心城市发挥强有力的辐射带动能力的关键阶段，这一时期这些核心城市出现经济增速下滑的现象并不利于保障区域重大战略的高质量贯彻实施。

表 9-6　我国重点城市 2016 年和 2019 年的经济增速变化

单位：%，个百分点

城市与所属战略	2016 年	2019 年	增速变化
北京市（京津冀协同发展）	6.7	6.1	-0.6
天津市（京津冀协同发展）	9.0	4.8	-4.2
上海市（长三角一体化发展）	6.8	6.0	-0.8
南京市（长三角一体化发展）	8.0	7.8	-0.2
杭州市（长三角一体化发展）	9.5	6.8	-2.7
深圳市（粤港澳大湾区建设）	9.0	6.7	-2.3
广州市（粤港澳大湾区建设）	8.2	6.8	-1.4
重庆市（长江经济带发展）	10.7	6.3	-4.4
成都市（长江经济带发展）	7.7	7.8	0.1

资料来源：笔者根据各城市统计公报整理而得。

　　第三，区域重大战略的深入实施需要更精细的操作框架。当前，京津冀协同发展战略实施框架已经成为区域重大战略顶层设计的参考模板，后续出台的区域重大战略的实施框架都在一定程度上参考了京津冀协同发展战略。具体而言，京津冀协同发展战略提出了要在交通一体化、生态环境保护和产业升级转移三个重点领域集中力量推进，并分别编制了《京津冀协同发展交通一体化规划》《〈京津冀协同发展规划纲要〉 交通一体化实施方案》《京津冀协同发展生态环境保护规划》等规划方案，创造性地形成了推动区域协调发展的"交通—

产业—生态"三维框架。实践证明,"交通—产业—生态"这一实施框架重点突出、可操作性强、精准性高,后续的长江经济带发展、粤港澳大湾区建设、长三角一体化发展、黄河流域生态保护和高质量发展等四大区域发展战略的规划文本都采用了这一框架,该框架对指导各区域的发展发挥了重要作用。但随着交通、产业和生态三大领域工作的深入推进,诸如打通"断头路"、提高区域之间的交通运输网络密度、签订产业合作园区合作协议和深化生态环保合作等基础性工作都已经完成,但是如何构建高质量产业分工体系、如何推动先进产业集聚以及区域之间的生态补偿如何标准化、规范化、制度化和固定化等深层次问题仍然没有得到根本解决。因此,未来深入实施区域重大发展战略需要探索更精细更有针对性的操作框架。

四 以区域协调发展推动实现共同富裕的主要原则

从实现共同富裕的本质要求看,想要通过推动区域协调发展来实现全体人民共同富裕的目标需要坚持以下四个方面的思路。

(一)实现共同富裕的基本要求——区域共同发展

确保所有区域的发展水平都能够得到提高是实现共同富裕目标的必然要求。一方面,继续推动重要先发地区的增长是确保整体区域和国家综合实力提升的基础条件,也是推动共同富裕目标实现的有力保障;另一方面,高度重视欠发达地区、中小城市和小城镇的可持续发展能力提升是未来共同富裕目标顺利实现的重中之重。就如同全面脱贫目标要求全国所有的贫困村都能够顺利脱贫,共同富裕目标的最终实现也必然要求所有的欠发达地区都能够达到一定的发展水平，否则共同富裕的目标就很难实现。习近平也明确指出："不同地区富裕程度还会存在一定差异，不可能齐头并进。这是一个在动态中向前发展的过程，要持续推动，不断取得成效。"[16] 从这一角度分析，这就是中国实现共同富裕目标的艰巨挑战。例如，在中国 2021 年 2800 多个县级行政区中，人口规模在 10 万人以下的有 200 多个，其中 5 万人以下的有 100 多个，这些县大多集中于中部与西部地区，自身"造血"功能不足，如何让这部分地区也能够达到共同富裕的水平将是区域协调发展战略面临的巨大挑战。因此，共同富裕目标对区域协调发展战略的实施提出了明确要求：既要重视先发地区的继续引领发展，也要重视欠发达地区的共同发展。

（二）实现共同富裕的根本方法──区域共生发展

欠发达地区摆脱欠发达状态固然需要政策扶持，但就如同习近平针对全面脱贫曾经提出的要重视贫困地区的内生动力一样，想要让中国数量众多的欠发达地区都能够摆脱欠发达状态，也必须高度重视地区发展的内生动力。然而，对发达地区而言，由于此类地区发展基础好、发展水平高，它们的发展能力是比较强的，实现可持续的发展并无太大难题。但对欠发达地区尤其是不具有区位优势的欠发达地区而言，如何培育自身的内生发展能力则同样值得深入研究[17]。根据中国贫困地区全面脱贫的宝贵经验，在帮助欠发达地区通过培育内生发展能力来实现共同富裕的过程中，关键在于具有市场竞争力产业的培育。一方面，应该着力构建不同地区之间的产业分工体系，鼓励欠发达地区根据产业分工体系的结构和需求以及结合自身发展实际情况来针对性地制定科学合理的发展战略，尽快培育自身具有比较优势和竞争优势的产业结构；另一方面，相关部门也要充分发挥自身积极作用，设立引导不同地区之间的合作平台，加快不同地区之间形成深度合作的产业分工体系，同时针对欠发达地区发展过程中遇到的问题，精准制定科学的发展能力培育方案，有效支持这些地区积极培育自身的发展能力。

（三）实现共同富裕的重要保障——区域共享发展

除了发展问题外，缩小区域发展差距问题也是实现共同富裕必须破解的一个难题。从实践看，提高发展水平与缩小区域发展差距是并行不悖的两条路径。但是，中国过去的发展实践已经证明，发展水平的提高并不一定会导致区域发展差距的缩小，甚至还可能会出现暂时的区域发展差距扩大。根据国家统计局公布的基尼系数指标，虽然过去几十年我国经济高速发展，但与此同时我国的发展差距也逐渐拉大。自 2003 年以来，我国的基尼系数一直位于国际警戒线水平 0.4 以上，虽然 2008 年以来基尼系数从最高点 0.491 开始下滑，但是直到 2020 年中国的基尼系数仍然超过 0.4 的国际警戒线水平，这也充分表明我国居民收入差距比较大、共享发展程度不够[18]。针对这一情况，习近平指出："我国经济发展的'蛋糕'不断做大，但分配不公问题比较突出，收入差距、城乡区域公共服务水平差距较大。在共享改革发展成果上，无论是实际情况还是制度设计，都还有不完善的地方。为此，我们必须坚持发展为了人民、发展依靠人民、发展成果由人民共享，做出更有效的制度安排，使全体人民朝着共同富裕方向稳步前进，绝不能出现'富者累巨万，而贫者食糟糠'的现象。"[19]

长远来看，我们必须要采取有力措施确保区域发展差距能够被稳定缩小，这就要求在区域发展过程中充分体现共享发展理念，构建合理的利益分享机制。

一方面，要继续完善中央与地方之间的财政转移支付制度，在不断提高市场一体化程度的同时，加大对地方政府的财政转移支付力度，让所有区域都有机会分享发展的成果。同时，也应该提高财政转移支付的精准性，让所有区域既能够获得一定的利益分享，也能够得到与自己发展付出相匹配的额外利益。另一方面，要继续探索地方之间的利益补偿制度尤其是流域之间的生态补偿制度。近几年由于生态文明建设加速、双碳目标被正式提出，区域之间的生态补偿问题已经逐渐成为重点问题，党中央也高度重视生态补偿制度建设问题，自2016年国务院发布《关于健全生态保护补偿机制的意见》后，2021年中共中央办公厅、国务院办公厅又发布了《关于深化生态保护补偿制度改革的意见》，生态补偿制度建设也逐渐驶入"快车道"。但从目前各地发展实际看，生态补偿的具体标准、具体模式与补偿思路还有待完善。

（四）实现共同富裕的有力抓手——区域发展战略

当前不断深入实施的"3+2"区域重大发展战略覆盖的区域将是我国未来区域经济发展的主要增长极地区，对平衡整个国家的区域经济发展和缩小区域发展差距具有重要作用。从共同富裕目标的实现路径来看，缩小区域发展差距必须始终坚持以这五大区域重大发展战略为抓手，推动构建区域协调发展新格局。一方面，要聚焦实现战略目标和提升引领带动能力。根据不同区域战略的发展阶段、发展禀赋与发展基础来制定差异化的区域发展战略，持续推动区域重大战略取得新的突破性进展，促进区域间融合互动、融通补充，不断提升这些区域的发展水平。另一方面，也要着重发挥核心区域的辐射带动能力。增长极地区先崛起后带动周边地区是现代国家发展过程的必然特征。从实现共同富裕目标来看，增长极地区对我国实现共同富裕目标具有极为重要的作用。要依托区域重大发展战略所覆盖区域中辐射带动能力强的核心区域或城市，以城际铁路和市域（郊）铁路等轨道交通为骨干，打通各类"断头路"和"瓶颈路"，推动区域内外交通有效衔接和轨道交通"四网融合"，在提高区域交通运输通达程度的前提下加大产业转移与区域合作力度，在培育发展一批同城化程度高的现代化都市圈的过程中发挥核心区域的辐射带动作用。

五 以区域协调发展推动实现共同富裕的重要举措

从发展的本质而言，实现全体人民共同富裕的过程必然也是发展水平不断提高、发展质量不断提升的过程，这就意味着始终坚持以经济建设为中心、毫不动摇地将经济发展置于发展大局中的核心地位是实现共同富裕的前提条件。因此，从区域发展的角度看，只有努力提高区域经济发展质量、不断提升区域协调发展战略实施水平、持续完善区域协调发展政策体制机制和创新政策体系，才能为共同富裕目标的顺利实现奠定坚实的区域经济发展基础。

（一）努力提高经济发展模式的质量

作为发展过程的结果，共同富裕目标的实现高度依赖于发展模式的质量提高。第一，要努力提高发展的协调性。要坚持社会主义市场经济体制，立足社会主义初级阶段，要坚持公有制为主体和多种所有制经济共同发展的方针，大力发挥公有制经济在促进共同富裕中的重要作用，同时要促进非公有制经济健康发展。第二，要努力提高发展的平衡性。着力构建支撑共同富裕目标的区域协调发展战略，增强区域发展的平衡性。始终坚持以区域协调发展战略为根本框架，深度融合多项区域重大战略，不断提高区域一体化发展程度，发挥我国巨型规模市场优势，同时健全转移支付制度，缩小不同行政区域之间的财力差距。第三，要努力提高发展的包容性。要高度重视低收入群体收入水平的保障与提升。既要加大普惠性人力资本投入，提高低收入群体及其子女的人力资本水平，提高其内生发展能力，又要逐步完善养老和医疗保障体系以及兜底救助体系，逐步提高城乡最低生活保障水平，兜住基本生活底线。

（二）加快形成优势互补的区域发展格局

习近平在 2019 年对未来中国区域协调发展战略的整体目标做了全面阐述，指出中国区域经济的发展必须遵循客观经济规律，同时发挥各地区比较优势，促进各类要素合理流动和高效集聚，增强创新发展动力，加快构建高质量发展的动力系统，增强中心城市和城市群等经济发展优势区域的经济和人口承载能力，增强其他地区在保障粮食安全、生态安全、边疆安全等方面的功能，形成优势互补、高质量发展的区域经济布局。[20]一方面，尊重客观经济规律要求产业和人口向优势区域集中，继续发挥城市群和都市圈在区域协调发展战略实施过程中的主要作用，加快构建区域内部一体化发展机制，让市场在资源配置中发挥决定性作用，破除行政区域对要素自由流动的制约和分割，进一步提升整体区域经济的发展效率；另一方面，尊重客观经济规律也需要各个地方的发展能够发挥各自的比较优势，基于自身发展实际和功能定位来培育和发展相关产业，例如农产品主产区需要着力保障粮食安全，生态功能区要努力保障生态安全，而城市化地区则需要着力发挥自身经济发展优势，集聚更多的从农产品主产区与生态功能区转移而来的人口从而实现整体区域的快速发展。[21]

（三）从发达地区与欠发达地区两大主体同时着手缩小区域发展差距

围绕中国发展实际，缩小区域发展差距应该从发达地区与欠发达地区两大主体同时着手。第一，加快推进西部大开发形成新格局。西部地区是中国欠发达地区比较集中的地区，缩小区域发展差距要高度重视西部地区的快速发展。要加快推动成渝地区双城经济圈的建设和打造陕西等内陆改革开放高地，继续深入推动"一带一路"建设，有效利用中欧班列的开通与带动作用，加快补齐西部地区特别是"三区三州"这些深度贫困地区的发展短板，让更多的西部欠发达地区能够融入全国的经济产业体系。第二，深入推进东北地区全面振兴。东北地区面临的发展问题已经成为中国南北差距不断扩大的重要成因，也是发展难度最大的地区之一。推动东北全面振兴应该着力持续优化营商环境、转变政府职能、提高政府效率，加快建设面向东北亚的开放合作平台，不断发展高端制造业和加快产业升级。第三，大力推动中部地区高质量发展。中部地区是近几年全国发展速度最快的地区之一，尤其是包括武汉、合肥、郑州和长沙在内的一批重点城市的高速发展更是显著改变了中国区域经济发展格局，有效促进了中部地区的快速发展。考虑到中部地区承东启西、临南向北的地理位置，未来应该进一步制定推动实施中部地区高质量发展的政策，加快中部地区发展。第四，继续支持东部地区率先发展。作为中国的发达地区，东部地区的高速发展对中国经济发展水平的整体提高具有决定性作用，缩小区域发展差距必须毫不动摇地以东部地区发展水平的提高为前提，在整体区域经济发展水平提高的前提下缩小区域发展差距。

（四）着力完善区域协调发展新机制

区域协调发展机制是实现发达地区与欠发达地区共享发展的关键[22]。第一，要深化区域合作互动机制。建议以京津冀地区、长江经济带、粤港澳大湾区、长三角地区和黄河流域为重点对象，加快提升合作层次和水平。同时加强城市群内部城市间的紧密合作，推动城市间产业分工、基础设施、公共服务、环境治理、对外开放和改革创新等协调联动，加快构建大中小城市和小城镇协调发展的城镇化格局。第二，要加快推动基本公共服务均等化。基本公共服务均等化不仅是实现区域协调发展的必然要求，也是提升欠发达地区发展能力的重要前提。要深入推进财政事权和支出责任划分改革，建立权责清晰、财力协调、标准合理、保障有力的基本公共服务制度体系和保障机制，将更多的政策资源向贫困地区、薄弱环节和重点人群倾斜，加大对省域范围内基本公共服务薄弱地区扶持力度，通过完善省以下财政事权和支出责任划分、规范转移支付等措施，逐步缩小县域间、市地间基本公共服务差距。第三，完善多元化横向生态补偿机制。区域之间的生态补偿是区域协调发展目标顺利实现的关键，要按照区际公平、权责对等、试点先行、分步推进的原则，不断完善横向生态补偿机制。

鼓励生态受益地区与生态保护地区、流域下游与流域上游通过资金补偿、对口协作、产业转移、人才培训和共建园区等方式建立横向补偿关系。

（五）不断完善区域重大发展战略的制度基础

当前我国经济正由高速增长阶段转向高质量发展阶段，对区域协调发展提出了新的要求。为了更好地贯彻实施区域重大发展战略，促进区域经济增长和区域一体化发展水平提升，未来应不断完善区域重大发展战略的制度基础。首先，要尊重发展的客观规律。要破除资源要素流动障碍，加快国内统一大市场建设，使市场在资源配置中起决定性作用，促进各类生产要素自由流动并向优势地区集中，提高资源配置效率。其次，要发挥区域比较优势。经济发展条件好的地区要承载更多的产业和人口，发挥价值创造作用。生态功能强的地区要得到有效保护，创造更多生态产品。要考虑国家安全因素，增强边疆地区发展能力，使之有一定的人口和经济支撑，以促进民族团结和边疆稳定。最后，要完善国土空间治理。不断完善主体功能区战略，细化主体功能区的分类，按照主体功能定位划分政策单元，对重点开发地区、生态脆弱地区、能源资源地区等不同地区制定差异化的空间治理政策，加快编制国土空间规划，推动形成主体功能约束有效、国土空间开发有序有度的空间发展格局。

（六）持续推进以人为核心的新型城镇化

持续提高我国的城镇化率和城镇化质量是缩小区域发展差距、促进实现共同富裕目标的重要举措。从城镇化主体来看，应加快农业转移人口市民化，坚持存量优先、带动增量的原则，统筹推进户籍制度改革和城镇基本公共服务常住人口全覆盖，建立健全农业转移人口市民化配套政策体系，加快推动农业转移人口全面融入城市。从城镇化载体来看，要发展壮大城市群和都市圈，分类引导大中小城市和小城镇的发展方向和建设重点，形成疏密有致、分工协作、功能完善的城镇化空间格局。与此同时，要重点推进以县城为重要载体的城镇化建设，加快我国县域补短板、强弱项，推进基本公共服务、环境卫生、市政公用、产业配套等设施提级扩能，增强县城的综合承载能力和治理能力。从城镇化政策来看，要深化户籍制度改革，放开放宽除个别超大城市外的落户限制，试行以经常居住地登记户口制度，确保外地与本地农业转移人口进城落户标准一视同仁，健全以居住证为载体、与居住年限等条件相挂钩的基本公共服务提供机制，鼓励地方政府提供更多基本公共服务和办事便利，提高居住证持有人城镇义务教育、住房保障等服务的实际享有水平。

（执笔：李　晨）

第十章 以"乡村振兴"补齐全体人民共同富裕的最大短板

习近平指出:"中国要强,农业必须强;中国要美,农村必须美;中国要富,农民必须富。"[1] "促进共同富裕,最艰巨最繁重的任务仍然在农村。"[2] 习近平的重要论述表明:一方面,我国发展不平衡不充分问题在"三农"领域较为严重,着力解决好"三农"领域发展的不平衡不充分问题已经成为实现全体人民共同富裕和建设社会主义现代化国家的关键前提;另一方面,受长期以来城乡二元结构体制影响,缩小城乡区域发展差距任重道远,不仅要确保不发生规模性返贫和新的致贫,而且要促进城乡基本公共服务实现均等化。乡村振兴战略是以习近平同志为核心的党中央在深刻把握现代化规律和城乡关系变化特征基础上做出的重大国家战略,同时也是实现全体人民共同富裕的必要途径。因此,在理论和实证层面讨论共同富裕与乡村振兴的内涵关系,认识"三农"发展不平衡不充分的问题所在,探讨缩小城乡区域发展差距和实现共同富裕的制度安排、政策支持和投资重点应该侧重于哪些方面,对于巩固拓展脱贫攻坚成果同乡村振兴有效衔接和全体人民共同富裕具有重要的理论和现实意义。

一 城乡差距大是实现全体人民共同富裕的最大短板

自新中国成立以来，党中央就不断探索以减贫为主的共同富裕道路。新中国成立初期，中央政府通过对农业的社会主义改造确立了实现全体人民共同富裕的政治前提和物质基础[3]。1953 年《中国共产党中央委员会关于发展农业生产合作社的决议》指出，为进一步提高农业生产力，党在农村中工作的最根本的任务，就是……使农民能够逐步完全摆脱贫困的状况而取得共同富裕和普遍繁荣的生活[4]。改革开放后，邓小平指出，社会主义的本质就是消除两极分化，最终达到共同富裕，而且在 1985 年还提出了分两步实现富裕的目标，即"第一步，本世纪末，达到小康水平，就是不穷不富，日子比较好过的水平；第二步，再用三五十年的时间，在经济上接近发达国家的水平，使人民生活比较富裕"[5]。1990 年江泽民强调，"贫穷不是社会主义。少数人富起来，大部分人穷，也不是社会主义"[6]。2005 年胡锦涛强调，"使全体人民共享改革发展成果，使全体人民朝着共同富裕的方向稳步前进"[7]。

党的十八大以来，以习近平同志为核心的党中央对共同富裕的认识达到新高度。习近平传承中华民族均平共富思想文化中的合理精髓、发展马克思主义彻底解放生产力和实现人的全面发展相关理论、结合历代中国共产党领导人的探索实践，先后提出了"共同富裕，是马克思主义的一个基本目标，也是自古以来我国人民的一个基本理想"[8]和"我们说的共同富裕是全体人民共同富裕，是人民群众物质生活和精神生活都富裕"[9]。习近平总书记关于共同富裕的重要论述为我们研究共同富裕提供了理论依据与话语体系，即贫穷的平均主义不是社会主义、共同富裕是全体人民共同富裕、人民群众物质生活和精神生活都富裕。

经过中国共产党百年来对减贫道路的不断探索，特别是党的十八大以来脱贫攻坚战的胜利和全面建成小康社会，使我国区域性整体贫困得到解决，完成了消除绝对贫困的艰巨任务。但从现实来看，随着农民对美好生活的向往总体上从"有没有"转向"好不好"，农民群众对共同富裕也更加充满期待。然而，在长期发展中由于城乡二元结构体制、农民个人禀赋差异、自然资源禀赋、区位条件差异等因素积累下的矛盾也成为目前不平衡不充分发展的主要原因，具体表现在城乡收入差距、乡村内部收入差距和不同地区乡村的收入差距三个方面。

（一）城乡之间的收入差距

改革开放以来，我国城镇和农村居民人均可支配收入（见图10-1）持续保持较快增长速度，但受城市固化利益以及传统经济体制遗留的制度障碍等影响，我国城乡收入差距已经成为造成收入不均

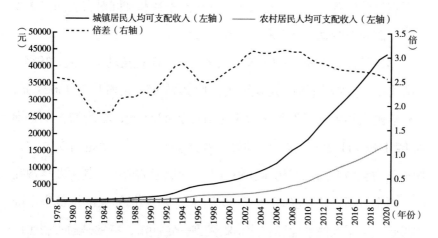

图 10-1　1978~2020 年我国城镇与农村居民人均可支配收入

资料来源：国家统计局。

等状况的主要原因之一[10]。总体来看，改革开放40余年来，我国城镇居民人均可支配收入和农村居民人均可支配收入分别从1978年的343元和134元增长至2020年的43834元和17131元，年均增长率均为12.2%。但如果从城乡收入差距的阶段变化来看，大致可以分为以下三个阶段。

第一阶段为1978~1983年，城乡收入差距显著缩小。1978~1983年，我国城镇居民人均可支配收入从343元增长至565元，农村居民人均可支配收入从134元增长至310元，年均增长率分别为10.5%和18.3%。这一时期农村居民人均可支配收入迅速增加与城乡收入差距缩小主要得益于以农业生产责任制为代表的农村改革。农村改革主要从以下三个方面促进了农村居民人均可支配收入的提高：一是生产责任制的建立克服了集体经济和人民公社时期"吃大锅饭"的弊端，通过改进劳动组织形式进而带动生产关系的调整，提高了农民的劳动生产积极性；二是改善农村商品流通，改革农副产品统派购制度，提高了农民的经营收入；三是改善农业生产条件和加强对农业的技术改造，提高农业劳动生产率和土地生产率[11]。

第二阶段为1984~2007年，城乡收入差距在波动中扩大。1984~2007年，我国城镇居民人均可支配收入从652元增长至13603元，农村居民人均可支配收入从355元增长至4327元，年均增长率分别为14.1%和11.5%。这一时期城乡收入差距扩大主要是由农民收入增长乏力和城乡二元结构体制积累下的深层矛盾所致。其主要体现在以下两个方面：一是受20世纪80年代末90年代初经济增长率下降的影响，我国农民就业和农业增收受到一定冲击，特别是通货膨胀问题的出现造成了宏观经济形势的急剧变化；二是在处理工农城乡关系的政策方面措施不够有效，城乡劳动力同工不同酬问题较为突出[12]。

尽管 21 世纪的第一份中央一号文件《中共中央国务院关于促进农民增加收入若干政策的意见》强调坚持"多予、少取、放活"和强化对农业的支持保护，但从数据上看，我国城乡收入差距扩大的趋势仍未得到改善。2007 年，我国城乡收入倍差达到 3.14（见图 10-1），这也是改革开放近 30 年来我国城乡收入差距的峰值。

第三阶段为 2008~2020 年，我国城乡收入差距持续缩小。2008~2020 年，我国城镇居民人均可支配收入从 15549 元增长至 43834 元，农村居民人均可支配收入从 4999 元增长至 17131 元，年均增长率分别达到 9.0%和 10.8%。这一时期农村城乡收入持续缩小主要是因为党中央着力破除城乡二元结构并制定了精准的脱贫攻坚目标。其主要体现在以下两个方面：一是提出城乡统筹发展和构建城乡一体化新格局，特别是城乡融合发展的提出为城镇和乡村实现互促互进、共生共存提供了具体方向；二是党的十八大以来，精准扶贫成为全国扶贫开发工作的指导思想，我国脱贫攻坚战取得了全面胜利，实现了现行标准下 9899 万农村贫困人口全部脱贫，832 个贫困县全部摘帽，12.8 万个贫困村全部出列，区域性整体贫困得到解决[13]。

（二）乡村内部的收入差距

尽管近年来城乡收入差距逐渐缩小，但乡村内部的收入差距却逐渐扩大。以农村居民收入的基尼系数为例，1985 年我国农村居民收入的基尼系数为 0.23，1995 年已经增长至 0.34，到 2012 年已经扩大到 0.39，逼近 0.4 的收入分配不平等警戒线[14]。通过采用中国家庭追踪调查（CFPS）数据发现，2012 年、2014 年和 2016 年县级收入基尼系数均在 0.4 以上[15]，万海远等采用中国家庭收入调查

（CHIP）的数据发现，如果按农村家庭人均收入进行十等分组，其中
最低组的人均收入年均增长率仅为 0.07%，最高组的人均收入年均
增长率达到了 12.05%，这也表明农村内部的收入差距逐渐扩大[16]。

从统计数据上看，我国乡村内部不同群体间收入增长水平存在较
大差异。2013~2020 年，我国低收入组家庭、中间偏下收入组家庭、
中间收入组家庭、中间偏上收入组家庭、高收入组家庭的人均收入年
均增长率分别为 7.2%、8.3%、8.3%、8.5%、8.8%，其中高收入组
家庭的人均收入年均增长率比低收入组家庭高出 1.6 个百分点。如果
从高收入组家庭与低收入组家庭的人均收入差值来看，收入差值从
2013 年的 18446 元增长到 2020 年的 33839 元，收入倍差从 2013 年的
7.4 倍增加到 2020 年的 8.2 倍，乡村内部收入差距不断扩大（见表
10-1）。

表 10-1　2013~2020 年我国农村居民按收入五等份分组的人均可支配收入情况

单位：元，%

年份	低收入组		中间偏下收入组		中间收入组		中间偏上收入组		高收入组	
	数额	增长率	数额	增长率	数额	增长率	数额	增长率	数额	增长率
2013	2878	—	5966	—	8438	—	11816	—	21324	—
2014	2768	-3.8	6604	10.7	9504	12.6	13449	13.8	23947	12.3
2015	3086	11.5	7221	9.3	10311	8.5	14537	8.1	26014	8.6
2016	3006	-2.6	7828	8.4	11159	8.2	15727	8.2	28448	9.4
2017	3302	9.8	8349	6.7	11978	7.3	16944	7.7	31299	10.0
2018	3666	11.0	8508	1.9	12530	4.6	18051	6.5	34043	8.8
2019	4263	16.3	9754	14.6	13984	11.6	19732	9.3	36049	5.9
2020	4681	9.8	10392	6.5	14712	5.2	20884	5.8	38520	6.9
年均增长率	7.2		8.3		8.3		8.5		8.8	

注：全国居民五等份收入分组是指将所有调查户按人均收入水平从低到高顺序排列，平
均分为五个等份，处于最低 20% 的收入家庭为低收入组，依此类推，依次为中间偏下收入
组、中间收入组、中间偏上收入组、高收入组。

资料来源：国家统计局。

值得注意的是，近10年来我国农村内部收入差距呈现不断扩大的变化趋势（见图10-2）。以低收入组家庭和高收入组家庭的差距为例，2013年二者之差达到18446元，低收入组家庭的人均收入是高收入组家庭人均收入的13.5%。2017年，二者收入倍差达到峰值，高收入组家庭的人均收入比低收入组家庭的人均收入高27997元，且低收入组家庭的人均收入甚至仅为高收入组家庭人均收入的10.6%。但自2018年开始，尽管二者收入差的绝对值仍在增加，但其收入倍差开始出现明显下降，2018年、2019年和2020年二者收入倍差分别为9.3、8.5和8.2。但值得注意的是，2020年二者的收入倍差不仅是2013年二者收入倍差的1.1倍，更是同年城乡收入倍差的3.2倍。因此，农村内部收入差距比城乡收入差距更为严峻。

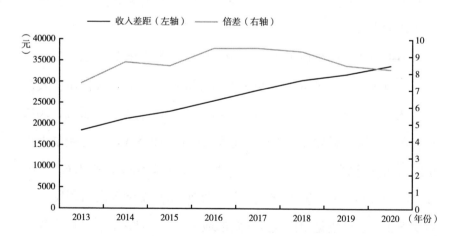

图10-2　2013~2020年我国农村居民高收入组家庭
与低收入组家庭的人均可支配收入差距

资料来源：国家统计局。

（三）不同地区乡村的收入差距

习近平指出："全体人民共同富裕是一个总体概念，是对全社会而言的，不要分成城市一块、农村一块，或者东部、中部、西部地区各一块，各提各的指标，要从全局上来看。"[17]自20世纪80年代以来，我国政府就意识到区域之间的收入差距在不断扩大，而这种差距的扩大不仅对社会经济的稳定发展产生负面影响，阻滞了开发扶贫的进程，同时也对经济的长期增长产生了负面影响[18]。有学者根据基尼系数、Theil-L指数、Theil-T指数等测算了我国农村地区间的收入不平等状况，发现1985~2002年我国农村地区间的收入不平等在不断扩大，其中基尼系数从1985年的0.109增加到2002年的0.195，且地区之间收入差距的扩大要快于地区之内收入差距扩大的速度[19]。

由于我国不同地区的发展状况、区位条件、资源禀赋等存在差距，这也导致了我国各地区的农村居民人均可支配收入存在较大差距。从绝对值上看，东部地区的农村居民人均可支配收入最高，2012年，东部地区农村居民人均可支配收入达到11905.1元，分别是中部地区、西部地区、东北地区农村居民人均可支配收入的1.6、2.0、1.3倍。即使经过了近10年的发展，2020年东部地区农村居民人均可支配收入也分别是中部地区、西部地区、东北地区农村居民人均可支配收入的1.5、1.7、1.4倍（见表10-2）。东部地区农村居民收入较高的主要原因是东部地区的经济发展水平较高，在农民向城镇转移的过程中可以为农民提供大量的就业岗位从而推动城镇化工业化进程，在农民离土不离乡、进厂不进城的过程中使农业劳动生产率不断提高并与非农劳动生产率之间的差距逐渐收敛，从而实现农村居民收入水平的提高。

表 10-2　2012~2020 年我国不同地区农村居民人均可支配收入情况

单位：元，%

年份	东部地区		中部地区		西部地区		东北地区	
	数额	增长率	数额	增长率	数额	增长率	数额	增长率
2012	11905.1		7478.5		6058.0		8861.9	
2013	13382.6	12.4	8929.7	19.4	7162.4	18.2	9770.3	10.3
2014	14828.2	10.8	9953.0	11.5	8134.1	13.6	10808.3	10.6
2015	16162.9	9.0	10850.5	9.0	8914.1	9.6	11492.8	6.3
2016	17560.6	8.6	11715.5	8.0	9706.4	8.9	12278.5	6.8
2017	19094.7	8.7	12709.1	8.5	10618.5	9.4	13120.7	6.9
2018	20738.3	8.6	13851.2	9.0	11614.7	9.4	14069.4	7.2
2019	22612.7	9.0	15177.4	9.6	12817.1	10.4	15342.2	9.0
2020	23938.0	5.9	16079.6	5.9	13892.0	8.4	16561.9	8.0
年均增长率		9.1		10.0		10.9		8.1

注：根据国家统计局东西中部和东北地区划分方法，东部地区包括北京、天津、河北、上海、江苏、浙江、福建、山东、广东和海南，中部地区包括山西、安徽、江西、河南、湖北和湖南，西部地区包括内蒙古、广西、重庆、四川、贵州、云南、西藏、陕西、甘肃、青海、宁夏和新疆；东北地区包括辽宁、吉林和黑龙江。

资料来源：国家统计局。

但从农村居民人均可支配收入增长速度的角度看，西部地区农村居民人均可支配收入的年均增长率最高。2012~2020 年，西部地区农村居民人均可支配收入的年均增长率达到 10.9%，分别比东部地区、中部地区、东北地区的农村居民人均可支配收入的年均增长率高 1.8 个、0.9 个和 2.8 个百分点。这一方面得益于 20 世纪 90 年代末我国不失时机地实施了西部大开发战略，1999 年江泽民指出，逐步缩小地区之间的发展差距，实现全国经济社会协调发展，最终达到全体人民共同富裕，是社会主义的本质要求[20]；另一方面要归功于党的十八大以来启动的精准扶贫基本方略，习近平在不同场合多次强调要"深入实施西部开发战略""强化举措推进西部大开发形成新格局""加大西部开放力度""深入实施东西部扶贫协作"，这为进一步推动西部地区农村发展提供了源源不断的内生动力。

二 城乡融合发展是实现全体人民共同富裕的必由之路

2017 年中央农村工作会议上，习近平指出城镇和乡村是互促互进、共生共存的，要重塑城乡关系，走城乡融合发展之路。城乡融合发展是实现全体人民共同富裕的基础，推动农民农村共同富裕，首先就需要解决好城乡发展差距较大的问题。本部分内容将在系统回顾我国城乡二元结构体制形成过程的基础上，分析如何通过提高农业劳动生产率缩小城乡收入差距，实现全体人民共同富裕。

（一）城乡二元结构体制历史回顾

新中国成立初期，如何处理城乡关系就成为中央政府艰巨繁重的任务之一。1951 年陈云在中国共产党第一次全国组织工作会议上指出，1951 年财政经济工作的第一位要点就是城乡交流。陈云同志对城乡交流进行了进一步的解读，他指出，所谓城乡交流，一是将农产品、土产品收上来，一是将城市工业品销下去。城乡交流有利于农民，有利于城市工商业，也有利于国家[21]。1952 年土地改革完成后，广大农民获得了土地，农业生产力得到恢复与发展，然而这种建立在劳动农民的生产资料私有制上面的小农经济，限制着农业生产力的发展，不能满足人民和工业化事业对粮食和原料作物日益增长的需要[22]。为此，1953 年党中央提出过渡时期的总路线和总任务，即要在一个相当长的时期内，逐步实现国家的社会主义工业化，并逐步实现国家对农业、对手工业和对资本主义工商业的社会主义改造。为解决粮食不充足的问题，国家在农村中采取征购粮食的办法，在城镇中采取配售粮食的办法，简称"统购统销"[23]。1958 年 1 月，全国人民代表大会常务委员会第九十一次会议通过了《中华人民共和国户口登记条例》，将户口正式区分为城市户口和农业户口，并对公民由农村迁往城市做出了严格的限制条件，自此我国城乡二元户籍制度正式建立，并进一步强化固化了城乡二元结构体制壁垒[24]。1958 年 8 月，《中共中央关于在农村建立人民公社问题的决议》指出，建立农林牧副渔全面发展、工农商学兵互相结合的人民公社，是指导农民加速社会主义建设，提前建成社会主义并逐步过渡到共产主义所必须采取的基本方针[25]。

改革开放后，以生产责任制为代表的农村制度创新释放了农村活力，城乡二元结构开始松动。自党的十一届三中全会以后，经济建设成为最重要的中心工作，加强对农业农村的政策支持和促进农村非农产业的发展成为繁荣农村经济的主要举措。1979 年党的十一届四中全会通过的《中共中央关于加快农业发展若干问题的决定》提出了当前发展农业生产力的 25 项政策和措施，此后又相继提出了提高农产品收购价格、健全农业生产责任制和发展多种经营等，政府对农业农村经济的调整和改革有效激发了农民的生产积极性，促进了农业农村经济的快速恢复与发展。1982 年，第五届全国人民代表大会第五次会议通过的《中华人民共和国宪法》明确规定农村集体经济组织实行家庭承包经营为基础、统分结合的双层经营体制，进一步从法律上稳定和完善了农业生产责任制，使集体的优越性和个人的积极性同时得到充分发挥。更为重要的是，随着劳动生产率的提高大量农业劳动力从土地中解放出来，农业劳动力的总量剩余和季节性剩余为农村非农产业的发展提供了基础条件，促进了乡镇企业的"异军突起"。改革开放后，乡镇集体企业从业人员从 1978 年的 2826.56 万人增加到 1983 年的 3234.64 万人，利润总额从 1978 年的 95.33 亿元增加到 1983 年的 136.69 亿元，乡镇企业的快速发展促进了农村居民收入的快速增长[26]。1998 年党的十五届三中全会通过的《中共中央关于农业和农村工作若干重大问题的决定》提出了从当年起到 2010 年建设中国特色社会主义新农村的三项目标和必须坚持的十条方针，其中对提高农民收入和调整国民收入分配格局做出了详细的制度安排。2002 年党的十六大提出全面繁荣农村经济，加快城镇化进程，明确指出统筹城乡发展是全面建设小康社会的重要任务；2003 年党的十六届三中全会明确提出建立有利于逐步改变城乡二元经济结构的体制，并且要求取消对农民进城就业的限制性规定，逐步统一城乡劳动力市场[27]。此后党中央又先后提出"两个趋向"的重要论断，做出我国总体上已进入以工促农、以城带乡的发展阶段的重要判断，制定和实行工业反哺农业、城市支持农村和"多予少取放活"的方针，采取一系列更直接、更有力、更有效的政策措施，扶持农业和农村发展，促进农民增收[28]。

党的十八大以来，中国特色社会主义进入新时代，城乡发展不平衡不协调成为全面建成小康社会和加快推进社会主义现代化必须解决的重大问题。尽管改革开放以来我国农村面貌发生了翻天覆地的变化，但是城乡二元结构没有根本改变，城乡发展差距不断扩大趋势没有根本扭转。为此，2013 年党的十八届三中全会通过的《中共中央关于全面深化改革若干重大问题的决定》提出"城乡二元结构是制约城乡发展一体化的主要障碍。必须健全体制机制，形成以工促农、以城带乡、工农互惠、城乡一体的新型工农城乡关系，让广大农民平等参与现代化进程、共同分享现代化成果"[29]。2017 年党的十九大报告提出实施乡村振兴战略，建立健全城乡融合发展体制机制和政策体系。习近平在 2017 年中央农村工作会议上强调："城镇和乡村是互促互进、共生共存的。能否处理好城乡关系，关乎社会主义现代化建设全局。"[30]

总体来看，从党的十六大提出统筹城乡发展，到党的十七大提出形成城乡经济社会发展一体化新格局，到党的十八大提出推动城乡发展一体化，再到党的十九大提出城乡融合发展，党中央对城乡关系的认识不断深化，特别是健全城乡融合发展的体制机制和政策体系是同实施乡村振兴战略和农业农村优先发展结合起来的，这也反映了党中央对优化城乡治理理念的突破。

（二）农业劳动生产率与农民共同富裕

缩小城乡收入差距，实现共同富裕，关键是要提高农业劳动生产率。现代化过程的经济表现就是农业国向工业国转变的经济结构转型，而经济结构的转型往往与农业转型互为因果关系[31]。二元经济结构理论指出，在从农业国向工业国转变的经济结构转型过程中，经济结构和农业转型不仅表现在农业增加值占比的降低，而且表现在农业就业占比的下降[32]，即不断提高农业劳动生产率。2016 年国际农业发展基金出版的《促进包容性的农村转型》（*Fostering Inclusive Rural Transformation*）农村发展报告也将农业劳动生产率不断提升列为农村转型的一个主要指标[33]。

从我国农业劳动生产率的变化趋势来看，改革开放 40 多年来我国农业劳动生产率不断提升。一方面，农业就业占比从 1978 年的 70.53% 下降到 2020 年的 23.60%，农业增加值占比从 1978 年的 27.7% 下降到 2020 年的 7.7%，农业就业占比与农业增加值占比均呈明显下降趋势；另一方面，农业增加值占比与农业就业占比的差值也从 1978 年的 -42.8 个百分点上升至 2020 年的 -15.9 个百分点（见图 10-3），表明中国农业结构转型在不断加速，即农业劳动生产率不断提高。黄季焜指出，如果农业增加值占比与农业就业占比的差值为零，即农业结构转型结束，农业劳动生产率等于非农产业平均劳动生产率，劳动力在部门间的生产率或收入差异消失，这时城乡收入差距也将随之消失[34]。

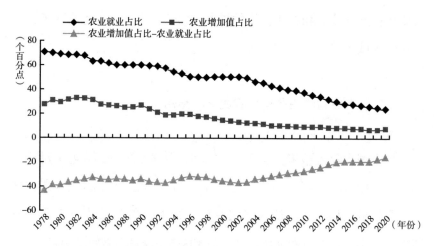

图 10-3　1978~2020 年中国农业就业占比与农业增加值占比的差值

资料来源：国家统计局。

但从国际比较来看，我国农业劳动生产率与发达国家相比仍存在较大差距。据世界银行数据统计：2000 年，中国农业增加值占比与农业就业占比的差值为 -35.3 个百分点，尽管略高于世界平均水平，但依然与美国存在较大差距；2019 年，尽管中国农业增加值占比与农业就业占比的差值已经下降到-18.2 个百分点，而同年美国农业增加值占比与农业就业占比的差值仅为-0.4 个百分点（见表10-3）。导致上述问题的主要原因是中国农业就业占比下降的速度远低于农业增加值占比下降的速度，改革开放 40 多年来，中国农业就业占比的年均下降率为 2.6%，而中国农业增加值占比的年均下降率则为 3.0%，比农业就业占比的年均下降率高 0.4 个百分点。

表 10-3　2000~2019 年中国、美国、世界农业就业占比与农业增加值占比

单位：%，个百分点

年份	农业就业占比			农业增加值占比			农业增加值占比-农业就业占比		
	中国	美国	世界	中国	美国	世界	中国	美国	世界
2000	50.0	1.6	39.9	14.7	1.2	3.4	-35.3	-0.5	-36.5
2005	44.8	1.4	36.9	11.6	1.1	3.2	-33.2	-0.3	-33.7
2010	36.7	1.4	33.0	9.3	1.0	3.9	-27.4	-0.4	-29.1
2015	28.6	1.4	28.8	8.4	1.0	4.2	-20.2	-0.4	-24.6
2019	25.3	1.4	26.7	7.1	0.9	4.0	-18.2	-0.4	-22.7

资料来源：世界银行。

（三）建立健全城乡统一的要素市场

推动农民共同富裕，首先就是要通过提高农业劳动生产率解决城乡发展的不平衡不充分问题。提高农业劳动生产率的关键是要合理配置资源要素和提高全要素生产率，但城乡差异化的资源要素配置制约

了农业劳动生产率的提高。其中，土地要素和劳动力要素市场的不平衡影响最大。

我国农村改革是从调整农民与土地的关系开始的。改革开放后形成的以家庭承包经营为基础、统分结合的双层经营体制保障了农民对土地承包经营的各项权利。党的十八大以来，习近平又指出："要在坚持农村土地集体所有的前提下，促使承包权和经营权分离，形成所有权、承包权、经营权'三权分置'，经营权流转的格局。"[35]总体来看，我国不断完善的农村土地制度改革为保障国家粮食安全和维护农民权益做出了重要贡献。但由于我国长期实行城乡有别的建设用地制度，受现有法律限制，农村集体建设用地不能入市流转，与国有建设用地不同权不同价，二者长期处于不平等地位[36]。特别是起源于 20 世纪 50 年代末的农村宅基地制度，其基本内容可以概括为"成员申请、集体同意、依法审批、一户一宅、无偿占有、长期使用、土地属集体、住房归个人、租售住房后、无权再申请"[37]。然而随着城镇化程度提高、农村人口结构性变化和乡村经济的发展，原有的农村宅基地制度在制度设计及制度执行方面也遇到一系列困难，甚至部分地区在处理闲置宅基地和闲置农房过程中还产生了矛盾。习近平特别强调，要完善农民闲置宅基地和闲置农房的政策，探索宅基地所有权、资格权、使用权"三权分置"，落实宅基地集体所有权，保障宅基地农户资格权和农民房屋财产权，适度放活宅基地和农民房屋使用权。因此要以乡村振兴战略为契机，深化农村集体产权制度改革，盘活农村闲置资产，激发农村内部资源要素活力，提高农民住房、土地等财产性收入，从而提升农民对资源的配置效率。

城乡融合发展还需要建立城乡统一的劳动力要素市场。改革开放后，我国农业劳动力突破体制束缚，先后走上了"离土不离乡"、"离乡不离土"和"离乡又离土"的道路。数量庞大的农业转移人口进城务工经商，成为我国经济发展特别是城乡二元结构体制下的一个显著特征。1984年中央一号文件首次提出，各省、自治区、直辖市可选若干集镇进行试点，允许务工、经商、办服务业的农民自理口粮到集镇落户。[38]但城乡二元的劳动力市场使得农业劳动力在跨地区流动的过程中并不顺畅，近年来，尽管我国不断放开对农业转移人口的限制、探索实行平等的就业制度、改革户籍制度以及加强对农业转移人口权益的相关保护，但从实际效果来看，目前我国户籍人口城镇化率和常住人口城镇化率的差距依然明显[39]。为此，要通过加快农业转移人口市民化的方式建立城乡统一的劳动力市场，在制度设计方面要重点关注户籍制度改革和保障农民工权益，使农业转移人口享受与城镇居民平等的各项基本公共服务，促进劳动力、人才跨地区顺畅流动。

（四）推进城乡基本公共服务均等化

实现共同富裕不能只强调分配的均等，还要做到基本公共服务和公共产品的均等，具体包括教育、医疗、养老、住房和社会保障等方面。习近平指出，城乡差距最直观的是基础设施和公共服务差距大[40]。新中国成立初期，为逐步实现国家的社会主义工业化，我国主要采取农业为工业提供积累、提供廉价农产品的不平衡发展策略，这直接导致了城乡基础设施和公共服务存在巨大差距，1978年我国农村公路中的县道和乡道总里程仅有58.6万公里[41]。改革开放后通过完善养老和医疗保障体系，我国城市与农村的公共服务保障待遇差距逐渐缩小，特别是党的十八大以来开展的脱贫攻坚战，进一步提高了农村的基本公共服务水平。然而，城市与农村在公共产品可及性方面仍存在较大差距。以医疗服务为例，2019 年，城市居民每千人口医疗卫生机构床位 8.8 张，但农村居民每千人口拥有医疗卫生机构床位仅为 4.8 张（见表 10-4）。

表 10-4　2012~2019 年我国城市与农村医疗服务差距

单位：张，人

年份	每千人口医疗卫生机构床位数		每千人口卫生技术人员	
	城市居民	农村居民	城市居民	农村居民
2012	6.9	3.1	8.5	3.4
2013	7.4	3.4	9.2	3.6
2014	7.8	3.5	9.7	3.8
2015	8.3	3.7	10.2	3.9
2016	8.4	3.9	10.4	4.1
2017	8.8	4.2	10.9	4.3
2018	8.7	4.6	10.9	4.6
2019	8.8	4.8	11.1	5.0

资料来源：对应年份的《中国统计年鉴》。

中共中央、国务院印发的《乡村振兴战略规划（2018—2022年）》指出，到 2035 年，乡村振兴取得决定性进展，城乡基本公共服务均等化基本实现。因此，要以乡村振兴战略为依托，加快推动公共服务下乡，逐步建立健全全民覆盖、普惠共享、城乡一体的基本公共服务体系。按照规划提出的农村公共服务提升计划，推进健康乡村建设、加强农村社会保障体系建设、提升农村养老服务能力和加强农村防灾减灾救灾能力建设，使农村居民与城镇居民能享受同等水平的公共服务与现代化成果。

三 建立现代农业经营体系是实现全体人民共同富裕的重要载体

推动农民农村共同富裕，还要兼顾好乡村内部的收入差距问题。完善农业经营体系和发展好新型农村集体经济是实现全体人民共同富裕的根本保障。习近平在 2013 年中央农村工作会议上指出："家家包地、户户务农，是农村基本经营制度的基本实现形式。家庭承包、专业大户经营，家庭承包、家庭农场经营，家庭承包、集体经营，家庭承包、合作经营，家庭承包、企业经营，是农村基本经营制度新的实现形式。说到底，要以不变应万变，以农村土地集体所有、家庭经营基础性地位、现有土地承包关系的不变，来适应土地经营权流转、农业经营方式的多样化，推动提高农业生产经营集约化、专业化、组织化、社会化，使农村基本经营制度更加充满持久的制度活力。"[42]本部分内容将在系统回顾我国农业经营体系形成过程的基础上，分析建立现代农业经营体系的必要性以及相关的政策支持重点。

（一）农业经营体系历史回顾

新中国成立初期，土地改革和建立土地集体所有制是我国各地农村工作的重点。1951 年《政务院关于一九五一年农林生产的决定》指出，土地改革已经完成的老解放区，切实保护人民已得的土地财产，不受侵犯。新解放区在土地改革完成后，立即确定地权，颁发土地证[43]。然而在这一时期（即使土地改革尚未全部完成），我国已经着手准备从农民土地所有制转为农村集体土地所有制。

1951 年中共中央印发《关于农业生产互助合作的决议（草案）》指出，党中央从来认为要克服很多农民在分散经营中所发生的困难……就必须提倡组织起来，按照自愿和互利的原则，发展农民劳动互助的积极性。这种劳动互助是建立在个体经济基础（农民私有财产的基础）上的集体劳动，其发展前途就是农业集体化或社会主义化[44]。1953 年，中共中央《关于发展农业生产合作社的决议》指出，孤立的、分散的、守旧的、落后的个体经济限制着农业生产力的发展，它与社会主义的工业化之间日益暴露出很大的矛盾[45]。为解决小规模农业生产的弊端，党中央决定逐步实行对农业的社会主义改造，使农业能够由落后的小规模生产的个体经济变为先进的大规模生产的合作经济。1958 年 3 月，中共中央出台《关于把小型的农业合作社适当地合并为大社的意见》，指出："农业生产合作社如果规模过小，在生产的组织和发展方面势将发生许多不便。为了适应农业生产和文化革命的需要，在有条件的地方，把小型的农业合作社有计划地适当地合并为大型的合作社是必要的。"[46]1958 年 8 月，中共中央出台《关于在农村建立人民公社问题的决议》，提出了小社并大，转为人民公社的做法和步骤[47]。到 1958 年 10 月底，全国参加公社的农户有 1.2 亿户，占全国总农户的 99％以上[48]。但由于人民公社制度不符合农业生产规律，特别是在生产资料所有权界定、经济核算、收入分配等方面缺乏深入细致的研究，再加上"一平二调"的"共产风"，严重挫伤了农民的生产积极性。针对人民公社出现的问题，1960 年中共中央发出了关于农村人民公社当前政策问题的紧急指示信，并于 1962 年出台了《关于改变农村人民公社基本核算单位问题的指示》，指出实行以生产队为基础的三级集体所有制，并要求在至少 30 年内不变。[49]自此，我国农村的土地集体所有制被最终确立。

改革开放后，如何经营农村集体土地才能调动农民的积极性成为社会各界关注的重要理论和实践问题，对于包产到户和包干到户等农业生产责任制的争论成为党内外讨论的焦点。1980 年 5 月邓小平指出："我们总的方向是发展集体经济。实行包产到户的地方，经济的主体现在也还是生产队。这些地方将来会怎么样呢？可以肯定，只要生产发展了，农村的社会分工和商品经济发展了，低水平的集体化就会发展到高水平的集体化，集体经济不巩固的也会巩固起来。"[50] 1982 年中央一号文件指出，生产责任制的建立，不但克服了集体经济中长期存在的"吃大锅饭"的弊病，而且通过劳动组织、计酬方法等环节的改进，带动了生产关系的部分调整，纠正了长期存在的管理过分集中、经营方式过于单一的缺点，使之更加适合于我国农村的经济状况[51]。1983 年中央一号文件指出，联产承包责任制作为农业生产责任制的主要形式之一，采取了统一经营与分散经营相结合的原则，使集体优越性和个人积极性同时得到发挥。这一制度的进一步完善和发展，必将使农业社会主义合作化的具体道路更加符合我国的实际[52]。为了稳定和完善联产承包责任制，1984 年中央一号文件提出要延长土地承包期，鼓励农民增加投资、培养地力，实行集约经营，并指出土地承包期一般应在 15 年以上[53]。1991 年党的十三届八中全会通过的《中共中央关于进一步加强农业和农村工作的决定》指出实行以家庭联产承包为主的责任制，建立统分结合的双层经营体制的政策是党在领导农村改革实践中的基本政策，并提出把这项政策作为我国乡村集体经济组织的一项基本制度长期稳定下来[54]。1998 年党的十五届三中全会通过的《中共中央关于农业和农村工作若干重大问题的决定》指出，实行土地集体所有、家庭承包经营，使用权同所有权分离，建立统分结合的双层经营体制，理顺了农村最基本的生产关系。这是能够极大促进生产力发展的农村集体所有制的有效实现形式[55]。自此，我国农村的土地集体所有制在"两权分离"的制度框架下，构筑起了适应发展社会主义市场经济要求的农村新经济体制框架。

党的十八大以来，以习近平同志为核心的党中央坚持以处理好农民和土地的关系为主线，进一步完善农村土地承包关系。2013 年习近平指出，农村基本经营制度是党的农村政策的基石，强调要坚持农村土地农民集体所有、坚持家庭经营基础性地位、坚持稳定土地承包关系，提出要不断探索农村土地集体所有制的有效实现形式，落实集体所有权、稳定农户承包权、放活土地经营权，加快构建以农户家庭经营为基础、合作与联合为纽带、社会化服务为支撑的立体式复合型现代农业经营体系[56]。随着工业化、城镇化深入推进，大量农业劳动力转移就业，农村土地流转规模不断扩大，这也引发了关于土地承包权和经营权分离的讨论。习近平指出，顺应农民保留土地承包权、流转土地经营权的意愿，把农民土地承包经营权分为承包权和经营权，实现承包权和经营权分置并行，这是我国农村改革的又一次重大创新[57]。2016 年 10 月，中共中央办公厅、国务院办公厅印发《关于完善农村土地所有权承包权经营权分置办法的意见》，对完善农村土地所有权、承包权、经营权分置（三权分置）做出了更加具体的政策安排与制度设计。在"三权分置"的制度框架下，我国政府不断完善土地流转规范管理制度和构建新型经营主体政策扶持体系，截止到 2020 年底，全国农村土地流转面积达 5.65 亿亩，占农户承包耕地确权面积的 37.6%[58]。

（二）农业经营体系与共同富裕

缩小乡村内部收入差距，实现共同富裕，关键是要建立新型农业生产经营体系。新中国成立初期以生产队为基础的三级集体所有制由于背离了农业生产规律，以绝对的平均主义挫伤了农民的生产积极性，表面上缩小了农户之间的收入差距，但实际是贫穷的平均主义；改革开放后形成的以家庭联产承包为主的责任制、建立统分结合的双层经营体制激活了农村经济活力，农民收入水平显著提高，特别是邓小平提出的"先富带动后富"思想为推进共同富裕提供了具体的行动指南；党的十八大以来，农村土地"三权分置"改革成为实现共同富裕的重要途径，特别是乡村振兴战略中提出的深化农村集体产权制度改革、保障农民财产权益、壮大集体经济为缩小乡村内部收入差距指明了方向。

农业经营体系应发挥对小农户实现共同富裕的支撑作用。第三次全国农业普查数据显示，全国农业经营户20743万户，其中规模农业经营户398万户，仅占全部农业经营户的1.9%，即有超过98%的农业经营户依然为小农户。因此，缩小乡村内部收入差距的关键是要缩小规模农业经营户与小农户之间的收入差距。一方面，要坚持家庭经营在农业中的基础性地位，构建家庭经营、集体经营、合作经营、企业经营等共同发展的新型农业经营体系，发展多种形式适度规模经营；另一方面，要发展壮大农村集体经济，提高农业的集约化、专业化、组织化、社会化水平，有效带动小农户发展。

（三）促进小农户和现代农业发展有机衔接

促进小农户和现代农业发展有机衔接是带动小农户发展的重要抓手。与规模农户相比，小农户在知识水平、生产技能、技术采用、信息获取、风险抵御等方面存在显著差异。为此，要以实施乡村振兴战略为契机，促进现代技术与农业生产的深度融合，将现代技术优势转化为小农户提高收入的发展势能。一是要积极改善农业生产基础设施条件，发展多元化的农业科技社会化服务，通过为小农户提供充分无偏颇的技术信息与技术服务，促进小农户农业生产技能和生产效率的提高；二是要积极发展多样化的联合与合作模式，通过鼓励新型农业生产经营主体（家庭农场、农业专业合作社、龙头企业）与小农户建立联结机制，实现以大带小，带动小农户进行农业专业化发展，提高小农户的自我发展能力；三是要加强对资本下乡的审查与监管，加强风险防范意识，维护小农户的根本权益。

（四）发展壮大农村集体经济

发展壮大农村集体经济还需要从生产力和生产关系的角度，做大新型农村集体经济"蛋糕"，为农民农村共同富裕创造条件。但目前我国农村集体经济较为薄弱，不能充分发挥引领农户共享发展成果的能力。2012年，在全国统计的58.9万个村中，无经济收益的村达31.1万个，占全部统计村数的52.8%；到2018年，无经济收益的村减少到19.5万个，占全部统计村数的35.8%，较2012年下降了17个百分点（见表10-5）。但应该注意到的是，即使当前有接近80%

的村产生了集体经济收益，但其经济收益主要集中在 5 万元以下，经济收益在 50 万元以上的村占全部统计村数的比例 2012～2018 年始终未超过 10%。为此，要深入推进农村集体产权制度改革，推动资源变资产、资金变股金、农民变股东。此外，还要引导农村集体经济组织发展多种形式的股份合作，支持其发展农产品初加工、精深加工，提供农业生产性服务产品等，增强农村集体经济发展韧性和吸纳就业的能力，从而发挥农村集体经济在农村收入分类领域的"拉平效应"，促进乡村内部实现共同富裕。

表 10-5　2012～2018 年全国村集体组织收益情况

单位：万个

年份	统计村数	无收益	5 万元以下	5 万～10 万元	10 万～50 万元	50 万～100 万元	100 万元以上
2012	58.9	31.1	15.1	5.2	4.8	1.2	1.5
2013	58.7	32.0	13.7	5.2	4.9	1.3	1.6
2014	58.4	32.3	12.7	5.3	5.2	1.3	1.7
2015	58.0	31.1	13.1	5.6	5.2	1.3	1.7
2016	55.9	28.7	13.1	5.7	5.2	1.4	1.8
2017	56.3	26.2	13.7	6.6	6.2	1.6	2.1
2018	54.5	19.5	15.2	8.3	7.6	1.8	2.2

资料来源：历年《中国农业统计资料》和历年《中国农村经营管理统计年报》。

四　强化农业科技支撑是实现全体人民共同富裕的关键举措

推动农民农村共同富裕还面临区域之间自然资源、经济条件、人才水平、交通区位等方面条件的限制，因此要兼顾不同地区乡村发展水平的差异。发挥农业科技的带动作用，是提高农民收入水平的重要载体，也是推进农业高质量发展的重要力量，农业技术进步在缩小地区发展差距、提高农民收入水平和推动农民农村共同富裕中具有不可替代的作用。本部分内容将在系统回顾我国农业科技发展历程的基础上，分析强化农业科技支撑的必要性以及相关的政策支持重点。

（一）农业科技发展的历史回顾

新中国成立初期，在恢复国民经济的总任务下，我国对农业科技提出了"理论联系实际，科学为生产服务"的方针。1952 年，中央人民政府政务院《关于一九五二年农业生产的决定》指出，农业技术部门和国营农场应做好科学技术和农民经验相结合的工作，及时地给农民以指导，打破农民"生产到顶"的自满情绪和农业技术上的保守思想，普遍地建立起农村的技术研究组，推广优良品种，并从各方面改进耕作技术[59]。1956 年 1 月，中央政治局出台《一九五六年到一九六七年全国农业发展纲要（草案）》，提出要加强农业科学研究工作和技术指导工作，有计划地训练大批的农业技术干部，强调系统地建立、充实和加强农业科学研究工作和技术指导工作的机构，使农业科学研究工作和技术指导工作更好地为发展农业生产服务[60]。1958 年，毛泽东提出了"水（水利）、肥（肥料）、土（深耕、改良土壤）、种（改良种子）、密（密植）、保（植物保护、防治病虫害）、工（改良工具）、管（田间管理）"农业"八字宪法"，并写入了《中共中央关于一九五九年国民经济计划的决议》[61]。但与此同时，"大跃进"路线的干扰使盲目求快压倒了一切。为了贯彻总路线和种试验田的通知，中国科学院召开会议，部署了"科学大跃进"，接着中国农业科学院召开第一次全国农业科学研究所、站长会议，提出抽调 2/3 的科技人员组成农业科学工作队，分赴各地支援农业生产

"大跃进",放所谓"高产卫星"[62]。然而需要关注的是,尽管经历了"大跃进"及后续人民公社时期的干扰,但在新中国成立初期我国农业科技仍然取得较好的发展成绩。1949~1978 年,我国科研成果达 3000 项,获全国科学大会奖励项目 387 项,其中农业 199 项,占比达到 51.4%[63]。

改革开放后,我国农业科技发展迎来新篇章。1978 年《中国共产党第十一届中央委员会第三次全体会议公报》指出:"全党目前必须集中主要精力把农业尽快搞上去,因为农业这个国民经济的基础,这些年来受了严重的破坏,目前就整体来说还十分薄弱。只有大力恢复和加快发展农业生产,坚决地、完整地执行农林牧副渔并举和'以粮为纲,全面发展,因地制宜,适当集中'的方针,逐步实现农业现代化,才能保证整个国民经济的迅速发展。"[64]1979 年党的十一届四中全会通过的《中共中央关于加快农业发展若干问题的决定》提出要切实加强技术推广工作,县、公社、生产大队、生产队四级农业科学实验网就是农业技术推广网,县以下主要抓好试验、示范、推广和技术培训工作[65]。自 1981 年中央一号文件提出要恢复和健全各级农业技术推广机构以来,此后历年的中央一号文件均对农业科技及技术推广工作做出了具体安排。到 1985 年,全国共建立农业技术推广中心 500 个,到"七五"末,县级农业技术推广中心达到 2000 多个。但是由于庞大的农业技术推广队伍带来了沉重的财政压力,同时受到社会各行业商业化改革的影响,中国农技推广体系自 1989 年开始试行商业化改革,允许政府农技推广部门进行农业生产资料销售,尽管这一改革在一定程度上缓解了当时农技推广部门经费紧张的压力,但也导致了化肥农药过量施用问题的出现。鉴于此,自 2003 年开始,国家在试点的基础上启动了一系列改革。然而，新一轮的农技推广体系改革虽然显著提高了农技推广单位的经费收入、增加了农技人员下乡为农民提供技术服务的时间，但是农技推广行政化、政府公共信息服务能力弱化等现行体制的老问题不仅未能解决，反而有所强化；而激励机制丧失、乡级农技推广部门弱化等新问题已成为限制基层农技部门做好为农户提供技术服务的重要原因[66]。

党的十八大以来，我国农业科技发展进入全面深化改革新时期。2013 年 11 月，习近平在山东农业科学院召开的座谈会上指出，农业出路在现代化，农业现代化关键在科技进步。在同年的中央农村工作会议上，习近平又指出，一粒种子可以改变一个世界，一项技术能够创造一个奇迹。要舍得下气力、增投入，注重创新机制、激发活力，着重解决好科研和生产"两张皮"问题，真正让农业插上科技的翅膀[67]。自此，党中央和国务院先后出台了《关于全面深化农村改革加快推进农业现代化的若干意见》《关于深化体制机制改革加快实施创新驱动发展战略的若干意见》等一系列政策文件。在政策的支持下，我国已经形成了完整的农业科技创新与推广体系。截至 2017 年底，全国地市级以上（含地市级）农业部门所属全民所有制独立研究与开发机构超过 1000 个；全国农业科研机构职工及从事科技活动人员分别为 8.5 万人和 6.9 万人；共有农林类大学 92 所，教学与科研人员 53211 人[68]。事实表明，农业科技创新在加快农业发展、促进农业农村转型和实现农业增效农民增收方面发挥了重要作用。

（二）创新驱动发展战略与共同富裕

缩小地区间乡村收入差距，实现共同富裕，关键是要依托乡村振兴战略,实施农业创新驱动发展。需要说明的是,由于我国不同地区的发展状况、区位条件、资源禀赋存在差距,尽管中西部地区农村居民人均可支配收入的年均增长率高于东部地区,但由于其初始值较低,所以中西部地区农村居民人均可支配收入与东部地区相比也存在较大差距。换言之,如果要缩小中西部地区农村居民人均可支配收入与东部地区的差距,就必须实现中西部地区农村居民人均可支配收入增长率的进一步提高。以往研究围绕如何提高农村居民收入增长率进行了充分讨论,其中较为一致的结论是实施创新驱动发展战略和促进农业技术进步。

农业技术进步能够直接作用于农民收入的增长。一方面,农业机械化水平的提高能够改进以往依靠劳动力投入驱动的农业增长方式,特别是在人口老龄化的背景下,同样的投入可以获取更多的农业产出,从而提高农民的种植收入。另一方面,农业生物技术的应用普及能够通过提高农作物抗病虫害能力提高粮食单位面积产量,而且可以促进农产品质量的提升,从而提高农民的经营收益。此外,近年来以互联网为代表的信息与通信技术(Information and Communication Technology)在各领域内的快速发展与应用为农业劳动生产率的提高提供了新途径。ICT使用一方面可以通过解决信息不对称问题降低信息搜寻和获取成本,从而通过增加农业科技信息供给的方式提高农业劳动生产率;另一方面,农户也可以通过ICT使用的方式与其他专业户或农技员进行线上交流,通过提高自身知识水平的方式提高农业劳动生产率。总体来看,要缩小不同地区的乡村收入差距,就是要培育符合现代农业发展要求的创新主体,鼓励农业技术创新与应用,建立健全各类创新主体协调互动和创新要素高效配置的国家农业科技创新体系。

（三）深化农业技术推广服务体系改革

促进农民技术采用的重要前提是农业技术的可及性。这也是实现共同富裕的基本要求之一。对于我国农户来说，其获取农业生产技术信息的主要来源仍然是依靠农业技术推广服务。因此，有必要依托乡村振兴战略进一步深化农业技术推广体系改革，建立健全基层农业技术推广体系，创新公益性农技推广服务方式，主要包括以下几方面内容：一是在农业技术推广机构设置上，根据各地实际情况，明确界定其产业发展各环节的公益性职能，设计出适合当地产业发展的以乡村振兴为目标的农业技术推广体系；二是从建设生态宜居型乡村出发，从全产业链的角度，整合现有的机构与人员，根据公益性职能的特点设置按专业的县级管理与乡级管理机构，科学界定机构的人员编制及岗位职责；三是严格区分行政与事业职能，使技术推广服务、行政执法及乡村治理机构与人员分工明确，避免技术推广行政化；四是支持各类社会力量参与农技推广，全面实施农技推广服务特聘计划，通过非政府部门为农民提供技术服务的具体政策与措施，以适应乡村振兴的需要。总体来看，加强基层农技推广服务体系建设，就是要发挥乡村科技领域"后发优势"，通过提高农民运用科学技术的能力实现增收致富，发挥创新驱动发展促进全体人民共同富裕的作用。

（执笔：孙生阳）

第十一章　以"开发性和精准扶贫"
筑牢全体人民共同富裕的兜底工程

习近平在全国脱贫攻坚总结表彰大会上的讲话中鲜明指出："事实充分证明，精准扶贫是打赢脱贫攻坚战的制胜法宝，开发式扶贫方针是中国特色减贫道路的鲜明特征。"[1]新中国成立以来，我们一直把反贫困作为建设小康社会、实现共同富裕的"兜底工程"。改革开放以来，我国先后实施《国家八七扶贫攻坚计划（1994—2000 年）》《中国农村扶贫开发纲要（2001—2010 年）》《中国农村扶贫开发纲要（2011—2020 年）》，贫困人口大幅减少。党的十八大以来，国家实施精准扶贫、精准脱贫战略，脱贫攻坚取得决定性成就，2020 年脱贫攻坚任务顺利完成，提前 10 年实现联合国 2030 年可持续发展议程的减贫目标。2021 年 7 月 1 日，习近平在庆祝中国共产党成立 100 周年大会上向世界庄严宣布"中国已经全面建成小康社会"，从此历史性地解决了绝对贫困问题，进而也就为实现全体人民共同富裕奠定了"兜底基础"。世界上没有哪一个国家能在这么短的时间内帮助这么多人脱贫，这对中国和世界都具有重大意义。我国扶贫开发取得的成就，为全球减贫事业做出了重大贡献，足以载入人类社会发展的史册。

一 开发性扶贫方针是中国特色减贫道路的鲜明特征

改革开放以来，特别是 20 世纪 80 年代中期开展有组织、有计划、大规模的扶贫开发工作以来，全国农村的贫困问题明显缓解，贫困人口大幅下降。《国家八七扶贫攻坚计划（1994—2000 年）》实施后，扶贫攻坚力度加大，贫困地区的生产生活条件极大改善，贫困人口进一步减少。西部大开发战略的实施有力地拉动了西部地区经济增长，提高了农民的收入水平。21 世纪初期制定的《中国农村扶贫开发纲要（2001—2010 年）》，进一步聚焦重点地区的扶贫开发，为达到小康水平创造了良好的条件。

（一）开展大规模有针对性的开发性扶贫

在 20 世纪 80 年代中期，农村地区特别是老少边远地区的经济、社会和文化发展水平开始较大落后于沿海发达地区。因此，这一时期，这些地区的发展成为"需要特殊对待的政策问题"。鉴于此，1986 年，国务院扶贫和开发领导小组正式成立，致力于协调大型的农村扶贫计划。与此同时，大部分贫困省、市、县也相应成立扶贫领导小组，进而全力推进农村扶贫。自此，我国农村扶贫开始转入有计划、有组织的大规模开发式扶贫——确定开发式扶贫方针、成立专门扶贫机构、制定专门优惠政策、安排专项扶贫资金、核定贫困县、目标瞄准特定地区和人群等。我国的扶贫工作也由此迈上新台阶。这一时期反贫困开发政策可以概括为以下几个方面。第一，坚持开发式反贫困工作方针，即在国家必要支持下，充分利用贫困地区自然资源，进行开发性生产建设，逐步形成我国贫困地区、贫困户的自我积累和发展能力，最终依靠自身力量解决温饱、脱贫致富。第二，以县为单位确立国家反贫困重点，形成按区域实施反贫困计划的基础。第三，增加扶贫资金、物资投入，扶持能够为贫困农户提供参与经济发展机会的生产开发项目。这一时期确定的开发式反贫困是以区域开发作为切入点，从而带动扶贫工作的推进。

（二）实施《国家八七扶贫攻坚计划》

随着农村改革的深入和国家扶贫开发力度的不断加大，我国农村贫困人口数量逐年减少。但是，由于贫困问题的长期性和复杂性，新的贫困特征也随之出现，主要表现为贫困发生率明显倾斜于中西部地区（深山区、石山区、荒漠区、高寒山区、黄土高原区、水库库区等），且这些地带多位于革命老区或少数民族聚居区，而这些地区自然条件恶劣、基础设施薄弱和社会发育落后等原因致使扶贫工作难度更大。为实现共同富裕，1994 年 4 月国务院实施《国家八七扶贫攻坚计划》，将其作为未来 7 年扶贫开发工作的纲领。《国家八七扶贫攻坚计划》提出的扶贫攻坚的奋斗目标包括以下几方面。一是把解决贫困人口温饱问题作为首要任务。千头万绪，温饱第一。毛泽东在《湘江评论》创刊词中讲道："世界什么问题最大？吃饭问题最大。"彻底解决贫困问题需要长期努力，但最为迫切的就是满足贫困群众对温饱的需求。《国家八七扶贫攻坚计划》要求到 20 世纪末，使全国绝大多数贫困户年人均纯收入按 1990 年不变价格计算达到 500 元以上，扶持贫困户创造稳定解决温饱问题的基础条件，减少返贫人口。二是继续坚持开发式扶贫的方针。重点发展投资少、见效快、覆盖广、效益高、有助于直接解决群众温饱问题的种植业、养殖业和相关加工业等。三是有计划有组织地发展劳务输出，积极引导贫困地区劳动力合理、有序转移。四是增加扶贫投入。"从 1994 年起，再增加10 亿元以工代赈资金，10 亿元扶贫贴息贷款。"[2] "从 1997 年起，中央财政每年增加 15 亿元重点用于最贫困地区的省、自治区的农田基本建设、修建乡村公路、解决人畜饮水推广科学技术和农民技术培训。"[3] 五是在集中连片的重点贫困地区安排大型开发项目。优先向贫困地区安排一批水利、交通等基础设施项目和资源开发项目，带动当地农户就业，脱贫致富。

（三）实施西部大开发战略

实施西部大开发战略，加快中西部地区发展，是为了贯彻邓小平提出的"两个大局"战略思想做出的重大决策。2000 年 1 月，国务院西部地区开发领导小组召开西部地区开发会议，研究加快西部地区发展的基本思路和战略任务，部署实施西部大开发的重点工作。2000年 10 月，党的十五届五中全会通过的《中共中央关于制定国民经济和社会发展第十个五年计划的建议》，把实施西部大开发、促进地区协调发展作为一项战略任务，强调："实施西部大开发战略，加快中西部地区发展，关系经济发展、民族团结、社会稳定，关系地区协调发展和最终实现共同富裕，是实现第三步战略目标的重大举措。"[4]我国的陆地边界，西部地区占了 80%，加快西部地区的发展，对于我国未来的繁荣昌盛和长治久安，对于解决西部的贫困问题和全面建成小康社会，具有极其重大的意义。一是加快了西部地区基础设施建设。基础设施薄弱是制约西部地区发展的主要因素，不把基础设施搞上去，西部开发就会遇到极大困难。中央加强了西部地区公路、铁路、机场、天然气管道等交通运输基础设施建设，同时，加强了西部地区电网、通信和广播电视等基础设施建设，加快农村电网的改造，实施广播电视"村村通"计划。加强了农村水利设施建设，大力推行农业节水灌溉，着力抓好一批重点骨干工程。二是加强了生态环境保护和建设。西部地区加快恢复林草植被，加快治理水土流失问题，坚决实行"退耕还林（草）、封山绿化、以粮代赈、个体承包"的措施。同时，我国把退耕还林还草同扶贫开发结合起来，结合当地实际情况选择树种草种，宜林则林、宜草则草，做到了生态林、用材林、经济林的合理搭配，既保证了农民的近期生活，也解决了农民长远生计问题，使农民得到了实惠。三是发展了西部地区的旅游业。西部地区自然风光多姿多彩，历史古迹闻名遐迩，发展旅游业具有得天独厚的优势。通过保护好生态环境、改善交通卫生条件、提高服务质量，吸引天下游客来观光，使旅游业成为西部地区农民增收的重要渠道。

（四）21世纪扶贫计划

进入 21 世纪，随着《国家八七扶贫攻坚计划》的完成，我国农村贫困现象明显缓解，贫困人口数量大幅度减少。到 2000 年底，除了少数社会保障对象和生活在自然环境恶劣地区的贫困人口，以及部分残疾人以外，全国农村贫困人口的温饱问题已经基本解决，《国家八七扶贫攻坚计划》确定的战略目标基本实现。但是，初步解决温饱问题的群众，由于生产生活条件尚未得到根本改变，他们的温饱还不稳定，巩固温饱成果的任务还很艰巨，温饱的标准还很低，需要继续把扶贫开发放在国民经济和社会发展的重要位置。为此，国家实施了新的扶贫计划——《中国农村扶贫开发纲要（2001—2010 年）》，就是要尽快解决少数贫困人口温饱问题，进一步改善贫困地区的生产生活条件，巩固温饱成果，把我国的扶贫开发事业推向一个新的阶段，为达到小康水平创造条件。一是坚持开发式扶贫方针。以经济建设为中心，以市场为导向，帮助贫困地区开发当地资源，发展商品生产，改善生产条件，走出一条适合自身的发展道路。这是贫困地区脱贫致富的根本出路。二是坚持综合开发、全面发展。把扶贫开发纳入国民经济和社会发展计划，既加强了水利、交通、电力、通信等基础设施建设，又重视科技、教育、卫生、文化事业的发展。三是坚持可持续发展。将扶贫开发与资源保护、生态建设相结合，实现资源、人口和环境的良性循环。四是确定扶贫开发的重点。按照集中连片的原则，国家把贫困人口集中的中西部民族地区、革命老区、边疆地区和特困地区作为扶贫开发的重点，在这些地区确定扶贫开发工作重点县。

二　精准扶贫是打赢脱贫攻坚战的制胜法宝

党的十八大以来，我国开始实施精准扶贫方略，目的是要提高扶贫效率，增强扶贫工作的"精准性"。习近平指出："扶贫开发推进到今天这样的程度，贵在精准，重在精准，成败之举在于精准。"[5]这就要求扶贫工作要拿出"绣花"的功夫，做到对症下药、精准滴灌、靶向治疗，不能再搞大水漫灌、走马观花、"手榴弹炸跳蚤"。具体来看，就是注重抓六个精准：扶贫对象精准、项目安排精准、资金使用精准、措施到户精准、因村派人精准、脱贫成效精准。为了做到上述六个精准，就需要解决好以下四个方面的问题。一是解决好

"扶持谁"的问题。精准识别贫困人口是精准施策的前提，只有知道谁是贫困户、贫困人口，才能有针对性地采取扶贫对策。因此，各地花了大量时间和精力进行建档立卡，就是要弄清楚精准扶贫的对象是谁。二是解决好"谁来扶"的问题。党中央、国务院主要负责统筹制定脱贫攻坚的大政方针，出台重大政策举措。地方上"五级书记一起抓，层层签订军令状"，尤其是县级党委和政府承担主体责任，县委书记和县长是第一责任人。三是解决好"怎么扶"的问题。针对不同致贫原因导致的贫困，开出不同的"药方"，实施"五个一批"工程。四是解决好"如何退"的问题。建立了第三方评估机制，杜绝了"数字脱贫"，增强了脱贫工作绩效的可信度。

（一）发展生产脱贫一批

习近平指出："扶贫不是慈善救济，而是要引导和支持所有有劳动能力的人，依靠自己的双手开创美好明天。"[6]对于有劳动能力、有耕地等资源但缺资金、缺产业、缺技能的贫困人口，要立足当地资源，宜农则农、宜林则林、宜牧则牧、宜商则商、宜游则游，扶持发展特色产业，通过发展生产脱贫一批。产业扶贫的实质，就是坚持开发式扶贫方针，引导和激励贫困地区干部群众发扬自力更生、艰苦奋斗的精神，合理开发利用当地资源，积极培育特色优势产业，着力增强贫困地区自我积累、自我发展能力，走出一条依靠自己力量增产增收、脱贫致富的路子。产业化扶贫是通过确立主导产业，建立生产基地，提供优惠政策，扶持龙头企业，实现农户和企业双赢，从而达到带动贫困农户脱贫致富的目标。产业化扶贫的内在要求有两个：一是要发展壮大贫困地区有特色、有市场竞争力、可持续发展的主导产业，推动贫困地区经济发展；二是将贫困人口连接到产业链上，使他们参与主导产业发展，并从中受益，进而达到脱贫致富的目的。产业的发展是脱贫的引擎，没有了可持续的特色产业发展，贫困人口就不能真正脱贫。扶贫和产业开发一定要结合起来，才能真正使贫困户脱贫。我国扶贫很重要的特点就是强调开发式扶贫为主、社会保障作为补充。所谓开发式扶贫就是创造条件让贫困户增强能力，自己能创收，从而提高自己的生活水平。产业扶贫是开发式扶贫中关键的一招。在实施特色产业扶贫的过程中，各地始终坚持"靠山吃山唱山歌，靠海吃海念海经"的原则，重点支持贫困村发展种养业和传统手工业，大力推进"一村一品""一乡一业"，取得了较好的效果。

（二）易地搬迁脱贫一批

对于仍居住在缺乏基本生存条件的深山区、库区和地质灾害频发区的贫困人口来说，很难实现生活富裕，而且扶贫的各类成本较高。一是增加了基础设施建设成本。通水、通路、通电等"村村通"工程成本过高、质量偏低，收效甚微。二是增加了普及教育的成本。村村建学校成本高、学生数量少，难以引进优质教师资源，教学质量低。三是增加了医疗成本。分散居住给老百姓看病带来诸多不便，只能依靠专业技能相对较低的乡村医生，导致病情耽误，小病拖成大病。四是增加了把人留在当地的成本。在深山老林居住，吃穿住行均不方便，而且成本很高，年轻人都想走出大山，不愿回来。五是增加了社会治理和社会管理的成本。分散居住不利于实现网格化管理，也不利于在紧急情况下采取应急措施。六是增加了生态治理的成本。分散居住破坏了生态环境，本来不适合耕种的土地都被开垦为耕地。七是增加了引进产业的成本。只有人口聚集的地方才能增强对产业的吸引力。因此，对于"一方水土养不了一方人"的贫困人口，要按照"政府引导，村民自愿"的原则，采取一定的扶持激励政策帮助其搬迁到社会经济条件较好的地方进行生产和生活，从根本上解决问题，达到逐步脱贫致富的目的。随着新型城镇化的推进，大量农村转移人口逐步融入城市或城镇生活，享受更好的基本公共服务，使产业集聚与人口集聚同步实现。在引导农民向城镇聚集过程中，还能降低扶贫成本，实现扶贫效益的最大化。因此，把扶贫攻坚和新型城镇化两项工作结合起来，能够达到以新型城镇化带动精准扶贫、以精准扶贫促进新型城镇化的目标。

（三）生态补偿脱贫一批

生态补偿脱贫是以恢复生态、保护环境和发展经济为目的，是绿色发展理念在扶贫开发领域的一种体现，也是实现精准脱贫的重要途径。之所以进行生态补偿脱贫，是因为我国的生态破坏严重，表现在水土流失、土地荒漠化、草场退化、森林资源危机、水资源短缺等方面。第一，我国是世界上水土流失最严重的国家之一。水土流失涉及全国近千个县，主要分布在黄土高原、江南山地丘陵和北方土石山区。水土流失致使土层变薄、土壤肥力衰减、土地贫瘠化，甚至完全石化或沙化，寸草难生。第二，我国也是全球土地荒漠化严重的国家之一。2018 年，我国土地荒漠化面积达 261.16 万平方公里，约占国土面积的 27.2%[7]。荒漠化地区生态环境脆弱、耕地萎缩，数亿人的生产生活因此受到影响，全国 60% 的贫困县都集中在这些地区。第三，我国人均森林面积是世界上最少的国家之一。长期以来，把林业当一般的生产行业对待，对森林的生态效益和社会效益重视不够，大量采伐使本来就少的森林越来越少。第四，中国水资源贫乏。2013 年，人均淡水资源量为 2100 立方米，仅为世界平均水平的 28%。按照国际公认的标准，我国总体上已属于中度缺水国家，并且水资源的时空分布极不均衡[8]。

对于生存条件差，但生态系统重要、需要保护修复的地区，我国结合生态环境保护和治理，探索出一条生态脱贫的新路子。加大了对贫困地区生态环境的修复力度和退耕还林还草力度，将贫困地区坡度 25 度以上的农田纳入退耕还林还草范围，增加重点生态功能区转移支付。有些地区建立国家公园体制，让有劳动能力的贫困人口就地转成护林员。甘肃定西地区生态环境相当脆弱，是甘肃生态型贫困的典型区域。定西积极利用靠近兰州经济圈和丝绸之路核心带的地理优势，引入区域外生态型扶贫资源，让"千年药乡"的生态名片，推动地区生态与经济良性循环，真正实现因地制宜精准脱贫和绿色发展。

（四）发展教育脱贫一批

我国不少地区贫困的原因并非自然条件恶劣或天灾人祸，而是当地群众思想观念落后。有的人好逸恶劳、好吃懒做；有的人满足现状、温饱即安；有的人没有财富积累观念，挣多少钱就花多少钱；有的人"等、靠、要"思想严重，守着"金饭碗"要饭吃，总指望国家和社会的救济和扶持；等等。正是这些落后的思想观念使得一些地区"年年扶、年年贫"，有的甚至越扶越贫，直接影响了扶贫工作的成效。穷而不思进取、穷且志短，比物质的贫困更可怕。因此，扶贫要先扶志，要从思想上、精神上帮扶，帮困难群众树立摆脱困境的信心和斗志。

教育可以提高劳动者的素质，改变落后的思想观念，提高劳动生产率，为区域经济社会发展提供人才和智力支撑，切断贫困的恶性循环链。教育扶贫被认为是最有效、最直接的精准扶贫。教育扶贫不仅是国家扶贫开发战略的重要任务，也是实现教育公平和社会公正的重要方面。知识改变命运，文化改变生活，知识改变生存的质量，文化改变生存的品质。贫穷缺什么？表面上是缺资金，实际上缺教育。能够用最低成本改变贫穷面貌的就是教育。解决好这些"非物质"问题，才能真正"拔掉穷根"，阻止贫困代际传递。扶贫须先做好"扶志"和"扶智"工作，这就需要地方政府在开展扶贫工作时把教育当作重要任务、重要突破口。"扶志"和"扶智"是着眼于未来的扶贫。为贫困地区的孩子们创造更好的条件，让他们有机会接受更好的教育、见更广的世面、有更现代化的思维，他们以后就可能成为改变家庭面貌、地区面貌的核心力量。以改变下一代"思想贫困"状态为重点，将更多的资金用于教育扶贫，相比之下见效虽慢点，却是脱贫"釜底抽薪"、彻底"拔穷根"之策。精准扶贫是一个攻坚拔寨、啃硬骨头的阶段，残疾人的脱贫更是这些"硬骨头"中最硬的一块。要使残疾人真正实现脱贫致富，最重要的是提高他们的文化素质，为他们创业和就业创造机会，变"输血"为"造血"，让残疾人能够自食其力。

（五）社会保障兜底脱贫一批

到 2020 年，贫困人口中没有劳动能力的有 2000 多万人，这部分贫困人口需要由社会保障来兜底[9]。第一，完善了农村最低生活保障制度。对无法依靠产业扶贫和就业帮助脱贫的家庭实行政策性保障兜底，做到了农村扶贫标准和农村低保标准的有效衔接，将所有符合条件的贫困家庭纳入低保范围。第二，实施了健康扶贫工程。保障贫困人口享有基本医疗卫生服务，贫困人口参加新型农村合作医疗个人缴费部分由财政给予补贴，降低贫困人口大病费用实际支出，将贫困人口全部纳入重特大疾病救助范围，努力防止因病致贫、因病返贫。第三，完善了城乡居民基本养老保险制度，适时提高基础养老金标准。引导农村贫困人口积极参保续保，逐步提高了保障水平。

三　建立反贫困长效机制是实现全体人民共同富裕的"兜底工程"

2020年，我国历史性解决了绝对贫困问题，但脱贫攻坚的成果能否得到巩固和实现可持续减贫将在很大程度上取决于两个重要因素，一是脱贫人口不返贫，二是不出现新的生存性贫困。无论是防止返贫，还是阻断相对贫困向绝对贫困转化、防止新贫困出现，在很大程度上取决于是否有一个有效的"防贫减贫"长效机制。因此，2020年9月，习近平再次到湖南考察扶贫工作时要求："建立健全防止返贫长效机制。"这就要求我们要推动减贫战略和工作体系平稳转型，统筹纳入乡村振兴战略，建立长短结合、标本兼治的体制机制，接续推进全面脱贫与乡村振兴有效衔接，加快形成反贫困长效机制。

（一）建立产业扶贫长效机制

推进乡村振兴，产业发展是核心。培育新兴产业、发展特色产业、壮大优势产业既是决战脱贫攻坚、巩固脱贫成果的重要途径，也是实现乡村振兴的长久之策。一方面，要立足国家区域协调发展总体战略，深化东西部扶贫协作、区域合作，推进东部产业向西部梯度转移，实现产业互补、人员互动、技术互学、观念互通、作风互鉴、共同发展，通过培育若干带动区域协同发展的主导性产业，优化升级受援地产业结构，不断提高扶贫产业带贫益贫能力；另一方面，要根据不同贫困地区发展条件和资源禀赋差异，从政策扶持、资金支持、人才支撑、机制平台建设等方面着力，因地制宜发展壮大特质林果、种植养殖、农产品加工、乡村旅游、民族手工等特色产业，把资源优势转化为发展优势，实施品牌战略，促进贫困地区多元产业发展。特别要延伸产业链条，提高贫困户抗风险能力。以现代化的生产组织、农户参与、市场销售方式，建立完善"龙头企业+合作社+贫困户"等产业经营模式，实现扶贫产业集约化、专业化发展，促进"小生产"与"大市场"、"农户"与"客户"的有效对接，带动农村低收入群体在农业产业化发展中脱贫致富。

（二）完善贫困户持续增收机制

推动脱贫攻坚与乡村振兴有效衔接，拓宽贫困群众就业渠道，确保其实现持续增收是关键。要持续加大就业扶贫力度，发挥贫困地区资源比较优势，通过创设公益性岗位等举措，加强扶贫协作"点对点"

联接等方式，优先支持贫困劳动力务工就业，实现就业脱贫。要完善利益联结机制，加强政策引导，将产业扶持与扶贫相挂钩，鼓励扶贫龙头企业、农民合作社、家庭农场等新型农业经营主体，采取订单生产、股份合作等模式，让农民分享产业项目收益。同时以多种方式推动"资源变资产、资金变股金、农民变股东"，多渠道增加贫困户收入。

（三）健全农村社会保障兜底机制

防贫的核心在于要为脱贫者和处于相对贫困中的边缘人群建立一种兜底保障机制，一旦这些人遭遇到某种突发风险时，通过这种兜底保障机制使其不至于失去生存的机会和能力。鉴于风险具有不确定性，所以防贫机制一定要像防范经济风险一样，有监测预警机制。当然，发现和识别潜在返贫风险和致贫风险本身并不是目的，关键是要有化解这些风险的保障机制。所以提高保障标准、扩大社保范围、做好农村贫困人口的兜底保障工作，是巩固脱贫成果、防止返贫的底线制度安排。以基本生活救助、专项社会救助、急难社会救助为主体，社会力量参与为补充，建立健全分层分类的救助制度体系，织密筑牢民生兜底保障网。建立完善防止返贫监测预警机制，对脱贫不稳定户、边缘易致贫户以及因疫情或其他原因收入骤减或支出骤增户加强监测，及时给予帮扶，确保已脱贫人口不返贫。推进农村低保制度与扶贫开发政策衔接，通过加强政策衔接、对象衔接、标准衔接、管理衔接，做到应扶尽扶、应保尽保。

（四）完善社会协同扶贫机制

农村相对贫困的治理是一项长期的系统工程，需要全社会共同参与。要充分发挥政府和社会力量作用，推动专项扶贫、行业扶贫、社会扶贫协同联动，调动各方面积极性，形成全社会广泛参与的大扶贫格局。作为长效机制，要广泛动员政府、社会、企业、个人各方面力量，强化保险保障功能，整合扶贫产业、就业培训、创业支持、医疗救助、政策平台、教育资助、应急救助、住房保障、低保保障等政策类资源，充分发挥项目众筹、个体众筹、社会团体、公司企业、公益平台、中国扶贫网、慈善基金等公益类支持的作用。要健全东西部扶贫协作和对口支援"常态化"机制，增强东西协作和对口支援的"预期"和动力，促进东部地区各类要素更多向西部贫困地区流动，汇聚资金、人才、技术、项目等优势，为乡村振兴注入新动能，形成更可持续的区域协调发展新格局。在发挥政府投入主体和主导作用的同时，鼓励支持更多企业到中西部贫困地区投资兴业，引导社会资本投向农业生产和加工领域，引导社会资本更多更快更好参与乡村振兴。充分发挥社会组织技术、资源等方面优势，大力支持非公企业、返乡创业者参与乡村产业发展，在培育优质农产品品牌、提升农村公共服务、促进农村经济增长、增加农民收入等方面为乡村振兴作贡献。

（五）优化脱贫致富内生动力机制

习近平指出："坚持调动广大贫困群众积极性、主动性、创造性，激发脱贫内生动力。'志之难也，不在胜人，在自胜。'脱贫必须摆脱思想意识上的贫困。我们注重把人民群众对美好生活的向往转化成脱贫攻坚的强大动能，实行扶贫和扶志扶智相结合，既富口袋也富脑袋，引导贫困群众依靠勤劳双手和顽强意志摆脱贫困、改变命运。"[10] 贫困群众既是脱贫攻坚的对象，更是脱贫致富的主体。要坚持扶贫同扶志、扶智、扶技相结合，激发贫困群众积极性和主动性，增强脱贫致富的内生动力。在这一过程中，既要加强教育引导、典型示范，通过常态化宣讲和物质奖励、精神鼓励等形式，引导贫困群众树立脱贫致富主体意识，增强战胜贫困的决心和信心，还要采取以工代赈、生产奖补、劳务补助等方式，组织动员贫困群众积极参与帮扶项目实施，摆正外部帮扶和自身努力关系，激发他们依靠自己的辛勤劳动，改变贫穷落后面貌，创造美好幸福生活。要把教育作为阻断贫困代际传递的重要途径，从政策、资金、师资等方面加大对贫困地区义务教育的支持，确保贫困家庭子女能够接受系统教育。特别要加快发展中高等职业教育，组织实施农村实用技术、务工技能等培训，提高就业人口技术技能，提升其发展生产、务工经商的能力本领，推动扶贫逐步从外在帮扶向培育激发内生动力转变。

（执笔：高惺惟）

第十二章 以"中国精神"凝聚推进全体人民 共同富裕的磅礴力量

实现全体人民共同富裕是全面建设社会主义现代化国家的重要目标和艰巨任务。完成这一任务，离不开人力、资金、物质、技术、政策的"硬投入"，更需要"中华传统优秀文化"、"正确的价值观"和"精气神"的"软投入"。党的十八大以来，习近平高度重视文化和精神的力量，强调"文化自信是一个国家、一个民族发展中最基本、最深沉、最持久的力量"[1]，是"物质变精神、精神变物质，这样的一个辩证发展的过程"[2]，"人无精神则不立，国无精神则不强"[3]。因此，在实现全体人民共同富裕的进程中，必须大力弘扬中华优秀传统文化和中国精神，充分凝聚起全社会推动共同富裕的磅礴力量。

一 "勤劳勇敢、自强不息"精神

勤劳勇敢的精神是中华民族在漫长的社会历史发展进程中，面对困难和挑战所形成的艰苦奋斗、不畏艰险、敢于拼搏、敢于奋斗的精神，是中华民族最早形成的民族性格，也是中华民族普及最广的传统美德。在中国传统文化中，勤劳被认为是一切事业成功的保证，是兴国立业之根本。在推进全体人民共同富裕的进程中，勤劳更是最广大人民群众实现自身富裕的基本途径。

古人云"业精于勤荒于嬉""天道酬勤""民生在勤，勤则不匮"，表现了古人对于劳动的要求，强调劳动是兴邦立国之本。勤劳常与智慧相连，勤劳智慧作为一种民风、一种传统，深深地渗透在中华民族的骨髓中，影响了一代又一代中华儿女。在漫长的历史发展过程中，中华民族依靠勤劳智慧，创造了一个又一个的世界奇迹，为中国人民留下了宝贵的物质财富和精神财富。举世瞩目的长城、贯通南北的京杭大运河，就是劳动人民用聪明智慧和勤劳的双手创造的人间奇迹。

勤劳与勇敢紧密相连。勇敢是人们面对困难和挑战时所表现出来的意志品质，是大无畏的革命精神，是备受推崇的传统美德。"勇者不惧""狭路相逢勇者胜"体现了人们在面对艰难险阻时无所畏惧的精神；此外，勇敢还需有谋，勇敢是胆识，而谋略是智慧，大勇者往往是有胆有谋的智勇双全之人。"有义之谓勇敢，故所贵于勇敢者，贵其能以立义也"；并强调"勇于义而果于德，不以贫贱、富贵、死生动其心"。正是依靠勤劳勇敢的精神，使中华民族历经磨难始终保持昂扬向上的精神斗志，使华夏文明成为世界上唯一没有出现过断层的古老文明而屹立于世界文明之林。

在中国，在实现全体人民共同富裕和中华民族伟大复兴的今天，我们还有很长的路要走，肩负的任务还很艰巨，面对的困难和挑战也会越来越多，这就更加需要我们大力发扬勤劳勇敢的民族精神，调动一切有利因素，积极投身到中华民族伟大复兴的大业中。

自强不息的民族精神是中华民族的优良传统,是中华民族所具有的一种独立自主、奋发向上和不断进取的精神。这种精神不仅是国家民族所特有的精神品质,也是每一个中国人应具备的基本素质。中国传统道德塑造的理想人格形象——君子,其最可贵的品质在于自强不息的奋斗精神,即"天行健,君子以自强不息"。在孟子看来,这种自强不息的精神是一种"浩然之气",有此"浩然之气"的人便能不屈不挠、勇往直前。这对后世中国人形成刚健有为、自强不息的价值观念产生了深远影响。"自力更生、团结奋进"的延安精神,"独立自主、艰苦创业"的大庆精神,"齐心协力、不怕牺牲、顽强拼搏、敢于胜利"的抗洪精神,等等,都是对自强不息精神的生动诠释。可以说,自强不息是中国人民在前进道路上战胜种种苦难不断走向胜利的重要保证。正是凭借着这种自强不息的精神,中华民族才能够不畏艰险、奋勇拼搏,才能够由落后挨打的"东亚病夫"成为当今世界的经济大国。更为重要的是,在实现民族伟大复兴的今天,自强不息的精神品格,将不断激励中华民族走向更加辉煌灿烂的明天。

二 "自力更生、艰苦奋斗"精神

2021年2月25日,习近平在全国脱贫攻坚总结表彰大会上的讲话中指出:"脱贫攻坚取得举世瞩目的成就,靠的是党的坚强领导,靠的是中华民族自力更生、艰苦奋斗的精神品质。"[4]"自力更生,艰苦奋斗"是我们党宝贵的精神财富。在革命战争年代,中国共产党领导中国人民,紧紧依靠"自力更生,艰苦奋斗"这一优良传统和作风,打败了日本侵略者和国民党反动派,推翻了压在中国人民头上的"三座大山",建立了一个欣欣向荣的社会主义新中国。在社会主义建设的初期，我们依靠"独立自主，自力更生"的革命法宝，顺利完成了社会主义三大改造，走出了帝国主义的重重封锁，建立了较为完整的工业经济体系，用较少的投入和较短的时间，突破了"两弹一星"等尖端技术，取得了举世瞩目的辉煌成就。

人民的美好生活，全体人民共同富裕，从来都不是从天而降，更不可能唾手可得。以什么样的姿态开创美好生活，是检验一个民族能否在逆境中崛起、能否屹立于世界民族之林的重要标尺。新中国成立70多年来，从一穷二白的落后农业国，到今天全面建成小康社会、开启全面建设社会主义现代化国家新征程，这举世瞩目的"中国奇迹"，正是中国共产党带领人民独立自主、自力更生、奋斗不息的结果。中华民族历来具有"天行健，君子以自强不息"的品质。5000年文明的薪火相传、生生不息，赋予了中国共产党百折不挠的顽强与坚韧；中华文化特有的气质和禀赋，赋予了中国共产党质朴刚健、艰苦奋斗的宝贵品格；华夏先人对天下大同的追求向往，赋予了中国共产党心系苍生、天下为公的博大胸襟。因此，我们绝不能骄傲自满、止步不前，要继续谦虚谨慎、戒骄戒躁，继续艰苦奋斗、锐意进取，为实现第二个百年奋斗目标、实现中华民族伟大复兴而奋力拼搏，为人类和平与发展的崇高事业不断作出新的更大贡献！

三 "团结互助、对口帮扶"精神

"团结互助"是中华民族的优秀美德，它植根于中华文化核心价值理念的"和"。早在西周末期，史官史伯就说："夫和实生物，同则不济。"这"和"的价值理念，也成为中华民族社会政治伦理生活领域的主导性精神信念，贯穿了整个中国历史。3000多年前，中国思想史上最早的经典《易经》中就包含了一种从奇数、偶数衍生出来的阴阳爻的卦画系统，战国时期解释《易经》的文本《易传》称："一阴一阳之谓道。"庄子说："《易》以道阴阳。"这套系统通过阴、阳两种对立统一的符号的渗透消长来展演、推导世界万物之间的复杂关系、转化与过程，其中蕴含着中国先民所发现的朴素辩证法原理，构成了古代中国人对世界演变规律的主导性看法。中国古代辩证法将"和"作为变化的前提、动力、原则和目的。在我国政治社会生活中，这种"和"的精神构成了中华民族成员从思维到实践行动上的普遍准则，有多种表现，相应的古代思想家有多种经典论述。孔子说："君子和而不同，小人同而不和"；老子说："万物负阴而抱阳，冲气以为和"；庄子说："天地与我并生，万物与我为一"；《周易》说："乾道变化，各正性命，保合太和"；《中庸》说："中也者，天下之大本和也者，天下之达道也。致中和，天地位焉，万物育焉""万物并育而不相害，道并行而不相悖"。中国历史表明，这种万物并生共荣的价值情怀是中华民族、中华文化不断克服艰难险阻而长期绵延且兴旺发达的精神动力。"和"的理念发育转化为多种具体形式，其中最重要的就是中国特色的爱国团结精神，这是相当超越的精神，在大敌当前、民族御侮的特殊时期，凝聚为中华民族的团结互助的共同体文化和成仁取义、保家卫国、团结奋斗的民族精神。

宋元明清时期，多民族国家统一与其文化整合呈同步演进之势，认同中国文化传统而共存共荣的民族精神得到强化巩固。晚清民国之际，中华民族遭遇前所未有的生存危机，中华民族精神在救亡图存的激发下重新觉醒和升华。回顾中华民族形成和中华民族精神发展的历程，有三个特点尤为显著：中华民族的壮大不仅来自内部族群人口繁衍的增加，更是来自不同民族的交融；文化结构整合的生成与民族认同同步发展，铸就了有深厚的优秀传统文化作为底蕴的中华民族精神；中华民族统一与国家统一的概念趋向交叉会合，使得"民族大义""民族气节"与"国家大局""国格意识"成为国民的标志化信念与行为范式，这是中国典型的爱国主义特质的基点。

"团结互助"精神，也是解放战争时期在人民军队中开展的以班、互助组为基本单位的团结友爱、互相帮助运动中得到发扬光大的，是我军新型内部关系的具体体现。"爱兵模范"王克勤率先提出这种互助形式，他所在的互助组成为团结互助的典型。解放战争时期，随着战局的进展，战斗班的老骨干相对减少，从解放区入伍的新兵和从国民党俘虏参军的"解放战士"数量大增。如何使三种成分紧密结合起来，迅速提高战斗力，成为亟待解决的问题。1946 年 10 月，晋冀鲁豫军区发起了巨野战役。根据部队成分的变化和战争形势的需要，第六纵队十八旅五十二团一连尖刀排班长王克勤提出并带头开展了团结互助活动，创造了"思想互助、技术互助、体力互助"的经验。这一活动在组织形式上，一般一个班设若干互助组，每组设组长一人，按计划配置和群众自愿相结合，合理组成互助组：平时和练兵时开展思想互助、生活互助、军事技术互助；在行军中开展体力互助，以强帮弱；在战斗中开展战斗互助，密切协同作战，保持旺盛的战斗士气。晋冀鲁豫军区司令员刘伯承、政委邓小平对王克勤总结的"三大互助"经验予以高度评价，号召部队广泛开展了"王克勤运动"。1947 年 7 月 10 日，王克勤在定陶战役中壮烈牺牲。他所总结的战斗与训练、技术与勇敢相结合的经验，激励着部队竞相开展杀敌立功竞赛，使团结互助精神在后来的战略决战、战略追击和剿匪斗争中发挥了重要作用。全国解放后，"王克勤运动"一直被坚持下来，战斗互助小组被写进我军的战斗条例。

"对口帮扶"是新中国成立后中国共产党创造的一项先富帮后富、实现共同富裕的重要的扶贫开发政策，也在扶贫实践中形成了独具中国特色的"扶贫精神"。如强化东西部协作扶贫。东部地区不仅是帮钱帮物，还在推动产业层面合作；不仅是省级层面在协作，市县层面也在协作。1996 年 10 月，福建省和宁夏回族自治区建立起对口协作关系，选出沿海的 8 个经济实力较强的县（市、区）对口帮扶宁夏的 8 个贫困县。从此，武夷山与六盘山肩并肩、闽江和黄河相辉映，远隔千山万水的两省区有了不解之缘，携手向贫困发起挑战。闽、宁两省区 20 年来守望相助奔小康，从单向扶贫到产业对接，从经济援助到社会事业多领域深度合作，形成了独具特色的"闽宁模式"，开创出一条具有示范意义的扶贫协作道路。

脱贫攻坚，取得了物质上的累累硕果，也取得了精神上的累累硕果。广大脱贫群众激发了奋发向上的精气神，社会主义核心价值观得到广泛传播，文明新风得到广泛弘扬，艰苦奋斗、苦干实干、用自己的双手创造幸福生活的精神在广大贫困地区蔚然成风。对此，习近平在全国脱贫攻坚总结表彰大会上的讲话中曾用两个鲜活的典型来说明这种"扶贫精神效应"。一个是带领乡亲们历时 7 年在绝壁上凿出一条通向外界道路的重庆市巫山县竹贤乡下庄村党支部书记毛相林说的："山凿一尺宽一尺，路修一丈长一丈，就算我们这代人穷十年苦十年，也一定要让下辈人过上好日子。"另一个是身残志坚的云南省昆明市东川区乌龙镇坪子村芭蕉箐小组村民张顺东说的："我们虽然残疾了，但我们精神上不残，我们还有脑还有手，去想去做。"因此，习近平说："贫困群众的精神世界在脱贫攻坚中得到充实和升华，信心更坚、脑子更活、心气更足，发生了从内而外的深刻改变！"[5]

四 "扶危济困、乐善好施"精神

"扶危济困"是中华民族又一优秀传统美德和民族精神。我国将每年 10 月 17 日设立为"扶贫日",就是为了弘扬这一传统美德,进而动员社会各方面力量共同向贫困宣战,加快形成全社会参与的大扶贫格局。一是党政军机关、企事业单位开展定点扶贫。这是中国特色扶贫开发事业的重要组成部分,体现了我国的政治优势和制度优势。多年来,各有关单位围绕定点扶贫做了不少工作,取得了积极成效。中央党校结合自身优势,为定点扶贫县云南省墨江哈尼族自治县开展了暑期送教活动,有针对性地开展送教下基层,为墨江脱贫攻坚提供智力支撑。中国银河证券股份有限公司帮扶甘肃静宁县,立足静宁县实际,发挥行业优势、创新帮扶方式、开展精准帮扶,先后投入 1.5 亿元,探索出了一条产业主导帮扶、金融助力脱贫、人人参与扶贫的帮扶模式,打造出了定点帮扶的"静宁样本",为国家减贫事业贡献了"金融方案""金融智慧"。中化集团帮扶内蒙古阿鲁科尔沁旗和林西县,打出了一张"授人以渔"的发展牌:打造一批好项目,构建一个好模式,教会一门好手艺,培育一批好品牌。二是广大民营企业参与到了扶贫工作中,开展"万企帮万村"行动。2015 年 12 月 19 日,恒大集团与贵州省毕节市大方县举行恒大结对帮扶大方县精准脱贫签约仪式,无偿投入 30 亿元,用 3 年时间,通过实施产业扶贫、异地搬迁扶贫、吸纳就业扶贫、发展教育扶贫和特殊困难群体最低生活保障扶贫等一揽子综合措施,实现大方县 18 万名贫困人口全部稳定脱贫。因此,习近平在全国脱贫攻坚总结表彰大会上的讲话中总结我国取得扶贫攻坚伟大胜利的成功经验时指出:"坚持弘扬和衷共济、团结互助美德，营造全社会扶危济困的浓厚氛围。我们推动全社会践行社会主义核心价值观，传承中华民族守望相助、和衷共济、扶贫济困的传统美德，引导社会各界关爱贫困群众、关心减贫事业、投身脱贫行动。我们完善社会动员机制，搭建社会参与平台，创新社会帮扶方式，形成了人人愿为、人人可为、人人能为的社会帮扶格局。事实充分证明，社会主义核心价值观、中华优秀传统文化是凝聚人心、汇聚民力的强大力量。只要我们坚定道德追求，不断激发全社会向上向善的正能量，就一定能够为中华民族乘风破浪、阔步前行提供不竭的精神力量！"[6]

"乐善好施"是中国人的价值取向和精神特质。老子曾曰："我有三宝，持而保之：一曰慈，二曰俭，三曰不敢为天下先。"老子将"慈"作为三宝之一，并大力宣扬慈善文化。因此，中国有着悠久的慈善历史。进入新时代，在以习近平同志为核心的党中央坚强领导下，我国慈善事业更是取得长足发展，乐善好施更在中国大地蔚然成风，涌现一批热心公益的群体和个人。他们在助力脱贫攻坚、抗击疫情灾情、全面建成小康社会和推进共同富裕过程中做出了重要贡献。为了更好发挥"第三次分配"在实现全体人民共同富裕中的积极作用，必须按照党中央、国务院决策部署，深入贯彻实施慈善法，完善和落实激励政策措施，补短板强弱项，积极培育和发展各类慈善组织，鼓励开展扶老助残、恤幼济困、助学助医等公益帮扶活动，助力巩固脱贫攻坚成果，共同兜住筑牢民生底线，引导先富带后富、更多关爱回报社会。同时，要加强组织领导和有效监管，强化慈善行业自律和信息公开，不断提升我国慈善事业发展质量和水平。

（执笔：韩保江）

第十三章　以"党的集中统一领导"确保全体人民共同富裕梦想成真

　　办好中国的事情，关键在党。中国特色社会主义最本质的特征是中国共产党领导，中国特色社会主义制度的最大优势是中国共产党领导，党是最高政治领导力量。没有党的领导，民族复兴必然是空想。因此，在全面建设社会主义现代化国家的新征程上，党的集中统一领导必将成为如期实现"全体人民共同富裕取得更为明显的实质性进展"奋斗目标，进而建成"全体人民共同富裕的现代化"的根本政治前提和制度保证。

一　"一张蓝图绘到底"是实现全体人民共同富裕的政治前提

　　中国共产党是为中国人民谋幸福的党，始终代表最广大人民根本利益，把人民放在心中最高位置。我们党诞生于国家内忧外患、民族危难之时，一成立就义无反顾地担负起救亡图存和为人民谋幸福的历史使命。中国人民在历史比较中选择了中国共产党作为自己翻身解放的领路人。我们党团结带领人民经过 28 年艰苦卓绝的斗争，推翻了"三座大山"，建立了人民当家作主的中华人民共和国。新中国成立初期，中国共产党在领导"一化三改"进程中就开始设想和探索让中国人民早日实现共同富裕的道路和办法。1953 年 12 月，中共中央通过的由毛泽东主持起草的《关于发展农业生产合作社的决议》就明确提出，党在农村中工作的最根本的任务，就是"使农民能够逐步完全摆脱贫困的状况而取得共同富裕和普遍繁荣的生活"[1]。1955 年 10 月 29 日，毛泽东在资本主义工商业社会主义改造问题座谈会上更明确提出："现在我们实行这么一种制度，这么一种计划，是可以一年一年走向更富更强的，一年一年可以看到更富更强些。而这个富，是共同的富，这个强，是共同的强。"[2]同时，他还指出，"在逐步地实现社会主义工业化和逐步地实现对于手工业、对于资本主义工商业的社会主义改造的同时，逐步地实现对于整个农业的社会主义的改造，即实行合作化，……使全体农村人民共同富裕起来"[3]。之后，他进一步强调，要实现共同富裕必须走社会主义道路。他说："要巩固工农联盟，我们就得领导农民走社会主义道路，使农民群众共同富裕起来。"[4]为了实现共同富裕，以毛泽东同志为主要代表的中国共产党人早就认识到必须实现现代化。1954 年 9 月，毛泽东在第一届全国人民代表大会第一次会议的开幕词中就提出："要将我们现在这样一个经济上文化上落后的国家，建设成一个工业化的具有高度现代文化程度的伟大国家。"[5]因此，周恩来在这次会上所作的《政府工作报告》中进一步提出："如果我们不建设起强大的现代化的工业、现代化的农业、现代化的交通运输业和现代化的国防，我们就不能摆脱落后和贫困，我们的革命就不能达到目的。"[6]这也是我们党最早提出的"四个现代化"的概念。在"大跃进"时期，毛泽东又强调要"尽可能在比较短的历史时期内，多快好省地实现工业现代化、农业现代化和科学文化现代化，建立一个独立的、完整的国民经济体系"[7]。之后他在《读苏联〈政治经济学教科书〉的谈话》中又指出："建设社会主义，原来要求是工业现代化、农业现代化、科学文化现代化，现在要加上国防现代化。"[8]鉴于"大跃进"欲速不达的教训，1964 年 12 月，根据毛泽东的提议，周恩来总理又在第三届全国人民代表大会第一次会议上明确提出"在不太长的历史时期内，把我国建设成为一个具有现代农业、现代工业、现代国防和现代科学技术的社会主义强国"[9]及"两步走"战略构想，即从第三个五年计划开始，分两步发展国民经济的设想：第一步，建立一个独立的比较完整的工业体系和国民经济体系；第二步，全面实现四个现代化。很遗憾，后来的"文化大革命"破坏并迟滞了中国实现四个现代化的进程。

粉碎"四人帮"后，邓小平深刻总结历史经验教训，不仅认为共同富裕是社会主义基本原则，而且将共同富裕上升到社会主义本质内涵的高度。邓小平明确提出："'四人帮'鼓吹宁要贫穷的共产主义或社会主义，也不要富裕的资本主义。这是一种谬论，是对社会主义的歪曲甚至污辱。向穷的方向发展，这不能叫社会主义。社会主义总要使人民生活逐步改善，人民群众的收入不断增加，当然也包括使整个国家一步一步地富强起来。"[10]1985 年 3 月，邓小平在全国科技工作会议上强调："社会主义的目的就是要全国人民共同富裕，不是两极分化。"[11]1986 年 9 月 2 日，他在接受美国记者迈克·华莱士采访时说："社会主义财富属于人民，社会主义的致富是全民共同致富。社会主义原则，第一是发展生产，第二是共同致富。"[12]尤其是在 1992 年"南方谈话"中他更明确地指出："社会主义的本质，是解放生产力，发展生产力，消灭剥削，消除两极分化，最终达到共同富裕。"[13]因此,共同富裕是分配问题,但本质是生产力问题。1976年10月,粉碎"四人帮"后,为了摆脱贫穷,让人民群众过上温饱富足的生活,尤其是面对与世界发达国家日益扩大发展差距,中国共产党人加快实现四个现代化的愿望再次被激发出来。1978年3月,邓小平在全国科技大会上再次明确发出"要实现四个现代化"的号召,提出"全面实现农业、工业、国防和科学技术的现代化,把我们的国家建设成为社会主义的现代化强国,是我国人民肩负的伟大历史使命"。[14]

然而,具体我们建设一个什么样的现代化,是否等同于西方国家的现代化以及怎样建设现代化,我们并没有什么经验。邓小平通过向世界学习和比较,从中国国情出发,创造性地提出了"中国式的现代化"这个新概念。1979年3月,邓小平指出:"我们定的目标是在本世纪末实现四个现代化。我们的概念与西方不同,我姑且用个新说法,叫做中国式的四个现代化。"[15]同年12月,他在会见时任日本首相的大平正芳时又进一步明确了"中国式的四个现代化"的内涵。他说:"我们的四个现代化的概念,不是像你们那样的现代化的概念,而是'小康之家'。到本世纪末,中国的四个现代化即使达到了某种目标,我们的国民生产总值人均水平也还是很低的。要达到第三世界中比较富裕一点的国家的水平,比如国民生产总值人均一千美元,也还得付出很大的努力。就算达到那样的水平,同西方来比,也还是落后的。所以,我只能说,中国到那时也还是一个小康的状态。"[16]

根据邓小平的"中国式的现代化"构想,1981年6月召开的党的十一届六中全会提出,社会主义建设必须从我国国情出发,量力而行、积极奋斗,有步骤分阶段地实现现代化的目标。1982年8月21

日，邓小平在会见时任联合国秘书长德奎利亚尔时进一步指出："我们摆在第一位的任务是在本世纪末实现现代化的一个初步目标，这就是达到小康的水平。如果能实现这个目标，我们的情况就比较好了。更重要的是我们取得了一个新起点，再花三十年到五十年时间，接近发达国家的水平。我们不是说赶上，更不是说超过，而是接近。"[17]这说明，邓小平已经把实现现代化的进程延长到 21 世纪的 30 年到50 年了。此后，邓小平又多次谈到 20 世纪末翻两番和 21 世纪再用30 年到 50 年时间，接近发达国家或达到中等发达国家水平的设想。这也成为我国现代化建设著名的"三步走"战略构想。根据这一战略构想，党的十二大明确提出："从 1981 年到本世纪末的 20 年，我国经济建设的总的奋斗目标是，在不断提高经济效益的前提下，力争使全国工农业总产值翻两番，即由 1980 年的 7100 亿元增加到 2000年的 28000 亿元左右。"[18]

1985 年 9 月 23 日，邓小平在中国共产党全国代表会议上的讲话中进一步解释其"三步走"战略构想。他指出："现在人们说中国发生了明显的变化。我对一些外宾说，这只是小变化。翻两番，达到小康水平，可以说是中变化。到下世纪中叶，能够接近世界发达国家的水平，那才是大变化。到那时，社会主义中国的分量和作用就不同了，我们就可以对人类有较大的贡献。"[19]这里讲的小变化、中变化、大变化，鲜明地表达了中国式现代化的"三个阶段"。1987 年 10 月，党的第十三次全国代表大会正式通过了社会主义现代化建设"三步走"的经济发展战略。大会报告明确指出："党的十一届三中全会以后，我国经济建设的战略部署大体分三步走。第一步，实现国民生产总值比一九八〇年翻一番，解决人民的温饱问题。这个任务已经基本实现。第二步，到本世纪末，使国民生产总值再增长一倍，人民生活达到小康水平。第三步，到下个世纪中叶，人均国民生产总值达到中等发达国家水平，人民生活比较富裕，基本实现现代化。"[20]

一分部署，九分落实。为了稳步实施"三步走"战略构想，确保 20 世纪末实现"使国民生产总值再增长一倍，人民生活达到小康水平"的总体目标，从 1981 年实施"六五"计划开始，经过"七五""八五""九五"，到 2000 年"九五"计划完成，经过 20 多年的艰苦奋斗，我国实现了国民生产总值"翻两番"和人民生活总体达到小康水平的初级目标。因此，党的十六大又就如何走好"第三步"战略进行了"细化"，提出"经过全党和全国各族人民的共同努力，我们胜利实现了现代化建设'三步走'战略的第一步、第二步目标，人民生活总体上达到小康水平。这是社会主义制度的伟大胜利，是中华民族发展史上一个新的里程碑。……根据十五大提出的到二〇一〇年、建党一百年和新中国成立一百年的发展目标，我们要在本世纪头二十年，集中力量，全面建设惠及十几亿人口的更高水平的小康社会，使经济更加发展、民主更加健全、科教更加进步、文化更加繁荣、社会更加和谐、人民生活更加殷实。这是实现现代化建设第三步战略目标必经的承上启下的发展阶段，也是完善社会主义市场经济体制和扩大对外开放的关键阶段。经过这个阶段的建设，再继续奋斗几十年，到本世纪中叶基本实现现代化，把我国建成富强民主文明的社会主义国家"。[21]

进入新时代，中国共产党始终把满足人民对美好生活的新期待作为发展的出发点和落脚点，鲜明提出共同富裕是社会主义现代化的重要目标，清醒地认识到实现全体人民共同富裕是为人民谋幸福的着力点，也是夯实党长期执政基础的内在要求。习近平指出："共同富裕是社会主义的本质要求，是人民群众的共同期盼。我们推动经济社会发展，归根结底是要实现全体人民共同富裕。"[22] "我国现代化是全体人民共同富裕的现代化。共同富裕是中国特色社会主义的本质要求。"[23] 因此，党的十九大更进一步清晰谋划的"三步走"战略的"第三步"战略的"两阶段"收官安排，明确描绘了实现全体人民共同富裕的"时间表和路线图"："第一个阶段，从二〇二〇年到二〇三五年，在全面建成小康社会的基础上，再奋斗十五年，基本实现社会主义现代化。到那时，我国经济实力、科技实力将大幅跃升，跻身创新型国家前列；人民平等参与、平等发展权利得到充分保障，法治国家、法治政府、法治社会基本建成，各方面制度更加完善，国家治理体系和治理能力现代化基本实现；社会文明程度达到新的高度，国家文化软实力显著增强，中华文化影响更加广泛深入；人民生活更为宽裕，中等收入群体比例明显提高，城乡区域发展差距和居民生活水平差距显著缩小，基本公共服务均等化基本实现，全体人民共同富裕迈出坚实步伐；现代社会治理格局基本形成，社会充满活力又和谐有序；生态环境根本好转，美丽中国目标基本实现。第二个阶段，从二〇三五年到本世纪中叶，在基本实现现代化的基础上，再奋斗十五年，把我国建成富强民主文明和谐美丽的社会主义现代化强国。到那时，我国物质文明、政治文明、精神文明、社会文明、生态文明将全面提升，实现国家治理体系和治理能力现代化，成为综合国力和国际影响力领先的国家，全体人民共同富裕基本实现，我国人民将享有更加幸福安康的生活，中华民族将以更加昂扬的姿态屹立于世界民族之林。"[24] 正像习近平指出："未来三十年将是我们完成这个历史宏愿的新发展阶段。我们已经明确了未来发展的路线图和时间表。这就是，到二〇三五年，用三个五年规划期，基本实现社会主义现代化。然后，再用三个五年规划期，到本世纪中叶，把我国建成富强民主文明和谐美丽的社会主义现代化强国。"[25]

历史证明，中国共产党是"言必信、行必果"的负责任大党。虽然已经历多代中央领导集体，但始终秉持"一张蓝图绘到底"的定力和信心，一代接着一代干，必将带领全国各族人民实现"全体人民共同富裕的现代化"。习近平指出："用中长期规划指导经济社会发展，是我们党治国理政的一种重要方式。从 1953 年开始，我国已经编制实施了 13 个五年规划（计划），其中改革开放以来编制实施 8 个，有力推动了经济社会发展、综合国力提升、人民生活改善，创造了世所罕见的经济快速发展奇迹和社会长期稳定奇迹。"[26]

二　党的集中统一领导是实现全体人民共同富裕的政治保障

新中国成立后，毛泽东强调："领导我们事业的核心力量是中国共产党"[27]，"工、农、商、学、兵、政、党这七个方面，党是领导一切的"。[28]改革开放后，邓小平强调："中央要有权威。改革要成功，就必须有领导有秩序地进行"，"任何一个领导集体都要有一个核心，没有核心的领导是靠不住的。……要有意识地维护一个核心"。[29]因此，这也就形成了中国特色社会主义制度的最大优势。对于这个最大优势，邓小平认为："社会主义国家有个最大的优越性，就是干一件事情，一下决心，一做出决议，就立即执行，不受牵扯。"[30]也正是由于这一优势，新中国成立以来，中国共产党领导人民不仅用几十年的时间走完了发达国家几百年走过的历程，创造了改革开放以来 40 多年高速增长的"中国奇迹"，而且实现了精准扶贫、精准脱贫，历史性地摆脱了绝对贫困，全面建成了小康社会。因此，实现全体人民共同富裕，建设全体人民共同富裕的物质文明仍需要继续发挥好这一优势。党的十八大以来，我们党确立习近平同志党中央的核心、全党的核心地位，确立习近平新时代中国特色社会主义思想的指导地位，为更好发挥这一优势创造更加有力的思想条件和制度前提，进而也为实现全体人民共同富裕提供了最坚强的政治保障。

首先，以习近平同志为核心的党中央把"实现全体人民共同富裕"正式摆到了议事日程。

党的十八大以来，虽然习近平多次强调要全体人民实现共同富裕，但是由于最迫切的任务是精准扶贫，彻底解决绝对贫困人口脱贫问题，高质量完成"第一个百年"奋斗目标。2021 年 7 月 1 日，习近平在庆祝中国共产党成立 100 周年大会上向世界庄严宣布中国已全面建成小康社会，标志着我们已经胜利完成了"第一个百年"奋斗目标。因此，开启全面建设社会主义现代化国家新征程，进而实现全体人民共同富裕，进而实现"第二个百年"奋斗目标，也就历史性地摆到了议事日程。

一是明确实现全体人民共同富裕作为完成全面建成小康社会任务后"不能等"的"头等"发展任务。先是习近平在党的十九届五中全会上在阐述中国特色现代化道路时就明确了中国式现代化的一个重要内涵就是"全体人民共同富裕的现代化"，认为："共同富裕是社会主义的本质要求，是人民群众的共同期盼。我们推动经济社会发展，归根结底是要实现全体人民共同富裕。"[31] 随后，2021 年 1 月 11 日他在中共中央党校（国家行政学院）省部级主要领导干部学习党的十九届五中全会精神专题研讨班上讲话中再次明确："实现共同富裕不仅是经济问题，而且是关系党的执政基础的重大政治问题。我们决不能允许贫富差距越来越大、穷者愈穷富者愈富，决不能在富的人和穷的人之间出现一道不可逾越的鸿沟。……这项工作也不能等，要自觉主动解决地区差距、城乡差距、收入差距等问题。"[32]紧接着，2021年1月28日，他在党的十九届中央政治局第二十七次集体学习时的讲话中又指出："党的十九届五中全会向着更远的目标谋划共同富裕，提出了'全体人民共同富裕取得更为明显的实质性进展'的目标。共同富裕本身就是社会主义现代化的一个重要目标。我们要始终把满足人民对美好生活的新期待作为发展的出发点和落脚点，在实现现代化过程中不断地、逐步地解决好这个问题。"[33]二是中央财经委员会主题研究全体人民共同富裕问题，习近平发表题为《扎实推动共同富裕》的讲话，吹响了实现全体人民共同富裕的"进军号"。2021年8月17日，习近平在中央财经委员会第十次会议上的讲话中更加明确指出："现在，已经到了扎实推动共同富裕的历史阶段。……适应我国社会主要矛盾的变化，更好满足人民日益增长的美好生活需要，必须把促进全体人民共同富裕作为为人民谋幸福的着力点，不断夯实党长期执政基础。"[34]同时，在这次讲话中对如何扎实推进共同富裕进行了具体部署，对全体人民共同富裕的概念、原则、途径和举措等进行了全面系统的阐述，进一步指明了实现全体人民共同富裕的工作方向。之后，国家发展改革委将按照党中央决策部署，在深化对共同富裕问题的研究的基础上，进一步制定促进共同富裕行动纲要，推动构建初次分配、再分配、三次分配协调配套的基础性制度安排，更加注重向农村、基层、欠发达地区和困难群众倾斜，深入谋划好促进共同富裕的顶层设计。同时，牵头研究制定扩大中等收入群体实施方案，聚焦重点群体精准施策，在城乡居民普遍增收的基础上，推动更多低收入群体跨入中等收入行列。

其次，"五级书记一起抓"为实现全体人民共同富裕提供强大组织保障。

习近平在全国脱贫攻坚总结表彰大会上的讲话中指出，我们能够取得扶贫攻坚战的决定性胜利，最重要的原因是"我们强化中央统筹、省负总责、市县抓落实的工作机制，构建五级书记抓扶贫、全党动员促攻坚的局面。我们执行脱贫攻坚一把手负责制，中西部 22 个省份党政主要负责同志向中央签署脱贫攻坚责任书、立下'军令状'，脱贫攻坚期内保持贫困县党政正职稳定。我们抓好以村党组织为核心的村级组织配套建设，把基层党组织建设成为带领群众脱贫致富的坚强战斗堡垒"[35]。很显然，这种"五级书记一起抓"和"一把手"立"军令状"这一中国共产党独特的组织机制和运行方式，仍然是实现全体人民共同富裕尤其是最后攻坚阶段的必选方法。这是因为"五级书记一起抓"不仅可以产生巨大的号召动员力，而且产生强大的协同执行力，从而最大限度地激发出推动全体人民共同富裕的强大政治力量。俗话说："搞好搞不好，关键在领导。"中国共产党不仅是一个执政党，而且是中国特色社会主义事业的领导核心，不仅要派出一批干部去执政，而且要通过党自己的组织系统和强有力的思想政治工作系统，动员全党的力量，动员全社会的力量，齐心协力来实现党提出的纲领、路线和方针政策。这种社会动员力是中国共产党全面领导力的重要特点。而"五级书记"涵盖了中国社会从中央、省（自治区、直辖市）、市（地区、自治州）、乡镇，一直到村全部权力和治理层级的"一把手"。他们的责任心和意志决定着中国任何一项工作和事业的成败。因此，尽管实现全体人民共同富裕比起精准扶贫、精准脱贫要更困难，但只要"五级书记联起手来干"就没有干不了、干不成的事情。因此，习近平指出："事实充分证明，中国共产党具有无比坚强的领导力、组织力、执行力，是团结带领人民攻坚克难、开拓前进最可靠的领导力量。只要我们始终不渝坚持党的领导，就一定能够战胜前进道路上的任何艰难险阻，不断满足人民对美好生活的向往！"[36]

最后，党"总揽全局、协调各方"为实现全体人民共同富裕凝聚磅礴力量。习近平指出："我国社会主义政治制度优越性的一个突出特点是党总揽全局、协调各方的领导核心作用，形象地说是'众星捧月'，这个'月'就是中国共产党。在国家治理体系的大棋局中，党中央是坐镇中军帐的'帅'，车马炮各展其长，一盘棋大局分明。如果中国出现了各自为政、一盘散沙的局面，不仅我们确定的目标不能实现，而且必定会产生灾难性后果。"[37]过去40年多年的改革开放，我们围绕解决"权力过分集中"的问题，以"分权"为重点，经过党政职能分开、政企分开、政社分开，分出了执政党、政权机构（包括政府）、市场（包括企业）、社会（包括社会组织等）四个元素。现在的任务是在"分"的基础上把这四个元素整合为一个符合中国基本国情的现代化的国家治理体系。这是一个由执政党——中国共产党发挥领导核心作用，政权机构（包括人民代表大会和政府等）、市场（包括国有企业和民营企业）、社会（包括人民团体和社会组织）三个元素在中国共产党领导下，依照宪法和法律法规的规范要求，各司其职而又相互支持的现代国家治理体系。这个治理体系和西方的最大区别，是中国共产党在国家治理中要发挥全面领导作用。中国共产党通过"总揽全局、协调各方"这种新的领导方式，协调同级和各级组织，统筹推进经济、政治、文化、社会和生态文明建设，协调推进"四个全面"战略布局。这一国家治理体系，既不同于原来的全能型国家治理体系，又不同于自由放任型或现代威权型国家治理体系，而是一个民主集中型的现代国家治理体系。由此也决定了统筹协调力和强大凝聚力是中国共产党全面领导力的重要体现。无疑，要实现全体人民共同富裕，不仅需要各级党委的领导和指挥，而且需要各级人大、政府、政协和监察机关、审判机关、检察机关、人民团体、企事业单位、社会组织等的广泛参与和保障，从而凝聚起全社会共同推进共同富裕进程的磅礴力量。这就必然要求发挥好我国独具的党"总揽全局、协调各方"制度和机制的作用。为此，一方面，要引导各方增强"四个意识"，自觉在思想上政治上行动上同党中央保持高度一致，确保党中央一锤定音、定于一尊的权威，不折不扣贯彻执行党中央制定全体人民共同富裕的时间表和路线图。另一方面要充分调动和发挥人大、政府、政协和监察机关、审判机关、检察机关、人民团体、企事业单位、社会组织等各方力量在推进全体人民共同富裕过程中的积极性和创造性，各尽其能、各显神通，进而形成全社会共同推进共同富裕的强大合力。

三 忠诚、干净、担当的干部队伍是实现全体人民共同富裕的决定因素

1938 年 9 月 29 日至 11 月 6 日，党的扩大的六届六中全会在延安召开，旨在总结抗战以来的斗争经验，纠正右倾错误，明确党在民族战争中的地位，以争取抗战胜利。会上，毛泽东作了《论新阶段》政治报告，会议通过了《中共扩大的六届六中全会政治决议案》。毛泽东也在这次会议上提出了著名的"政治路线确定之后，干部就是决定的因素"的重要论断。他指出："中国共产党是在一个几万万人的大民族中领导伟大革命斗争的党，没有多数才德兼备的领导干部，是不能完成其历史任务的。"[38] 会议鲜明提出才德兼备的标准就是

"任人唯贤",即坚决地执行党的路线,服从党的纪律,和群众有密切的联系,有独立的工作能力,积极肯干、不谋私利。

进入新发展阶段,我们党已经把实现全体人民共同富裕摆到了重点工作的议事日程,并且给出了时间表、路线图。关键是怎样落实,由谁去落实。中国共产党百年奋斗所创造出的伟大成就充分证明了毛泽东"干部就是决定的因素"的伟大论断。今天,我们要实现全体人民共同富裕的社会主义物质文明建设目标,仍必须有一支优秀的干部队伍,仍需要依靠各级领导干部带头冲锋陷阵。

群雁高飞头雁领。任何一支在天空中飞翔的大雁队伍中,最重要的都是领头雁。因为,头雁决定雁队的前进方向,决定雁队的精神状态,决定雁队的前途命运。头雁率先垂范,发挥了示范带动作用,就会形成"头雁效应",这支队伍就会向着目标同心同德、奋勇前行。

党的干部是党和国家事业的中坚力量。各级领导干部地位更加重要,肩负着党和人民的期待重托,承担着中华民族伟大复兴的历史担当,必须认真学习贯彻习近平总书记重要指示,坚定自觉地向习近平总书记看齐、向党中央看齐,切实增强标杆意识、表率意识,自觉担当领导责任、示范责任,努力做到忠诚、干净、担当,在全面建设社会主义现代化国家和实现全体人民共同富裕的新征程上,充分发挥好"头雁"作用。

第一,好干部的标准第一条就是"忠诚",能够带头加强政治建设,在坚决维护习近平总书记党中央的核心、全党的核心地位,坚决维护党中央权威和集中统一领导上做表率。

中国共产党是一个历来高度重视提高党员政治觉悟、加强政治建设的马克思主义政党。旗帜鲜明讲政治是我们党作为马克思主义政党的根本要求,是我们党"补钙壮骨"、强身健体的根本保证,是我们党培养自我革命勇气、增强自我净化能力、提高政治免疫力的根本途径。党的十九大报告指出，党的政治建设是党的根本性建设，决定党的建设方向和效果，新时代党的建设必须以党的政治建设为统领。习近平多次强调，必须突出抓好党的政治建设，要把党的政治建设摆在首位。各级领导干部要带头加强政治建设，全面推进党的建设新的伟大工程。要把讲政治贯穿于自己的日常工作、生活和党性锻炼全过程，牢固树立政治理想，正确把握政治方向，坚定站稳政治立场，严格遵守政治纪律，不断提高政治觉悟和政治能力，做政治上的明白人、老实人，做共产主义远大理想和中国特色社会主义共同理想的坚定信仰者和忠实实践者。

理想信念是立党兴党之基，也是党员干部安身立命之本。领导干部要坚定理想信念和政治信念，牢固树立正确的世界观、人生观和价值观，自觉运用马克思主义立场观点方法认识问题、分析问题、解决问题。筑牢信仰之基、补足精神之钙、把稳思想之舵，坚决贯彻执行党的基本理论、基本路线、基本纲领、基本经验和各项方针政策，在大是大非面前头脑清醒、立场坚定。

坚持党中央权威和集中统一领导，是党的政治建设的首要任务。事在四方，要在中央。如果各自为政、自行其是，党就会成为毫无战斗力的一盘散沙。党面临的形势越复杂、肩负的任务越艰巨，就越要坚持党中央权威和集中统一领导，越要维护党的团结统一，确保全党统一意志、统一行动、步调一致前进。各级领导干部必须牢固树立"四个意识"，在思想政治上讲政治立场、政治方向、政治原则、政治道路，在行动实践上讲维护习近平总书记核心地位、维护党中央权威和集中统一领导、执行党的政治路线、严格遵守党的政治纪律和政治规矩。党的任何组织和成员，无论处在哪个领域、哪个层级、哪个单位，都必须坚决维护党中央权威、服从党中央集中统一领导，任何时候任何情况下，都必须在思想上政治上行动上同党中央保持高度一致，坚定自觉地做到党中央提倡的坚决响应、党中央决定的坚决执行、党中央禁止的坚决不做，执行党中央决策部署不讲条件、不打折扣、不搞变通。

第二，好干部必须是干净，能够带头加强道德修养，在弘扬社会主义核心价值观上做表率。

各级领导干部都要加强道德修养，带头弘扬社会主义核心价值观，明辨是非善恶、追求健康情趣，不断向廉洁自律的高标准看齐，做到心有所戒、行有所止，守住底线、不碰高压线。各级领导干部要把加强道德修养作为十分重要的人生必修课，提升道德境界，追求高尚情操，自觉讲德、明德、立德、修德、守德，做社会主义核心价值观的模范践行者。

政德是整个社会道德建设的风向标，影响整个国家、整个社会的风气走向。各级领导干部必须讲政德、明大德、守公德、严私德。要明大德，筑牢理想信念、锤炼坚强党性，牢固树立"四个意识"，对党绝对忠诚，坚决维护习近平总书记核心地位，坚决维护党中央权威和集中统一领导，确保党的路线方针政策和党中央决策部署不折不扣得到贯彻落实。时刻做到在大是大非面前旗帜鲜明，在风浪考验面前无所畏惧，在各种诱惑面前立场坚定。要守公德，强化宗旨意识，全心全意为人民服务，恪守立党为公、执政为民理念，自觉践行人民对美好生活的向往就是我们的奋斗目标的承诺，做到心底无私天地宽。时刻牢记自己是一名党的干部，不忘初心、牢记使命，敢于担当、勤勉务实。要严私德，严格约束自己的操守和行为，心中高悬法纪明镜、手中紧握法纪戒尺，戒贪止欲、克己奉公，廉洁修身、廉洁齐家，切实把人民赋予的权力用来造福于人民。

小事小节是一面镜子，小事小节中有党性、有原则、有人格。各级领导干部要牢记"堤溃蚁孔，气泄针芒"的古训，坚持从小事小节上加强修养，从小事小节上约束、规范自己，从一点一滴中完善自己，严以修身、正心明道、防微杜渐，把好洁身自好第一关，时刻保持人民公仆本色。要慎独、慎初、慎微、慎欲，培养和强化自我约束、自我控制的意识和能力，做到"心不动于微利之诱，目不眩于五色之惑"。要管好自己的生活圈、交往圈、娱乐圈，在私底下、无人时、细微处更要如履薄冰、如临深渊，始终不放纵、不越轨、不逾矩，增强拒腐防变的免疫力。要注重家庭、家教、家风，保持共产党人的高尚品格和廉洁操守。通过自己持之以恒加强道德建设的实际行动，不断增强自我净化、自我完善、自我革新、自我提高能力，积极弘扬社会主义核心价值观，深入继承和发扬中华优秀传统文化、革命文化和社会主义先进文化，坚决抵制和反对庸俗腐朽的政治文化，推动形成风清气正的政治生态。

第三，好干部必须有担当，带头加强作风建设，提高驾驭经济工作的本领，在践行全心全意为人民服务的根本宗旨上做表率，在推进全体人民共同富裕进程中"挑大梁"。

担当和斗争是一种精神，是一种责任，是一种格局。为了有担当，领导干部必须注意加强作风建设，紧紧围绕保持党同人民群众的血肉联系，增强群众观念和群众感情，不断厚植党执政的群众基础。各级领导干部要牢记自己的第一职责是为党工作，第一目标是为民谋利，时刻把人民放在心中最高位置。要始终把人民立场作为根本立场，牢牢坚持以人民为中心的工作导向，始终与人民心心相印、与人民同甘共苦、与人民团结奋斗。要树立正确的政绩观，把实现好、维护好、发展好最广大人民根本利益作为一切工作的出发点和落脚点，广泛开展调查研究，坚持求真务实，做老实人、说老实话、干老实事，察实情、出实招、办实事、求实效。要尊重人民主体地位和首创精神，始终保持同人民群众的血肉联系，凝聚起众志成城的磅礴力量，团结带领人民共同创造历史伟业。要始终保持永不懈怠的精神状态和一往无前的奋斗姿态，勇于涉险滩、破坚冰、攻堡垒、拔城池，为党和人民的事业尽心竭力、担当尽责。要在全心全意为人民服务中提升政治站位、提高工作能力，在真心实意向人民学习中拓展工作视野、丰富工作经验、提高理论联系实际的水平，在倾听人民呼声、虚心接受人民监督中自觉进行自我反省、自我批评、自我教育，在服务人民中不断完善自己。

同时，领导干部还必须要提高驾驭经济工作的能力，克服"本领恐慌"。全面建设社会主义现代化国家，实现全体人民共同富裕，不是轻轻松松的事情，会有很多难以预见的困难、风险和挑战。我们面临的重大风险，既包括国内的经济、政治、意识形态、社会风险以及来自自然界的风险，也包括国际经济、政治、军事风险等。如果发生重大风险又扛不住，国家安全就可能面临重大威胁，全面建设社会主义现代化国家和实现全体人民共同富裕的进程就会被中断。因此，加强领导干部能力建设，提高领导经济工作和防范重大风险的水平至关重要。习近平指出："面对前所未有的复杂形势和艰巨任务，我们必须拥有更多政策水平高、主业能力强、实践经验多、善于做经济工作的领导人才。"[39]各级领导干部不仅要继续深化对共产党执政规律、社会主义建设规律、人类社会发展规律的认识，主动研究社会主义初级阶段社会生产力发展规律、生产关系适应生产力发展规律，进一步提高解放和发展社会生产力的自觉性、主动性，而且要围绕经济社会发展和推进全体人民共同富裕进程中重大问题加强学习和调研，提高把握和运用市场经济规律、自然规律、社会发展规律能力，提高科学决策、民主决策能力，增强全球思维、战略思维、系统思维能力，努力成为领导经济社会发展的行家里手。因此，习近平强调："全党同志特别是各级领导干部，都要有本领不够的危机感，都要努力增强本领，都要一刻不停地增强本领。只有全党本领不断增强了，'两个一百年'的奋斗目标才能实现，中华民族伟大复兴的中国梦才能梦想成真。"[40]

（执笔：韩保江）

注　释

前言　在高质量发展中实现全体人民共同富裕

［1］习近平：《扎实推动共同富裕》，《求是》2021年第20期。

［2］同上。

［3］《毛泽东文集》第7卷，人民出版社，1999，第214页。

［4］《邓小平文选》第2卷，人民出版社，1994，第314页。

［5］《邓小平文选》第3卷，人民出版社，1993，第373页。

［6］《习近平关于社会主义经济建设论述摘编》，中央文献出版社，2017，第12页。

［7］习近平：《对发展社会主义市场经济的再认识》，《东南学术》2001年第4期。

［8］《马克思恩格斯选集》第2卷，人民出版社，2012，第2页。

［9］《马克思恩格斯全集》第37卷，人民出版社，1972，第487页。

［10］习近平：《论把握新发展阶段、贯彻新发展理念、构建新发展格局》，中央文献出版社，2021，第480页。

［11］同上。

[12]《习近平谈治国理政》第 3 卷，外文出版社，2020，第 238～239 页。

[13] 习近平：《扎实推动共同富裕》，《求是》2021 年第 20 期。

[14] 同上。

第一章　社会主义物质文明的历史超越

[1]《马克思恩格斯选集》第 1 卷，人民出版社，2012，第 402、405 页。

[2]《马克思恩格斯全集》第 4 卷，人民出版社，1958，第 480 页。

[3]《马克思恩格斯文集》第 5 卷，人民出版社，2009，第 742 页。

[4]《马克思恩格斯文集》第 3 卷，人民出版社，2009，第 555 页。

[5]《中共中央关于党的百年奋斗重大成就和历史经验的决议》，《人民日报》2021 年 11 月 17 日。

[6] 同上。

[7] 马克思引用托·约·邓宁《工联和罢工》1860 年伦敦版第 35、36 页的话来说明资本贪婪的本性，参见《马克思恩格斯选集》第 2 卷，人民出版社，2012，第 297 页。

[8]《日本侵华 14 年，从中国掠夺了多少财富？》baijiahao. baidu. com。

[9] 习近平：《论把握新发展阶段、贯彻新发展理念、构建新发展格局》，中央文献出版社，2021，第 10 页。

[10]《十九大以来重要文献选编》（中），中央文献出版社，2021，第 713 页。

[11] 习近平：《加强政党合作共谋人民幸福——在中国共产党与世界政党领导人峰会上的主旨讲话》，人民出版社，2021，第

7 页。

[12]《世界著名的八大环境污染公害事件盘点》，惠果环境，huiguo. net. cn。

[13]〔美〕罗兰·谢泼德：《资本主义的环境危机会给人类前途带来什么?》，《社会主义者行动》1999 年 4 月号。

[14] 世界环境与发展委员会：《我们共同的未来》，王之佳、柯金良等译，吉林人民出版社，1997，第 52 页。

[15]《光辉的成就：庆祝中华人民共和国成立三十五周年文集》（上），人民出版社，1984，第 213 页。

[16]《习近平关于总体国家安全观论述摘编》，中央文献出版社，2018，第 179 页。

[17] 习近平：《论把握新发展阶段、贯彻新发展理念、构建新发展格局》，中央文献出版社，2021，第 538~539 页。

[18]《毛泽东年谱（一八九三——一九四九）》（中），中央文献出版社，2013，第 529 页。

[19]《毛泽东文集》第 7 卷，人民出版社，1999，第 41 页。

[20]《邓小平文选》第 2 卷，人民出版社，1994，第 128 页。

[21] 同上书，第 132~133 页。

[22]《邓小平文选》第 3 卷，人民出版社，1993，第 266 页。

[23] 同上书，第 373 页。

[24]《江泽民文选》第 2 卷，人民出版社，2006，第 529 页。

[25]《江泽民文选》第 1 卷，人民出版社，2006，第 230 页。

[26]《改革开放三十年重要文献选编》（上），中央文献出版社，2017，第 744 页。

[27]《江泽民论中国特色社会主义（专题摘编）》，中央文献出版

社，2002，第 190 页。

[28]《江泽民文选》第 2 卷，人民出版社，2006，第 92 页。

[29]《胡锦涛文选》第 2 卷，人民出版社，2016，第 634 页。

[30]《习近平关于社会主义经济建设论述摘编》，中央文献出版社，2017，第 291 页。

[31] 同上书，第 290 页。

[32] 同上书，第 289 页。

[33] 同上书，第 287 页。

[34] 习近平：《论把握新发展阶段、贯彻新发展理念、构建新发展格局》，中央文献出版社，2021，第 526、474 页。

[35] 习近平：《在金砖国家工商论坛开幕式上的讲话》，新华网，https：//www. court. gov. cn/xinshidai-xiangqing-363181. html。

[36] "制度型开放"是 2018 年中央经济工作会议关于开放的新表述。这次会议要求，推动全方位对外开放，要适应新形势、把握新特点，推动由商品和要素流动型开放向规则等制度型开放转变。

[37]《十九大以来重要文献选编》（中），中央文献出版社，2021，第 764 页。

[38] 同上书，第 713 页。

[39]《毛泽东文集》第 3 卷，人民出版社，1996，第 253 页。

[40]《毛泽东选集》第 3 卷，人民出版社，1991，第 1096 页。

[41]《十八大以来重要文献选编》（上），中央文献出版社，2014，第 69 页。

[42]《习近平关于社会主义经济建设论述摘编》，中央文献出版社，2017，第 11~12 页。

[43] 江泽民：《论社会主义市场经济》，中央文献出版社，2006，第399页。

[44] 参见《马克思恩格斯全集》第46卷（上），人民出版社，1972，第104页。

[45]《马克思恩格斯选集》第3卷，人民出版社，2012，第814页。

[46]《列宁全集》第26卷，人民出版社，2017，第58页。

[47]《马克思恩格斯选集》第4卷，人民出版社，1995，第691页。

[48]《改革开放三十年重要文献选编》（上），中央文献出版社，2008，第80页。

[49] 同上书，第666页。

[50] 习近平：《在庆祝中国共产党成立100周年大会上的讲话》，人民出版社，2021，第12页。

[51] 习近平：《扎实推动共同富裕》，《求是》2021年第20期。

[52]《马克思恩格斯选集》第1卷，人民出版社，2012，第139页。

[53]《马克思恩格斯全集》第3卷，人民出版社，1960，第295页。

[54] 同上书，第515页。

[55]《习近平关于全面深化改革论述摘编》，中央文献出版社，2014，第102页。

[56] 习近平：《之江新语》，浙江人民出版社，2007，第150页。

[57] 习近平：《扎实推动共同富裕》，《求是》2021年第20期。

[58]《马克思恩格斯全集》第23卷，人民出版社，1972，第530页。

[59] 毛泽东：《关于正确处理人民内部矛盾的问题》，人民出版社，1957，第26页。

[60] 全国人民代表大会常务委员会办公厅编《中华人民共和国第六届全国人民代表大会第四次会议文件汇编》，人民出版社，

1986，第 186 页。

[61] 同上。

第二章　全体人民共同富裕是社会主义物质文明的根本特征

[1]《马克思恩格斯选集》第 1 卷，人民出版社，2012，第 422 页。

[2]《马克思恩格斯选集》第 2 卷，人民出版社，2012，第 126 页。

[3]《马克思恩格斯选集》第 1 卷，人民出版社，1995，第 283 页。

[4] 习近平：《论把握新发展阶段、贯彻新发展理念、构建新发展格局》，中央文献出版社，2021，第 502 页。

[5]《毛泽东文集》第 7 卷，人民出版社，1999，第 303 页。

[6] 同上书，第 1 页。

[7]《建国以来重要文献选编》第 7 册，中央文献出版社，1993，第 308 页。

[8]《毛泽东文集》第 6 卷，人民出版社，1999，第 495 页。

[9]《邓小平文选》第 2 卷，人民出版社，1994，第 128 页。

[10] 同上书，第 313 页。

[11]《邓小平文选》第 3 卷，人民出版社，1993，第 116 页。

[12]《邓小平文选》第 3 卷，人民出版社，1993，第 364 页。

[13] 同上书，第 373 页。

[14]《江泽民文选》第 3 卷，人民出版社，2006，第 294 页。

[15]《江泽民文选》第 1 卷，人民出版社，2006，第 548、549 页。

[16]《十六大以来重要文献选编》（下），中央文献出版社，2008，第 648 页。

[17]《胡锦涛文选》第 2 卷，人民出版社，2016，第 624 页。

［18］《十八大以来重要文献选编》（下），中央文献出版社，2018，第 31 页。

［19］《十八大以来重要文献选编》（中），中央文献出版社，2016，第 793 页。

［20］习近平：《关于〈中共中央关于制定国民经济和社会发展第十四个五年规划和二〇三五年远景目标的建议〉的说明》，《人民日报》2020 年 11 月 4 日。

［21］习近平：《论把握新发展阶段、贯彻新发展理念、构建新发展格局》，中央文献出版社，2021，第 480 页。

［22］习近平：《在高质量发展中促进共同富裕 统筹做好重大金融风险防范化解工作》，《人民日报》2021 年 8 月 18 日。

［23］《马克思恩格斯选集》第 3 卷，人民出版社，1995，第 633 页。

［24］《列宁全集》第 6 卷，人民出版社，2013，第 218 页。

［25］《斯大林文集》，人民出版社，1985，第 659 页。

［26］《毛泽东文集》第 7 卷，人民出版社，1999，第 214 页。

［27］《邓小平文选》第 3 卷，人民出版社，1993，第 63 页。

［28］《习近平关于社会主义社会建设论述摘编》，中央文献出版社，2017，第 3 页。

［29］《习近平谈治国理政》第 2 卷，外文出版社，2017，第 252 页。

［30］习近平：《在省部级主要领导干部学习贯彻党的十八届五中全会精神专题研讨班上的讲话》，人民出版社，2016，第 25 页。

［31］《马克思恩格斯全集》第 32 卷，人民出版社，1998，第 214 页。

［32］《马克思恩格斯全集》第 26 卷，人民出版社，1973，第 624、625 页。

［33］四川日报编辑部编《我们国家怎样过渡到社会主义（增订

本）》，四川人民出版社，1954，第 2~3 页。

[34]《建国以来重要文献选编》第 9 册，中央文献出版社，1994，
第 341、342 页。

[35]《改革开放三十年重要文献选编》（上），中央文献出版社，
2008，第 212 页。

[36]《邓小平文选》第 3 卷，人民出版社，1993，第 10、11 页。

[37] 习近平：《决胜全面建成小康社会　夺取新时代中国特色社会
主义伟大胜利——在中国共产党第十九次全国代表大会上的报
告》，人民出版社，2017，第 11 页。

[38] 习近平：《扎实推动共同富裕》，《求是》2021 年第 20 期。

[39]《马克思恩格斯选集》第 1 卷，人民出版社，2012，第 158 页。

[40] 同上书，第 421 页。

[41]《改革开放三十年重要文献选编》（上），中央文献出版社，
2008，第 346 页。

[42]《列宁选集》第 4 卷，人民出版社，1972，第 16 页。

[43]《马克思恩格斯选集》第 2 卷，人民出版社，2012，第 2~3 页。

[44] 同上书，第 3 页。

[45] 习近平：《论〈《政治经济学批判》序言〉的时代意义》，《福
建论坛》（经济社会版）1997 年第 1 期。

[46]《毛泽东选集》第 1 卷，人民出版社，1991，第 3~4 页。

[47]《毛泽东选集》第 3 卷，人民出版社，1991，第 1079 页。

[48]《毛泽东文集》第 7 卷，人民出版社，1999，第 1 页。

[49] 同上。

[50] 同上书，第 214 页。

[51] 同上书，第 214 页。

［52］同上书，第 215 页。

［53］《邓小平文选》第 2 卷，人民出版社，1994，第 312 页。

［54］同上书，第 314 页。

［55］《邓小平文选》第 3 卷，人民出版社，1993，第 63 页。

［56］同上书，第 370 页。

［57］《邓小平文选》第 3 卷，人民出版社，1993，第 148～149 页。

［58］《江泽民文选》第 3 卷，人民出版社，2006，第 538 页。

［59］同上书，第 2 页。

［60］同上书，第 538 页。

［61］《胡锦涛文选》第 3 卷，人民出版社，2006，第 536 页。

［62］同上。

［63］同上。

［64］《十九大以来重要文献选编》（上），中央文献出版社，2019，第 9 页。

［65］习近平：《推动全党学习和掌握历史唯物主义　更好认识规律更加能动地推进工作》，《人民日报》2013 年 12 月 5 日。

第三章　以"经济高质量发展"夯实全体人民共同富裕的物质基础

［1］《中国共产党第十九届中央委员会第六次全体会议文件汇编》，人民出版社，2021，第 46 页。

［2］习近平：《论把握新发展阶段、贯彻新发展理念、构建新发展格局》，中央文献出版社，2021，第 215 页。

［3］习近平：《坚定信心　勇毅前行　共创后疫情时代美好世界——

在 2022 年世界经济论坛视频会议的演讲（2022 年 1 月 17 日）》，人民出版社，2022，第 9 页。

[4] 习近平：《扎实推动共同富裕》，《求是》2021 年第 20 期。

[5] 张来明：《中等收入国家成长为高收入国家的基本做法与思考》，《管理世界》2021 年第 2 期。

[6] 《习近平关于社会主义经济建设论述摘编》，中央文献出版社，2017，第 3 页。

[7] 《中国共产党第十九届中央委员会第六次全体会议文件汇编》，人民出版社，2021，第 30 页。

[8] 数据来源：根据国家统计局公布的国内生产总值指数测算。

[9] 数据来源：国家统计局网站，https：//data. stats. gov. cn/easyquery. htm？cn＝C01。

[10] 《邓小平文选》第 2 卷，人民出版社，1994，第 250 页。

[11] 《习近平关于社会主义经济建设论述摘编》，中央文献出版社，2017，第 3 页。

[12] 同上书，第 5 页。

[13] 同上书，第 10 页。

[14] 《中央经济工作会议》，中国共产党网，https：//www. 12371. cn/special/lczyjjgzhy/。

[15] 《十九大以来重要文献选编》（中），中央文献出版社，2021，第 797 页。

[16] 习近平：《论把握新发展阶段、贯彻新发展理念、构建新发展格局》，中央文献出版社，2021，第 476~478 页。

[17] 韩保江：《实现全体人民共同富裕：逻辑、内涵与路径》，《理论视野》2021 年第 11 期。

［18］习近平：《论把握新发展阶段、贯彻新发展理念、构建新发展格局》，中央文献出版社，2021，第94页。

［19］习近平：《决胜全面建成小康社会　夺取新时代中国特色社会主义伟大胜利》，《人民日报》2017年10月28日。

［20］习近平：《论把握新发展阶段、贯彻新发展理念、构建新发展格局》，中央文献出版社，2021，第215页。

［21］国家统计局网站，http：//www.stats.gov.cn/xxgk/sjfb/zxfb2020/202110/t20211029_1823964.html。

［22］国家统计局网站，https：//data.stats.gov.cn。

［23］国家发改委网站，https：//www.ndrc.gov.cn/xxgk/jd/wsdwhfz/202107/t20210728_1291933.html？code＝&state＝123。

［24］世界银行网站，https：//data.worldbank.org.cn。

［25］《中华人民共和国2021年国民经济和社会发展统计公报》，国家统计局网站，http：//www.stats.gov.cn/tjsj/zxfb/202202/t20220227_1827960.html。

［26］韩保江：《实现全体人民共同富裕：逻辑、内涵与路径》，《理论视野》2021年第11期。

［27］《习近平关于科技创新论述摘编》，中央文献出版社，2016，第25页。

［28］习近平：《坚定不移沿着中国特色社会主义道路前进　为全面建成小康社会而奋斗》，《人民日报》2012年11月8日。

［29］习近平：《决胜全面建成小康社会　夺取新时代中国特色社会主义伟大胜利》，《人民日报》2017年10月28日。

［30］《中华人民共和国国民经济和社会发展第十四个五年规划和2035年远景目标纲要》，中国政府网，http：//www.gov.cn/

xinwen/2021-03/13/content_ 5592681. htm? pc。

[31] 国家统计局网站，http：//www. stats. gov. cn/xxgk/jd/sjjd2020/
202201/t2022 0118_ 1826609. html。

[32] CEIC 数据库，https：//insights. ceicdata. com/Untitled-insight/
views。

[33] 冯献、崔凯：《中国工业化、信息化、城镇化和农业现代化的
内涵与同步发展的现实选择和作用机理》，《农业现代化研究》
2013 年第 3 期。

[34]《国务院关于印发"十四五"数字经济发展规划的通知》（国
发〔2021〕29 号）。

[35]《习近平关于网络强国论述摘编》，中央文献出版社，2021，第
108 页。

[36]《习近平关于"三农"工作论述摘编》，中央文献出版社，2019，
第 32 页。

[37] 宋洪远：《关于农业供给侧结构性改革若干问题的思考和建
议》，《中国农村经济》2016 年第 10 期。

[38] 黄季焜：《农业供给侧结构性改革的关键问题：政府职能和市
场作用》，《中国农村经济》2018 年第 2 期。

[39]《国务院关于印发"十四五"数字经济发展规划的通知》（国
发〔2021〕29 号）。

[40] 习近平：《论把握新发展阶段、贯彻新发展理念、构建新发展
格局》，中央文献出版社，2021，第 10 页。

[41] 同上书，第 11 页。

[42] CEIC 数据库，https：//insights. ceicdata. com/Untitled-insight/
myseries。

［43］国家统计局网站，https：//data. stats. gov. cn/easyquery. htm？
cn＝C01。

［44］习近平：《论把握新发展阶段、贯彻新发展理念、构建新发展
格局》，中央文献出版社，2021，第98、99页。

［45］同上书，第15页。

［46］《中共中央国务院关于加快建设全国统一大市场的意见》，中国
政 府 网，http：//www. gov. cn/zhengce/2022 － 04/10/conten
t_ 5684385. htm。

［47］〔美〕吉尔伯特·罗兹曼主编《中国的现代化》，国家社会科学
基金"比较现代化"课题组译，江苏人民出版社，2005，第
2页。

［48］习近平：《论把握新发展阶段、贯彻新发展理念、构建新发展
格局》，中央文献出版社，2021，第8页。

［49］《中国共产党第十九届中央委员会第六次全体会议文件汇编》，
人民出版社，2021，第95页。

［50］《马克思恩格斯文集》第1卷，人民出版社，2009，第287页。

第四章　以"两个毫不动摇"筑牢全体人民共同富裕的制度基础

［1］习近平：《扎实推动共同富裕》，《求是》2021年第20期。

［2］《习近平：在民营企业座谈会上的讲话》，新华网，http：//
www. xinhuanet. com/politics/2018－11/01/c_ 1123649488. htm。

［3］国务院国资委党委理论学习中心组：《为实现中华民族伟大复兴
提供坚实物质基础》，《人民日报》2021年10月26日。

［4］《毛泽东文集》第6卷，人民出版社，1999，第495页。

［5］习近平：《在民营企业座谈会上的讲话》，人民出版社，2018，第5页。

［6］《新中国成立70周年经济社会发展成就系列报告之十九——就业规模不断扩大 就业形势长期稳定》，国家统计局网站，http：//www. stats. gov. cn/tjsj/zxfb/201908/t20190820-1692213. html。

［7］顾钰民、廉国强：《发展混合所有制经济与完善社会主义基本经济制度》，《中州学刊》2020年第6期。

［8］《国家发展改革委：坚持社会主义市场经济改革方向推进国有企业发展混合所有制经济》，人民网，http：//politics. people. com. cn/n/2015/0918/c1001-27601433. html。

［9］《财政部 人力资源社会保障部 国资委 税务总局 证监会 关于全面推开划转部分国有资本充实社保基金工作的通知》（财资〔2019〕49号）。

［10］郑晓明：《国务院：2020年全国国有企业资产总额268.5万亿元》，《央视新闻》2021年10月21日。

［11］《2020年社会保障基金理事会社保基金年度报告》，全国社会保障基金理事会，http：//www. gov. cn/portal/jjcw/sbjjndbg/webinfo/2021/08/1632636003310029. htm。

第五章 以"多种分配方式并存"健全全体人民共同富裕的实现机制

［1］参见《改革开放三十年重要文献选编》（上），中央文献出版社，2008，第733页。

［2］《十九大以来重要文献选编》（中），中央文献出版社，2021，第280页。

［3］《马克思恩格斯文集》第8卷，人民出版社，2009，第200页。

［4］参见《建党以来重要文献选编（1921～1949）》第1册，中央文献出版社，2011，第1页。

［5］《建国以来重要文献选编》第4册，中央文献出版社，1993，第662页。

［6］《邓小平文选》第3卷，人民出版社，1993，第373页。

［7］《习近平谈治国理政》第4卷，人民出版社，2022，第141页。

［8］《马克思恩格斯选集》第3卷，人民出版社，2012，第697页。

［9］同上书，第363页。

［10］《马克思恩格斯选集》第2卷，人民出版社，2012，第126～127页。

［11］《资本论》第1卷，人民出版社，1975，第831页。

［12］《改革开放三十年重要文献选编》（下），中央文献出版社，2008，第1254页。

［13］《邓小平文选》第3卷，人民出版社，1993，第172页。

［14］《邓小平文选》第2卷，人民出版社，1994，第152页。

［15］《十九大以来重要文献选编》（中），中央文献出版社，2021，第280～281页。

［16］《中共中央宣传部举行经济和生态文明领域建设与改革情况发布会》，国新办网站，http：//www.scio.gov.cn/xwfbh/xwbfbh/wqfbh/47673/48260/index.htm。

［17］《十九大以来重要文献选编》（中），中央文献出版社，2021，第281页。

［18］《十五大以来重要文献选编》（中），人民出版社，2001，第
1380 页。

［19］《十九大以来重要文献选编》（上），中央文献出版社，2019，
第 16~17 页。

［20］厉以宁：《股份制与现代市场经济》，江苏人民出版社，1994，
第 77 页。

［21］杨团主编《中国慈善发展报告（2011）》，社会科学文献出版
社，2011，第 2 页。

［22］杨团主编《中国慈善发展报告（2020）》，社会科学文献出版
社，2020，第 43 页。

［23］《美国施惠基金会发布 2019 年美国捐赠总额：4496.4 亿美元》，上
海慈善网，https：//www.scf.org.cn/csjjh/n3421/n5604/n5605/ u1
ai267301.html。

第六章　有效市场和有为政府相结合配置全体人民共同富裕的要素资源

［1］《马克思恩格斯选集》第 3 卷，人民出版社，2012，第 581 页。

［2］余东华、牟晓倩：《行政性垄断对行业收入差距影响的实证分
析》，《经济管理》2013 年第 2 期。

［3］《习近平关于社会主义经济建设论述摘编》，中央文献出版社，
2017，第 52 页。

［4］王中华、岳希明：《收入增长、收入差距与农村减贫》，《中国工
业经济》2021 年第 9 期。

［5］该数据是按 2010 年不变价格得到的标准。

［6］ 可进一步阅读北京大学教育学院"全国高校毕业生就业状况调查"课题组发布的系列研究，该课题组从 2009 年开始关注高校毕业生的行业分布问题。参见周丽萍、岳昌君《高校毕业生行业收入差距成因探析》，《复旦教育论坛》2021 年第 3 期。

［7］ 李练军、李冬莲、谢元态：《我国现阶段居民收入区域不平衡：现状、危害及对策——运用马克思〈资本论〉原理和皮凯蒂〈21 世纪资本论〉观点的分析》，《社会科学前沿》2020 年第 7 期。

［8］〔美〕欧文·费雪：《利息理论》，陈彪如译，商务印书馆，2013，第 295 页。

［9］ 陈金明：《农民财产性收入渠道多多益善》，《经济日报》2021 年 3 月 16 日。

［10］习近平：《论把握新发展阶段、贯彻新发展理念、构建新发展格局》，中央文献出版社，2021，第 136 页。

［11］诺贝尔经济学奖获得者约瑟夫·斯蒂格利茨曾在其著作《不平等的代价》中提出，高度不平等造成的不稳定会带来多种代价，比如，对广泛有益的公共投资的削减以及对公共教育支持的减少，对经济（尤其是与寻租有关的）、法律法规的巨大扭曲，对工人士气以及攀比问题的影响，等等。参见〔美〕约瑟夫·斯蒂格利茨《不平等的代价》，张子源译，机械工业出版社，2013。

［12］李实、朱梦冰、詹鹏：《中国社会保障制度的收入再分配效应》，《社会保障评论》2017 年第 4 期。

［13］杨振：《高质量供给和创新导向的税制优化策略探析》，《税务研究》2020 年第 3 期。

第七章 以"高水平对外开放"畅通全体人民共同富裕必由之路

[1] 张汉青：《习仲勋如何带领广东改革开放"先走一步"?》，《南方日报》2015 年 12 月 3 日。

[2] 《习仲勋传》编委会编《习仲勋传》（下），中央文献出版社，2013，第 453 页。

[3] 中国人民政治协商会议广东省委员会编《敢为人先：改革开放广东一千个率先》（政治卷），人民出版社，2015，第 13 页。

[4] 王炳林等：《关键一招——改革开放的中国智慧》，人民出版社，2018，第 59 页。

[5] 曹普：《当代中国开放史》（上），人民出版社，2016，第 185~186 页。

[6] 同上。

[7] 同上。

[8] 同上。

[9] 《改革开放三十年重要文献选编》（上），中央文献出版社，2008，第 318 页。

[10] 《潮起东方 历史巨变——1979 年以来深圳经济社会发展的巨大变化》，深圳新闻网，http：//www. sznews. com/news/content/2018-12/13/content_ 21276165_ 0. htm。

[11] 《2017 年全社会研发投入 GDP 占比珠海全省第二，仅次于深圳》，《南方都市报》2018 年 1 月 31。

[12] 《70 年来广东外贸实现跨越发展 进出口总额连续 33 年全国第

一 》， http：//www. customs. gov. cn/customs/ztzl86/302414/302415/
zl70zn_ fdxsd/2566531/2617874/index. html。

[13] 《邓小平年谱（一九七五——一九九七）》（下），中央文献出版
社，2004，第 1340 页。

[14] 同上书，第 1347 页。

[15] 张琼、杨晓龙、陈秀丽：《产业分工、国际贸易摩擦及我国的
对策——基于价值链视角的研究》，《贵州财经大学学报》2017
年第 1 期。

[16] 《2004 年中国对外贸易总额已逾一万一千五百亿美元》，中国
新 闻 网， https：//www. chinanews. com. cn/news/2005/2005 –
01–12/26/527212. shtml。

[17] 《07 年我国年度外贸进出口总值首次超过 2 万亿美元》，中国政府
网， http：//www. gov. cn/gzdt/2008–01/11/content_ 855905. htm。

[18] 《我国外贸总值累计突破 3 万亿美元》，中国政府网，http：//
www. gov. cn/jrzg/2011–11/05/content_ 1986375. htm。

[19] 《2013 年我国进出口总值 25. 83 万亿人民币》，中国政府网，
http：//www. gov. cn/wszb/zhibo600/content_ 2563540. htm。

[20] 《我国外贸额首次突破 6 万亿美元 2021 年增加 1.4 万亿美
元》，中国政府网，http：//www. gov. cn/xinwen/2022–01/15/
content_ 5668300. htm。

[21] 石广生主编《中国对外经济贸易改革和发展史》，人民出版社，
2013，第 285~286 页。

[22] 同上。

[23] 工业和信息化部：《2015 年电子信息产业统计公报》，https：//
www. miit. gov. cn/jgsj/yxj/xxfb/art/2020/art_ d84c9e6b4e4d40eebe13

33ef21282c3d. html，2016。

[24]《十九大以来重要文献选编》（中），中央文献出版社，2021，第 495~496 页。

[25]《江泽民文选》第 2 卷，人民出版社，2006，第 92 页。

[26] 王辉耀、苗绿主编《中国企业全球化报告（2021~2022）》，社会科学文献出版社，2022，第 18~19 页。

[27] 同上书，第 24~25 页。

[28] 同上。

[29]《商务部：外资企业以占市场主体 2% 的比重，带动了 4000 万人就业》，中国网，2021 年 8 月 23 日。

[30]《〈2020 年度中国对外直接投资统计公报〉发布》，新民网，http：//newsxmwb. xinmin. cn/caijing/2021/09/30/32036453. html。

[31] 王辉耀、苗绿主编《中国企业全球化报告（2021~2022）》，社会科学文献出版社，2022，第 3、8、9 页。

[32] 同上书，第 9~10 页。

[33]《习近平谈治国理政》第 3 卷，外文出版社，2020，第 27 页。

[34]《十九大以来重要文献选编》（中），中央文献出版社，2021，第 807 页。

[35]《推进"一带一路"贸易畅通合作倡议：中国承诺 2 万亿美元进口额》，《第一财经》2017 年 5 月 14 日。

[36] 习近平：《同舟共济克时艰，命运与共创未来——在博鳌亚洲论坛 2021 年年会开幕式上的视频主旨演讲》，人民出版社，2021，第 3~4 页。

[37]《十八大以来重要文献选编》（中），中央文献出版社，2016，第 792 页。

[38]《中国共产党第十九届中央委员会第五次全体会议公报》，人民出版社，2020，第 16 页。

[39] 习近平：《同舟共济克时艰，命运与共创未来——在博鳌亚洲论坛 2021 年年会开幕式上的视频主旨演讲》，人民出版社，2021，第 8~9 页。

第八章 以"多层次社会保障体系"织造全体人民共同富裕的"保障网"

[1] 郑功成：《社会保障学——理念、制度、实践与思辨》，商务印书馆，2000，第 128~129 页。

[2] Gill Indermit & Martin Raiser, *Golden Growth*: *Restoring the Luster of the European Economic Model*. Washington DC: World Bank. 2012.

[3] 贡森、葛延风：《福利体制和社会政策的国际比较》，中国发展出版社，2012，第 60~61 页。

[4] 国务院第七次全国人口普查领导小组办公室编《2020 年第七次全国人口普查主要数据》，中国统计出版社，2021，第 9 页。

[5] 唐亮：《退休基金应由社会统筹》，《人民日报》1985 年 6 月 9 日。

[6] 胡晓义：《新中国社会保障发展史》，中国人事出版社，2019，第 87~91 页。

[7] 劳动部、国家统计局：《关于 1992 年劳动事业发展的公报》。

[8] "两个确保"：确保企业离退休人员基本养老金按时足额发放，确保国有企业下岗职工基本生活费按时足额发放。三条保障线：国有企业下岗职工在再就业服务中，最长可领取 3 年的基本生

活费；3 年期满仍未实现再就业的，可继续领取失业保险金，领取时间最长为 2 年；享受失业保险金期满仍未就业的，可申请领取城市居民最低生活保障金。

[9] 黄菊：《落实科学发展观　做好就业和社会保障工作》，《人民日报》2006 年 1 月 26 日。

[10] 劳动和社会保障部：《企业职工基本养老保险制度改革不断深化》，《人民日报》2003 年 4 月 7 日。

[11] 数据来源：全国社会保障基金理事会副理事长陈文辉在"全球财富管理论坛 2020 年首季峰会"上的发言，https：//baijiahao. baidu. com/s？ id ＝ 1655570217464325160&wfr ＝ spider&for＝pc。

[12] 李松涛：《农民工养老保险该怎么做》，《中国青年报》2009 年 2 月 6 日。

[13]《习近平谈治国理政》第 3 卷，外文出版社，2020，第 15 页。

[14] 同上书，第 35 页。

[15] 人力资源和社会保障部：《2021 年度人力资源和社会保障事业发展统计公报》，2022 年 6 月 7 日发布。

[16] 邱玥：《退休人员养老金再上调 4.5% 实现"17 连涨"》，《光明日报》2021 年 4 月 17 日。

[17] 人力资源和社会保障部：《2021 年度人力资源和社会保障事业发展统计公报》，2022 年 6 月 7 日发布。

[18] 国家统计局：《中华人民共和国 2021 年国民经济和社会发展统计公报》，2022 年 2 月 28 日发布。

[19] 有关全国失能、半失能老人数量目前比较权威的数据是 2016 年由全国老龄办、民政部和财政部共同发布的第四次全国城乡

老年人生活状况抽样调查结果，我国失能、半失能老年人数量为 4063 万人。

[20]《改革开放三十年重要文献选编》（上），中央文献出版社，2008，第 742 页。

第九章 以"区域协调发展"打通阻碍全体人民共同富裕的地区梗阻

[1] 陈健、郭冠清：《马克思主义区域协调发展思想：从经典理论到中国发展》，《经济纵横》2020 年第 6 期。

[2]《习近平关于全面建成小康社会论述摘编》，中央文献出版社，2016，第 134 页。

[3] 韩保江：《实现全体人民共同富裕：逻辑、内涵与路径》，《理论视野》2021 年第 11 期。

[4] 李兰冰：《中国区域协调发展的逻辑框架与理论解释》，《经济学动态》2020 年第 1 期。

[5] 苏少之：《20 世纪 50～70 年代中国沿海与内地经济发展差距研究》，《中南财经大学学报》2001 年第 1 期。

[6] 孙久文：《现代区域经济学主要流派和区域经济学在中国的发展》，《经济问题》2003 年第 3 期。

[7] 刘秉镰、朱俊丰、周玉龙：《中国区域经济理论演进与未来展望》，《管理世界》2020 年第 2 期。

[8] 李雪松、张雨迪、孙博文：《区域一体化促进了经济增长效率吗？——基于长江经济带的实证分析》，《中国人口·资源与环境》2017 年第 1 期。

［9］ Perroux, F., "Economic Space: Theory and Applications," *Quarterly Journal of Economics*, 1950, 64（1）, pp. 89-104. 此处中文引文由本文作者李晨翻译。

［10］ 安虎森:《增长极理论评述》,《南开经济研究》1997 年第 1 期。

［11］ 李仁贵:《区域经济发展中的增长极理论与政策研究》,《经济研究》1988 年第 9 期。

［12］ 刘秉镰、朱俊丰、周玉龙:《中国区域经济理论演进与未来展望》,《管理世界》2020 年第 2 期。

［13］ 蔡之兵、石柱、郭启光:《共同富裕导向下的区域协调发展战略完善思路研究》,《农村金融研究》2022 年第 1 期。

［14］《广东:走好高质量发展之路南粤大地谱写崭新篇章》（人民网）, https: //gd. people. com. cn/n2/2022/0808/c123932 - 40070835. html。

［15］《中共北京市委:"中国这十年·北京"主题新闻发布会实录》, https: //news. bjd. com. cn/2022/09/02/10142876. shtml。

［16］ 习近平:《扎实推动共同富裕》,《求是》2021 年第 20 期。

［17］ 汪三贵、曾小溪:《从区域扶贫开发到精准扶贫——改革开放40 年中国扶贫政策的演进及脱贫攻坚的难点和对策》,《农业经济问题》2018 年第 8 期。

［18］ 2008 年和 2020 年基尼系数数据为国家统计局局长宁吉喆在《中国的全面小康》白皮书新闻发布会答记者问中提出, http: //www. stats. gov. cn/tjsj/zxfb/202109/t20210929_ 1822623. html。

［19］ 习近平:《论把握新发展阶段、贯彻新发展理念、构建新发展格局》,中央文献出版社, 2021, 第 42 页。

［20］习近平：《推动形成优势互补高质量发展的区域经济布局》，《求是》2019 年第 24 期。

［21］蔡之兵：《高质量发展的区域经济布局的形成路径：基于区域优势互补的视角》，《改革》2020 年第 8 期。

［22］覃成林：《区域协调发展机制体系研究》，《经济学家》2011 年第 4 期。

第十章 以"乡村振兴"补齐全体人民共同富裕的最大短板

［1］《习近平关于协调推进"四个全面"战略布局论述摘编》，中央文献出版社，2015，第 36 页。

［2］习近平：《扎实推动共同富裕》，《求是》2021 年第 20 期。

［3］逄锦聚：《中国共产党带领人民为共同富裕百年奋斗的理论与实践》，《经济学动态》2021 年第 5 期。

［4］《中共中央文件选集（1949 年 10 月—1966 年 5 月）》第 14 册，人民出版社，2013，第 444 页。

［5］《十二大以来重要文献选编》（中），人民出版社，1986，第 657 页。

［6］《十三大以来重要文献选编》（中），人民出版社，1991，第 1433 页。

［7］《胡锦涛文选》第 2 卷，人民出版社，2016，第 291 页。

［8］习近平：《论把握新发展阶段、贯彻新发展理念、构建新发展格局》，中央文献出版社，2021，第 95 页。

［9］习近平：《扎实推动共同富裕》，《求是》2021 年第 20 期。

［10］蔡昉、杨涛：《城乡收入差距的政治经济学》，《中国社会科

学》2000 年第 4 期。

[11] 黄季焜：《四十年中国农业发展改革和未来政策选择》，《农业技术经济》2018 年第 3 期。

[12] 陈锡文、罗丹、张征：《中国农村改革 40 年》，人民出版社，2018，第 233 页。

[13] 习近平：《论"三农"工作》，中央文献出版社，2022，第307 页。

[14] 张建、冯淑怡、诸培新：《政府干预农地流转市场会加剧农村内部收入差距吗？——基于江苏省四个县的调研》，《公共管理学报》2017 年第 1 期。

[15] 尹志超、刘泰星、王晓全：《农村收入差距抑制了农户创业吗？——基于流动性约束与人力资本投资视角的实证分析》，《中国农村经济》2020 年第 5 期。

[16] 万海远、王盈斐：《我国农村居民收入分配差距新变化》，《农业经济问题》2022 年第 1 期。

[17] 习近平：《扎实推动共同富裕》，《求是》2021 年第 20 期。

[18] 龙海明、凌炼、谭聪杰、王志鹏：《城乡收入差距的区域差异性研究——基于我国区域数据的实证分析》，《金融研究》2015年第 3 期。

[19] 万广华、张藕香、伏润民：《1985～2002 年中国农村地区收入不平等：趋势、起因和政策含义》，《中国农村经济》2008 年第 3 期。

[20]《江泽民文选》第 2 卷，人民出版社，2006，第 340 页。

[21]《建国以来重要文献选编》第 2 册，中央文献出版社，1992，第 191 页。

［22］《中共中央文件选集（一九四九年十月——一九六六年五月）》第 14 册，人民出版社，2013，第 511 页。

［23］《建国以来重要文献选编》第 4 册，中央文献出版社，1993，第 461 页。

［24］《中华人民共和国户口登记条例》，中华人民共和国国务院新闻办公室，http：//www. scio. gov. cn/xwfbh/xwbfbh/wqfbh/2015/33729/xgzc33735/Document/1454408/14544 08. htm。

［25］《中共中央文件选集（一九四九年十月——一九六六年五月）》第 28 册，人民出版社，2013，第 407 页。

［26］陈锡文、罗丹、张征：《中国农村改革 40 年》，人民出版社，2018，第 230 页。

［27］《改革开放三十年重要文献选编》（下），中央文献出版社，2008，第 1352 页。

［28］同上书，第 1561 页。

［29］《十八大以来重要文献选编》（上），中央文献出版社，2014，第 523 页。

［30］习近平：《论把握新发展阶段、贯彻新发展理念、构建新发展格局》，中央文献出版社，2021，第 218 页。

［31］司伟：《经济转型过程中的中国农业农村现代化》，《南京农业大学学报》（社会科学版）2021 年第 5 期。

［32］汪小勤：《二元经济结构理论发展述评》，《经济学动态》1998年第 1 期。

［33］黄季焜：《乡村振兴：农村转型、结构转型和政府职能》，《农业经济问题》2020 年第 1 期。

［34］同上。

［35］国家行政学院经济学教研部编《中国经济新方位》，人民出版社，2017，第 191 页。

［36］魏后凯：《新常态下中国城乡一体化格局及推进战略》，《中国农村经济》2016 年第 1 期。

［37］陈锡文、罗丹、张征：《中国农村改革 40 年》，人民出版社，2018，第 64 页。

［38］《十二大以来重要文献选编》（上），人民出版社，1986，第 435 页。

［39］邹一南：《农民工落户悖论与市民化政策转型》，《中国农村经济》2021 年第 6 期。

［40］《十九大以来重要文献选编》（上），中央文献出版社，2019，第 143 页。

［41］陈锡文、罗丹、张征：《中国农村改革 40 年》，人民出版社，2018，第 270 页。

［42］习近平：《论"三农"工作》，中央文献出版社，2022，第 85~86 页。

［43］《建国以来重要文献选编》第 2 册，中央文献出版社，1992，第 29 页。

［44］同上书，第 511 页。

［45］《建国以来重要文献选编》第 4 册，中央文献出版社，1993，第 661 页。

［46］《建国以来重要文献选编》第 11 册，中央文献出版社，1995，第 209 页。

［47］同上书，第 447 页。

［48］唐仁健：《中国共产党农史纲要》，中国农业出版社，2021，第

9 页。

［49］《中共中央文件选集（一九四九年十月——一九六六年五月）》第 39 册，人民出版社，2013，第 66 页。

［50］《改革开放三十年重要文献选编》（上），中央文献出版社，2008，第 140 页。

［51］同上书，第 231 页。

［52］《十二大以来重要文献选编》（上），人民出版社，1986，第 253 页。

［53］同上书，第 425 页。

［54］《改革开放三十年重要文献选编》（上），中央文献出版社，2008，第 608 页。

［55］《改革开放三十年重要文献选编》（下），中央文献出版社，2008，第 980 页。

［56］《习近平关于社会主义经济建设论述摘编》，中央文献出版社，2017，第 174 页。

［57］同上书，第 176 页。

［58］唐仁健主编《中国共产党农史纲要》，中国农业出版社，2021，第 17 页。

［59］《建国以来重要文献选编》第 3 册，中央文献出版社，1992，第 76 页。

［60］《建国以来重要文献选编》第 8 册，中央文献出版社，1994，第 56 页。

［61］《建国以来重要文献选编》第 11 册，中央文献出版社，1995，第 640 页。

［62］韩长赋主编《新中国农业发展 70 年·科学技术卷》，中国农业

出版社，2019，第486页。

［63］唐仁健主编《中国共产党农史纲要》，中国农业出版社，2021，第125页。

［64］《改革开放三十年重要文献选编》（上），中央文献出版社，2008，第17页。

［65］《三中全会以来重要文献选编》（上），人民出版社，1982，第195页。

［66］孙生阳、孙艺夺、胡瑞法、张超、蔡金阳：《中国农技推广体系的现状、问题及政策研究》，《中国软科学》2018年第6期。

［67］《十八大以来重要文献选编》（上），中央文献出版社，2014，第664页。

［68］韩长赋主编《新中国农业发展70年·科学技术卷》，中国农业出版社，2019，第523页。

第十一章　以"开发性和精准扶贫"筑牢全体人民共同富裕的兜底工程

［1］习近平：《在全国脱贫攻坚总结表彰大会上的讲话》，人民出版社，2021，第16页。

［2］夏英编著《贫困与发展》，人民出版社，1995，第449页。

［3］任福耀、王洪瑞：《中国反贫困理论与实践》，人民出版社，2003，第329页。

［4］《十五大以来重要文献选编》（中），人民出版社，2001，第1380页。

［5］《习近平扶贫论述摘编》，中央文献出版社，2018，第58页。

［6］《习近平关于社会主义经济建设论述摘编》，中央文献出版社，2017，第218页。

［7］张建龙：《防止土地沙漠化 助力脱贫攻坚战》，《人民日报》，2018年6月11日。

［8］王浩：《中国水现状不容乐观》，《地球》2013年第10期。

［9］《十八大以来重要文献选编》（中），中央文献出版社，2016，第780页。

［10］习近平：《在全国脱贫攻坚总结表彰大会上的讲话》，人民出版社，2021，第17页。

第十二章 以"中国精神"凝聚推进全体人民共同富裕的磅礴力量

［1］《十九大以来重要文献选编》（中），中央文献出版社，2021，第693页。

［2］《建国以来重要文献选编》第17册，中央文献出版社，1997，第367页。

［3］《十九大以来重要文献选编》（中），中央文献出版社，2021，第693页。

［4］习近平：《在全国脱贫攻坚总结表彰大会上的讲话》，人民出版社，2021，第11页。

［5］同上书，第8页。

［6］同上书，第17~18页。

第十三章 以"党的集中统一领导"确保全体人民共同富裕梦想成真

[1]《建国以来重要文献选编》第 4 册，中央文献出版社，1993，第 662 页。

[2]《毛泽东文集》第 6 卷，人民出版社，1999，第 495 页。

[3] 同上书，第 437 页。

[4]《建国以来重要文献选编》第 7 册，中央文献出版社，1993，第 308 页。

[5]《毛泽东文集》第 6 卷，人民出版社，1999，第 350 页。

[6]《周恩来选集》（下），人民出版社，1984，第 132 页。

[7]《建国以来重要文献选编》第 15 册，中央文献出版社，1997，第 269 页。

[8]《毛泽东年谱（一九四九——一九七六）》第 4 卷，中央文献出版社，2013，第270 页。

[9]《周恩来选集》（下），人民出版社，1984，第 439 页。

[10]《邓小平思想年谱（1975—1997）》，中央文献出版社，1998，第 184 页。

[11]《邓小平文选》第 3 卷，人民出版社，1993，第 110~111 页。

[12] 同上书，第 172 页。

[13] 同上书，第 373 页。

[14]《邓小平文选》第 2 卷，人民出版社，1994，第 85~86 页。

[15]《邓小平年谱（1975—1997）》（上），中央文献出版社，2004，第 496 页。

［16］《邓小平文选》第 2 卷，人民出版社，1994，第 237 页。

［17］同上书，第 416~417 页。

［18］《改革开放三十年重要文献选编》（上），中央文献出版社，2008，第 266 页。

［19］《邓小平文选》第 3 卷，人民出版社，1993，第 143 页。

［20］《十三大以来重要文献选编》（上），人民出版社，1991，第 16 页。

［21］《改革开放三十年重要文献选编》（下），中央文献出版社，2008，第 1249 页。

［22］《十九大以来重要文献选编》（中），中央文献出版社，2021，第 784 页。

［23］习近平：《论把握新发展阶段、贯彻新发展理念、构建新发展格局》，中央文献出版社，2021，第 9 页。

［24］习近平：《决胜全面建成小康社会　夺取新时代中国特色社会主义伟大胜利——在中国共产党第十九次全国代表大会上的报告》，人民出版社，2017，第 28 页。

［25］习近平：《论把握新发展阶段、贯彻新发展理念、构建新发展格局》，中央文献出版社，2021，第 473 页。

［26］习近平：《在经济社会领域专家座谈会上的讲话》，人民出版社，2020，第 2 页。

［27］《毛泽东文集》第 6 卷，人民出版社，1999，第 350 页。

［28］《毛泽东文集》第 8 卷，人民出版社，1999，第 305 页。

［29］《邓小平文选》第 3 卷，人民出版社，1993，第 277、310 页。

［30］同上书，第 240 页。

［31］《十九大以来重要文献选编》（中），中央文献出版社，2021，

第 784 页。

[32] 习近平：《把握新发展阶段，贯彻新发展理念，构建新发展格局》，《求是》2021 年第 9 期。

[33] 习近平：《论把握新发展阶段、贯彻新发展理念、构建新发展格局》，中央文献出版社，2021，第 503 页。

[34] 习近平：《扎实推动共同富裕》，《求是》2021 年第 21 期。

[35] 习近平：《在全国脱贫攻坚总结表彰大会上的讲话》，人民出版社，2021，第 12 页。

[36] 同上书，第 12~13 页。

[37] 《习近平关于总体国家安全观论述摘编》，中央文献出版社，2018，第 31 页。

[38] 《毛泽东选集》第 2 卷，人民出版社，1991，第 526 页。

[39] 《习近平关于社会主义经济建设论述摘编》，中央文献出版社，2017，第 315 页。

[40] 同上书，第 316~317 页。

参考文献

《资本论》第1、2、3卷，人民出版社，1975。

《资本论》第1、2、3卷，人民出版社，2004。

《马克思恩格斯选集》第1~4卷，人民出版社，2012。

《马克思恩格斯全集》第2、3、6、20、26、32、37、44、46卷，人民出版社，1972。

《列宁全集》第6卷，人民出版社，1986。

〔苏联〕斯大林：《苏联社会主义经济问题》，人民出版社，1952。

《毛泽东选集》第1、2、3、4卷，人民出版社，1991。

《毛泽东文集》第2、3、6、7、8卷，人民出版社，1999。

《邓小平文选》第1、2、3卷，人民出版社，1989、1994、1993。

《江泽民文选》第1、2、3卷，人民出版社，2006。

《江泽民思想年编（一九八九—二〇〇八）》，中央文献出版社，2010。

《胡锦涛文选》第1、2、3卷，人民出版社，2016。

《习近平谈治国理政》第1、2、3、4卷，外文出版社，2014、2017、2020、2022。

习近平：《论把握新发展阶段、贯彻新发展理念、构建新发展格局》，中央文献出版社，2021。

习近平：《之江心语》，浙江人民出版社，2007。

习近平：《扎实推动共同富裕》，《求是》2021 年第 20 期。

习近平：《对发展社会主义市场经济的再认识》，《东南学术》2001 年第 4 期。

习近平：《论〈《政治经济学批判》序言〉的时代意义》，《福建论坛》（经济社会版）1997 年第 1 期。

《中共中央国务院关于"三农"工作的一号文件汇编（1982—2014）》，人民出版社，2014。

《习近平关于社会主义经济建设论述摘编》，中央文献出版社，2017。

《习近平关于"三农"工作论述摘编》，中央文献出版社，2019。

《习近平关于全面深化改革论述摘编》，中央文献出版社，2014。

《改革开放三十年重要文献选编》（上、下），中央文献出版社，2008。

《建国以来重要文献选编》第 2、3、4、7、8、9、11、15、17 册，中央文献出版社，2011。

中共中央文献研究室、国务院发展研究中心编《新时期农业和农村工作重要文献选编》，中央文献出版社，1992。

国务院国资委党委理论学习中心组：《为实现中华民族伟大复兴提供坚实物质基础》，《人民日报》2021 年 10 月 26 日。

〔美〕萨拉·邦焦尔尼：《离开中国制造的一年——一个美国家庭的生活历险》，闫佳译，机械工业出版社，2008。

蔡昉、杨涛：《城乡收入差距的政治经济学》，《中国社会科学》

2000 年第 4 期。

陈锡文、罗丹、张征:《中国农村改革 40 年》,人民出版社,2018。

冯献、崔凯:《中国工业化、信息化、城镇化和农业现代化的内涵与同步发展的现实选择和作用机理》,《农业现代化研究》2013 年第 3 期。

顾钰民、廉国强:《发展混合所有制经济与完善社会主义基本经济制度》,《中州学刊》2020 年第 6 期。

韩长赋主编《新中国农业发展 70 年·科学技术卷》,中国农业出版社,2019。

韩保江:《建构中国特色社会主义政治经济学需建设中国共产党经济思想的"百年灵魂"》,《经济研究》2021 年第 6 期。

韩保江:《实现全体人民共同富裕:逻辑、内涵与路径》,《理论视野》2021 年第 11 期。

韩保江主编《40 年中国经济体制改革发展史》,河北人民出版社,2018。

韩保江主编《中国人怎样干成了小康社会》,陕西人民出版社,2021。

黄季焜:《农业供给侧结构性改革的关键问题:政府职能和市场作用》,《中国农村经济》2018 年第 2 期。

黄季焜:《四十年中国农业发展改革和未来政策选择》,《农业技术经济》2018 年第 3 期。

黄季焜:《乡村振兴:农村转型、结构转型和政府职能》,《农业经济问题》2020 年第 1 期。

黄群慧:《论中国工业的供给侧结构性改革》,《中国工业经济》2016 年第 9 期。

李兰冰：《中国区域协调发展的逻辑框架与理论解释》，《经济学动态》2020年第1期。

龙海明等：《城乡收入差距的区域差异性研究——基于我国区域数据的实证分析》，《金融研究》2015年第3期。

逄锦聚：《中国共产党带领人民为共同富裕百年奋斗的理论与实践》，《经济学动态》2021年第5期。

司伟：《经济转型过程中的中国农业农村现代化》，《南京农业大学学报》（社会科学版）2021年第5期。

孙生阳等：《中国农技推广体系的现状、问题及政策研究》，《中国软科学》2018年第6期。

宋洪远：《关于农业供给侧结构性改革若干问题的思考和建议》，《中国农村经济》2016年第10期。

苏少之：《20世纪50~70年代中国沿海与内地经济发展差距研究》，《中南财经大学学报》2001年第1期。

孙久文：《现代区域经济学主要流派和区域经济学在中国的发展》，《经济问题》2003年第3期。

唐仁健主编《中国共产党农史纲要》，中国农业出版社，2022。

万广华、张藕香、伏润民：《1985~2002年中国农村地区收入不平等：趋势、起因和政策含义》，《中国农村经济》2008年第3期。

万海远、王盈斐：《我国农村居民收入分配差距新变化》，《农业经济问题》2022年第1期。

汪小勤：《二元经济结构理论发展述评》，《经济学动态》1998年第1期。

魏后凯：《新常态下中国城乡一体化格局及推进战略》，《中国农村经济》2016年第1期。

许宪春、雷泽坤、窦园园、柳士昌：《中国南北平衡发展差距研究——基于"中国平衡发展指数"的综合分析》，《中国工业经济》2021年第2期。

邹一南：《农民工落户悖论与市民化政策转型》，《中国农村经济》2021年第6期。

尹志超、刘泰星、王晓全：《农村收入差距抑制了农户创业吗？——基于流动性约束与人力资本投资视角的实证分析》，《中国农村经济》2020年第5期。

张建、冯淑怡、诸培新：《政府干预农地流转市场会加剧农村内部收入差距吗？——基于江苏省四个县的调研》，《公共管理学报》2017年第14期。

张来明：《中等收入国家成长为高收入国家的基本做法与思考》，《管理世界》2021年第2期。

后　记

　　实现全体人民共同富裕是进行时，更是将来时，是伴随全面建设社会主义现代化国家全过程的一项艰巨任务。接到社会科学文献出版社和人类文明新形态研究丛书主编的邀请后，我一直在想怎样才能写好这本《全体人民共同富裕的物质文明》。想过多种框架和写法，最终选择了现在这种"呈现式"写法，即从物质文明新形态的视角出发，结合新中国成立尤其是改革开放以来中国共产党领导人民在社会主义制度条件下不断解放和发展社会生产力，一心一意谋发展、聚精会神搞建设的历史过程，以实现共同富裕的基本制度和实现路径为研究重点，从而呈现社会主义物质文明的基本特征，以及建设全体人民共同富裕的物质文明的基本手段和主要途径。因此，全书除了前言、第一章、第二章是总括概论性的，从第三章到第十三章，讲的就是实现全体人民共同富裕的十一条基本途径。当然，也还可以讲出其他途径，如科技创新、金融发展等。这本书是一个集体作品，是我和中共中央党校（国家行政学院）经济学教研部的几位年轻学者合作完成的。我负责设计全书的大纲和前言、第一章、第二章、第七章、第十二章、第十三章的撰写；第三章由崔琳撰写，第四章由王钺撰写，第五章由解晋撰写，第六章由杨振撰写，第八章由李蕾撰写，第九章由李晨撰写，第十章由孙生阳撰写，第十一章由高惺惟撰写，最后由我修改充实和统稿定稿。

在本书付梓之际，我代表写作团队特别感谢社会科学文献出版社的领导和颜晓峰老师，他们的信任和邀请不仅给了我们机会，而且给我们鼓励，让我们敢碰这样一个研究和写作的难题。同时，我们还要特别感谢研究过全体人民共同富裕问题的专家学者们，我们在写作中吸收了一些有价值的观点和提法。

韩保江

于中共中央党校（国家行政学院）

2022 年 7 月 1 日

出版后记

习近平总书记在庆祝中国共产党成立 100 周年大会上的重要讲话中指出："我们坚持和发展中国特色社会主义，推动物质文明、政治文明、精神文明、社会文明、生态文明协调发展，创造了中国式现代化新道路，创造了人类文明新形态。"随后，在党的十九届六中全会和中国文联十一大、中国作协十大开幕式等重要场合的讲话中，习近平总书记多次强调了创造人类文明新形态对中国及世界的重要作用。

为迎接党的二十大隆重召开，从历史高度、思想深度和实践广度上加快推进人类文明新形态研究，经与天津大学马克思主义学院院长颜晓峰教授商议，我社于 2021 年 11 月中旬开始筹划出版"人类文明新形态研究丛书"。2021 年 12 月 7 日我社召开了丛书策划研讨会，针对研创背景、写作思路、框架设计、研创团队、写作进度等方面进行了讨论和安排。2021 年 12 月 29 日我社召开了丛书创作研讨会，与颜晓峰教授一起遴选了写作团队。2022 年 1 月 24 日召开项目启动会以后，各位作者正式开始研究和写作。为更好地促进丛书研讨和写作，我社分别于 2022 年 4 月 22 日、6 月 17 日举行了项目中期统稿研讨会和定稿研讨会，主要讨论并解决书稿写作进度、遇到的难题，并对书稿定位、文风、体例等进一步加以明晰和规范。这两次会议特别邀请了原中共中央党史研究室科研管理部主任黄如军、清华大学马克思主义学院特聘教授郭建宁、中国人民大学马克思主义学院教授侯衍社、北京大学哲学系博雅讲席教授丰子义、中国人民大学马克思主义学院副院长陶文昭、北京航空航天大学马克思主义学院院长赵义良共六位专家莅临现场，以评审和指导的形式为丛书研究和写作提出宝贵意见。

丛书由颜晓峰、杨群主编，颜晓峰教授牵头撰写总卷，分卷主创有中共中央党校（国家行政学院）经济学部韩保江教授、武汉大学马克思主义学院项久雨教授、东北大学马克思主义学院任鹏教授等，创作团队成员有 40 余人，作者单位涵盖中国社会科学院、中共中央党校（国家行政学院）、北京大学、武汉大学、天津大学等国内一流科研机构和高等院校，作者均为国内马克思主义理论学科领域的知名专家学者以及近年成长起来的青年才俊，学术水平高、研究实力强。

"人类文明新形态研究丛书"是我社精心策划，为即将隆重召开的党的二十大献礼的重要图书，也被列入中国社会科学院 2022 年重点出版项目、中宣部"2022 年主题出版重点出版物"。中国社会科学院党组及相关部门高度重视丛书的出版，给予了多方面的指导。中国社会科学院秘书长、党组成员赵奇同志担任丛书编委会主任，在百忙中仔细审定了全部书稿，提出修改意见，并拨冗为丛书作序。

在整个丛书出版过程中，我社高度重视，从开始筹划，到各次研讨会及编辑出版，我和总编辑杨群同志全程参与了会议讨论、内容审核、编校指导等各个环节。杨群同志和副总编辑蔡继辉、童根兴一起，认真细致地完成了三审工作，确保了丛书的政治导向和学术质量；总编辑助理姚冬梅、政法传媒分社总编辑曹义恒以及重点项目办公室在项目策划、申报中宣部"2022年主题出版重点出版物"及具体的编校出版过程中全力做好组织和统筹等相关工作；编审室、出版部、设计中心等部门也给予了大力支持；政法传媒分社社长王绯多次参加研讨会建言献策，各位编辑组成员也全力以赴做好书稿编辑出版工作。

在丛书付印之际，我谨代表社会科学文献出版社，向各位领导、专家、同事致以诚挚的感谢。今后，我们将继续努力，策划出版更多彰显社会效益的精品力作，为繁荣发展中国特色哲学社会科学做出自己应有的贡献。

社会科学文献出版社社长　王利民

2022 年 9 月 28 日

图书在版编目（CIP）数据

全体人民共同富裕的物质文明／韩保江等著.--北京：社会科学文献出版社，2022.9（2023.9 重印）

（人类文明新形态研究丛书／颜晓峰，杨群主编）

ISBN 978-7-5228-0767-6

Ⅰ.①全…　Ⅱ.①韩…　Ⅲ.①共同富裕-研究-中国

Ⅳ.①F124.7

中国版本图书馆 CIP 数据核字（2022）第 177644 号

人类文明新形态研究丛书

全体人民共同富裕的物质文明

著　　者／韩保江 等

出 版 人／冀祥德
责任编辑／姚冬梅
责任印制／王京美

出　　版／社会科学文献出版社
　　　　　　地址：北京市北三环中路甲 29 号院华龙大厦　邮编：100029
　　　　　　网址：www.ssap.com.cn
发　　行／社会科学文献出版社（010）59367028
印　　装／三河市东方印刷有限公司

规　　格／开本：787mm×1092mm　1/16
　　　　　　印张：24.5　字数：301 千字
版　　次／2022 年 9 月第 1 版　2023 年 9 月第 2 次印刷
书　　号／ISBN 978-7-5228-0767-6
定　　价／69.00 元

读者服务电话：4008918866